口头评述 模拟主持

[第三版]

KOUTOUPINGSHU
MONIZHUCHI

(DI-SAN BAN)

仲梓源 ◎ 著

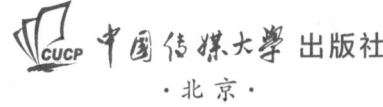

中国传媒大学出版社

·北京·

图书在版编目(CIP)数据

口头评述·模拟主持/仲梓源编著.--3 版. --北京：中国传媒大学出版社，2023.6

(融媒体播音员主持人训练手册)
ISBN 978-7-5657-3346-8

Ⅰ.①口… Ⅱ.①仲… Ⅲ.①主持人-基本知识 Ⅳ.①G222.2

中国版本图书馆 CIP 数据核字（2022）第 205425 号

口头评述·模拟主持(第三版)
KOUTOU PINGSHU · MONI ZHUCHI(DI-SAN BAN)

编　　著	仲梓源
策划编辑	赵　欣
责任编辑	赵　欣
责任印制	阳金洲
封面设计	拓美设计

出版发行	中国传媒大学出版社		
社　　址	北京市朝阳区定福庄东街 1 号	邮　　编	100024
电　　话	86-10-65450528　65450532	传　　真	65779405
网　　址	http://cucp.cuc.edu.cn		
经　　销	全国新华书店		
印　　刷	北京中科印刷有限公司		
开　　本	880mm×1230mm　1/32		
印　　张	9.75		
字　　数	263 千字		
版　　次	2023 年 6 月第 3 版		
印　　次	2023 年 6 月第 1 次印刷		
书　　号	ISBN 978-7-5657-3346-8/G·3346		
定　　价	39.80 元		

本社法律顾问：北京嘉润律师事务所　郭建平

目 录

第三版修订说明 / 1
第二版修订说明 / 3
前 言 / 5
说 明 / 8

第一部分　口头评述

概　述 / 3
　　一、口头评述的表达特点　/ 3
　　二、口头评述的实践要领　/ 5
　　三、口头评述的基本结构　/ 6

第一章　话题口头评述 / 8
第一节　是非话题 / 8
　　一、示例分析 / 9

二、练习提示 / 15

　　三、训练题库 / 22

第二节　辨析话题 / 28

　　一、示例分析 / 29

　　二、练习提示 / 35

　　三、训练题库 / 44

第二章　材料口头评述 / 53

第一节　事件材料 / 53

　　一、示例分析 / 54

　　二、练习提示 / 60

　　三、训练题库 / 71

第二节　人物材料 / 78

　　一、示例分析 / 78

　　二、练习提示 / 85

　　三、训练题库 / 94

第三章　图片口头评述 / 101

第一节　漫画评述 / 102

　　一、示例分析 / 103

　　二、练习提示 / 106

　　三、训练题库 / 115

第二节　照片评述 / 130

　　一、示例分析 / 130

　　二、练习提示 / 136

　　三、训练题库 / 144

第二部分　模拟主持

概　述　/ 161
　　一、素材依据的真实性　/ 161
　　二、表达语境的虚拟性　/ 162
　　三、语言运用的生动性　/ 162
　　四、节目片段的完整性　/ 162

第四章　新闻节目模拟主持　/ 163
　　一、节目表达特点　/ 163
　　二、具体实践要领　/ 164
第一节　观念评析　/ 165
　　一、示例分析　/ 166
　　二、练习提示　/ 170
　　三、训练题库　/ 173
第二节　意见评析　/ 183
　　一、示例分析　/ 183
　　二、练习提示　/ 189
　　三、训练题库　/ 195

第五章　社教节目模拟主持　/ 206
　　一、节目表达特点　/ 206
　　二、具体实践要领　/ 207
第一节　贴心服务　/ 208
　　一、示例分析　/ 209

二、练习提示 / 214

　　三、训练题库 / 226

第二节　理性引导 / 233

　　一、示例分析 / 233

　　二、练习提示 / 239

　　三、训练题库 / 245

第六章　文体节目模拟主持 / 252

　　一、文娱节目的形式特点及实践要领 / 253

　　二、体育节目的形式特点及实践要领 / 254

第一节　文娱点评 / 256

　　一、示例分析 / 256

　　二、练习提示 / 259

　　三、训练题库 / 264

第二节　体育评论 / 273

　　一、示例分析 / 273

　　二、练习提示 / 277

　　三、训练题库 / 283

后　记 / 291

第三版修订说明

《口头评述·模拟主持》于2010年出版至今,为读者服务的十多年来也收到广大读者的阅读体会和反馈,大家的关注、喜爱、鼓励、支持,以及提出的意见和建议,都是我们不断改进和提升的动力。在此向广大读者表示衷心的感谢。

第三版在保持原有框架的基础上,内容更新率超过了七成。根据近年主流媒体平台报道的社会热点以及广大受众的关注焦点,本书大部分的示例分析、练习提示和训练题库都进行了更换与修改,力求语言表达训练与相应的素材文本均能与时俱进,并尽量贴近当下的现实社会生活。

在第三版修订中,本人尝试指导门下四位硕士研究生参与其中,通过另一种方式将学习与实践融会贯通,他们每人都整理、分析了数万字的素材。几位同学在话题的选择和视角中带来了年轻人特有的青春与活力,希望能与当下广大年轻读者有着更多的默契与共鸣。其中,2020级硕士研究生徐乐天所做工作主要体现在第三章,2020级硕士研究生郭彪所做工作主要体现在第一章,2021级硕士研究生李世瑾所做工作主要体现在第一章、第四章、第六章,2021级硕士研究生丛雯洁所做工作主要体现在第二章。最后的书稿经过多次修改,很多文字未能完整呈现,但他们为本次修订所做的辛劳付出功不可没。

  此次修订疏漏之处,望读者批评指正。

仲梓源
2022年10月19日于北京

第二版修订说明

《口头评述·模拟主持》一经出版,就收到了读者的反馈,无论是大家的阅读和学习体会,还是友善的批评和意见,都反映出读者对这本读物的认可和厚爱。这些都是本次修订最主要的推动力,在这里我向大家表示由衷的感谢!

这次修订,根据广大读者的意见和建议,除了对练习内容进行了调整,还大篇幅地更新了练习提示和训练题库。对时效性较强的内容和材料,更新程度较大。但是遗憾依然存在,毕竟当新闻一经发布,新闻本身就已经不是最新的了,同样的,出版物一经印刷,也就意味着开始滞后于瞬息万变的现实。但是在相对较长的时间里,学习、思考和处理问题的方法不会有太大变化,主流思想、理念和观点等的变化也是一个渐进的过程。因此，读者可以本着领会要点、掌握方法、灵活运用的宗旨，不拘泥于书中某一篇、某一段、某一句，而是结合当下具体现实来巧妙构思、谋篇布局。这样持之以恒，一定会有所收获和突破。

最后再次感谢每一位读者，希望你们继续提出宝贵的意见和建议！同时，书中难免欠妥之处，请大家批评和指正！

仲梓源
2016年9月6日

前　言

"文章合为时而著,歌诗合为事而作",文学作品往往直接反映或折射现实生活。除文学、绘画、雕塑、建筑、音乐、舞蹈、戏剧、电影等艺术形式外,兼具艺术性和新闻性的广播电视播音主持艺术更是直接表现和反映现实社会的现代传播方式。播音员、主持人个性化的语言代表着群体意识的言论,通过广播电视媒体的传播,不仅能够反映现实生活,更能够引导大众,从而发挥舆论的导向功能。

如此看来,广播电视媒体的播音员、主持人具有一定的话语权,而杜绝话语权的滥用,除了应该具备过硬的政治素质和深厚的文化素养,语言功力就显得尤为重要。在播音主持艺术范畴来看,语言功力包括观察力、理解力、思辨力、感受力、表现力、鉴赏力、调检力、回馈力。其中的思辨力正是本书所涉及的一个主要内容,因为这种能力是当前媒体部分从业者的薄弱环节,也是新时期播音员、主持人适应广播电视发展亟须提高的能力。

播音员、主持人的语言表达大致可以分为有稿播读和口头评述两大部分。与有稿播读相比,口头评述需要更多的相关素质和能力包括对素材的阐释和对观点的提炼,以及从某个主流观点和角度入手的言简意赅的评论。也正因为如此,口头评述成为广播电视播音主持人才选拔和培养的一个重要内容。

口头评述的样式不单单是对某一个话题的阐释和评论,还包括对新闻事实的评述以及对新闻图片的评述。在播音员、主持人的培训和选拔中,始终不能脱离广播电视新闻传播这个语境,所以口头评述往往用模拟主持的方式来呈现。从这一点来看,口头评述和模拟主持训练的都是语言组织能力、逻辑思辨能力和节目把控能力。

《口头评述·模拟主持》既有理论阐释,也有示例分析、练习提示,还有大量训练题库,以便读者在学习当中把基础理论和基本技能融会贯通,切实提高口头评述和模拟主持的能力。

本书分为两大部分:第一部分,口头评述;第二部分,模拟主持。

第一部分由三章组成:第一章,话题口头评述;第二章,材料口头评述;第三章,图片口头评述。

第二部分也由三章组成:第一章,新闻节目模拟主持;第二章,社教节目模拟主持;第三章,文娱节目模拟主持。

每个章节在理论阐释之后,分别按照"示例分析""练习提示""训练题库"这种循序渐进的方式进行内容的安排,既可以满足读者对某一种表达样式的了解,又可以进行举一反三的有效训练。

　　《口头评述·模拟主持》即将与读者见面,由于时间仓促,书中疏漏和错误之处在所难免,恳请读者及专家学者批评指正!

　　衷心希望本书对读者有所帮助,也希望读者朋友们学习进步、学有所成!

仲梓源
2010年12月于北京

说　明

在播音主持艺术专业的选拔和培训中，口头评述和模拟主持一直都是重点和难点，很多考生和学员在这个环节上所做的准备同大家习以为常的作文训练一样，深陷在茫茫题海的例文当中，靠着死记硬背以期在选拔或者考察中碰运气地撞到曾经背过的例文。现实情况是：新闻事件天天都在发生，话题随时都在更新，所有这些在形成文字的时候就已经注定成为历史。如果单靠记忆例文的方式进行口头评述和模拟主持的学习和训练，学员既没有足够的时间记忆大量的文稿，也无法摆脱某种侥幸心理所带来的困扰。所以，化繁为简，学会举一反三和融会贯通无疑是一条有效的途径。

《口头评述·模拟主持》主要根据青少年读者的需要，化繁为简地对相关理论和基本技能进行阐释和概括，按照播音主持艺术实践性强的特点，针对当前考试选拔中出现的形式，既有理论阐释，也有示例分析、练习提示，还有精当的训练题库。每个章节十多篇示例和练习，涉及时政、经济、法律、教育、科技、文化、体育、卫生等社会生活的方方面面。目的是让读者了解和掌握口头评述和模拟主持的形式，无须去记忆或者背诵，只需掌握方法和思路。这些示例和练习中的素材具有代表性，能够为读者在进行话题或者相关话题的评述时起到例证的作用。读者在学习和练习口头评述和模拟主持的同时，还可以练习稿件的播读，便于在学习当中把基础理论和基本技能融会贯通，切实提高口头评述和模拟主持的能力。只有明确了这样的编辑理念，才能更有效率地使用本书。

《口头评述·模拟主持》一书共分为两大部分：第一部分，口头评述；第二部分，模拟主持。需要说明的是在第二部分模拟主持中，偏重于评述的训练，而不只是节目形式的训练，因为在当前的专业选拔和训练当中还是以内容为先，只要言之有物，形式方面完全可以根据现实情况及时调整，但如果过于注重形式而没有实质思想内容，那么再花哨的形式也只能是"金玉其外，败絮其中"。

《口头评述·模拟主持》中的一大亮点是图片口头评述，图片口头评述包含了新闻图片评述和新闻漫画评述两节内容。虽然在以往的类似训练当中不多见，但是在当前的媒体当中广泛运用。相信这一部分的内容能够拓宽考生和学员的思路，提高口头评述和模拟主持的技能，以适应现实实践的需求。

本书每个章节都按照"示例分析""练习提示""训练题库"的体例来安排，在每个章节前面都会有理论概述。

"示例分析"采用精选的有代表性的话题或者素材来详

解口头评述和模拟主持的要领及方法，或浅显或深入，都是相对完整的一篇例文。

"练习提示"在话题和素材之后列举出从入手思考到分析解决问题的大致思路和步骤。

"训练题库"只有少许提示，结合"示例分析"和"练习提示"中的分析思路，就可以切入话题、谋篇布局和组织语言。

口头评述和模拟主持这样的训练，只靠短时间的准备和几十篇实例分析和练习，获得理想的效果并非易事，我们一定要注意平时的积累。平时多关注新闻媒体，理性地独立思考问题，日积月累就会对当前热点问题的来龙去脉有所了解，也会对主流观点有所把握。

《口头评述·模拟主持》并不是一本十全十美的书，也无法起到十全十美的作用，留有遗憾也许正是促使本书不断完善的推动力。望广大读者不吝赐教！

仲梓源

2010年12月于北京

第一部分
口头评述

第一章　话题口头评述
第二章　材料口头评述
第三章　图片口头评述

概 述

口头评述是有声语言表达训练的一个重要内容。

有声语言表达训练不仅包括有文字稿件的有稿播读的训练，还包括没有现成文字稿件的口头表达的训练。口头表达包括口头复述、口头描述和口头评述等表达样式，其中口头评述常被作为考查、选拔播音主持人才和语言表达相关从业者的一种方式，因为口头评述更能体现被考查对象的逻辑思维能力和综合素质。

口头评述是相对于书面议论而言的，又有别于没有准备或者瞬时准备的即兴评述。口头评述只有简洁的提纲和腹稿，准备时间相对较短，还必须条理清晰、逻辑严密、言之有物、思维辩证。

一、口头评述的表达特点

(一) 根据素材，借题发挥

口头评述的话题都是限定的，要么就某个话题直接进行评述，要么根据一段素材进行评述。无论根据话题还是根据素材进行评述,都是有所限制的,这种"借题发挥"并不能随心所欲地侃侃而谈。

(二) 表达过程,边想边说

口头评述的表达过程是随机应变、边想边说的。口头评述虽然没有文字稿件作为表达的依据,但是在我们评述的时候已经有了一个大致的腹稿,这种腹稿是在评述的过程中不断修改和完善的,所以口头评述的过程就是一个边想边说的过程。

(三) 口语表达,稍纵即逝

口语表达是稍纵即逝的,说出去的话不可能再收回来。也就是说,如果说错了想要纠正就只能重新说一遍。所以口语表达对表达者提出了更高的要求,不仅要出口成章,还要准确清晰。

(四) 语言样式,灵活多变

无论书面语还是口语,其语言表达样式都是多种多样的。因为每个人都会有自己的语言表达方式和习惯,人们也希望听到形式多样、个性鲜明的语言表达。语言表达样式的多样性体现在评述的整体结构、内容逻辑、措辞用典、语言特点等几个方面。所以同一件事或同一个话题,不同的人评述会呈现不同的特点,产生不同的效果。

二、口头评述的实践要领

(一) 认真分析,理清思路

我们拿到评述的话题或者素材的时候,首先要认真审题和分析,在理解的过程中快速地理清思路、把握脉络。哪些内容需要"述"?哪些地方需要"评"?我们要心中有数,并且选择某个立场、观点或者评述的角度进行表达。

(二) 观点鲜明,思维辩证

评述要观点鲜明,从某件事或者某个题目可以生发出很多不同的观点和见解。因为评述的时间有限,只能把一种观点和看法阐述清楚,所以在理清思路后,选择某一个自己最想说、最有把握的观点进行准备。在实际进行评述的时候,无论你选择"开门见山"也好,"曲径通幽"也罢,一定要观点鲜明、言简意赅,最好能够一语中的、切中要害。在观点鲜明的同时,还要表现出对问题所持有的辩证态度。在阐释主要观点之后,用一两句话进行思辨性总结。

(三) 联系实际,旁征博引

一味地说理论证必然会让人感觉索然无味,所以短短几分钟的即兴评述应该适时地用一两个简短的现实事例来形象生动地辅助自己观点的评述,也可以旁征博引、引经据典,用一些众所周知或者具有说服力的例证来支撑自己的观点。

（四）沉着自信，有感而发

大凡说理论证的语言都需要一种理性的态度和肯定的气势，缺乏理性的态度则难以自圆其说，缺乏肯定的气势则难以说服他人。由此可见，口头评述应当沉着、自信。但是不能想当然地侃侃而谈，要确保在有限的时间里所表达的内容都是深思熟虑、有感而发的。

三、口头评述的基本结构

口头评述的结构可以是多种多样的，既符合人们的听觉习惯和口头传播特点，又言简意赅、简洁明了。既可以是"开门见山"的，也可以是"曲径通幽"的，还可以是"卒章显志"的，列举如下。

（一）开门见山型

{
1. 阐发总的和主要的观点态度（发现问题）
2. 通过例证来分析和论证观点（分析问题）
3. 概括总结来强调自己的观点（呼吁号召）
} {
（1）首先
（2）其次
（3）最后
}

（二）曲径通幽型

1. 从某一个角度或者事例出发来阐释（线索一）
2. 从另一个角度或者事例出发来阐释（线索二） } 支持同一个观点
3. 从第三个角度或者事例出发来阐释（线索三）

(三) 卒章显志型

1. 由某一话题或者素材引发自己的思考
   (归纳问题)
   - (1) 归纳问题
   - (2) 引入话题

2. 多层次、多角度地分析和阐释自己的观点
   (论证辨析)
   - (1) 首先
   - (2) 其次

3. 概括总结符合大众主流意识的最终结论
   (引导舆论)
   - (3) 然后

正是口头评述的这些特点和要求、多种表述样式，使其成为口语表达训练的重点和难点。本部分内容按照口头评述的不同形式进行大致归类，有针对性地对读者进行指导和训练，使读者循序渐进地提高自己的口头评述能力、在人际交往和大众传播中自如地展现自己。

第一章

话题口头评述

话题口头评述指评述话题以一句话或者一个关键词呈现。

话题口头评述往往选取当下一些热点话题,既有对世界观、人生观、价值观的判断,也有对热点议题的主客观分析和意见倾向。对这些话题的评论和阐述,能体现说话者的综合素质。

第一节　是非话题

是非,有两层含义。其一是指对的和错的、正确的和谬误的。在《庄子·天道》中有"是非已明,而赏罚次之",就是此意。同时兼有褒贬、评论的意思。在《史记·太史公自序》中有"是非二百四十二年之中,以为天下仪表"的用法。

是非话题首先要通过对一个特定话题的简短分析和判断,明确表明自己的观点和态度。这些特定话题既有人们经常谈论的传统话题,也有当下备受关注的热点话题。虽然我们倡导言论自由、各抒己见,但是在大众传播中,不管是传统话题还是热点话题,都要求评述者能够辩证解析,符合当前舆论宣传的主流观念,只有这样才能够在传播当中起到正确引导舆论的作用。

一、示例分析

例一:我的"诚信"观

【评述】

诚信,就是诚实守信。人无诚不立,无信不胜。《中庸》上就有一句话:"诚者,物之始终,不诚无物,是故君子应以诚为贵。"今天人们对诚信的呼吁和需求越来越强烈,随着社会的发展、人们思想素质和道德修养的提高,这是一种必然。所以一个人要立足于社会,离不开诚信。 ——解题。引经据典,引入话题

其实,人的一生,一是学做人,会做人;二是学做事,会做事。而无论是做人还是做事,都离不开诚实守信的基本原则。诚实守信是做人之本、办事之根。 ——明确自己的观点

诚信是一种氛围,诚信是一种品质,诚信更是一种修为,浑金璞玉,不事雕琢。为官者诚信,国泰民安;为民者诚信,和谐发展;为商者诚信,商机无限;为友者诚信,高朋满座。

| 通过几个例证，从不同角度阐释诚信的内涵 | 诚信要求我们需做到"言必行，行必果"。古有商鞅立木为信，朱元璋弑婿立信，刘备托孤于孔明。而法家鼻祖韩非子提出"必罚明威，信赏尽能"，讲的都是诚信。试想，如果没有诚信，刘邦的约法三章还能成为千古美谈吗？如果没有诚信，百年老店怎么会顾客盈门？所以，让我们时刻提醒自己，诚信对人，诚信对己。因为诚信是一笔无形的资产，是前进的坚强后盾。

金钱、权力、地位、荣誉，在诚信面前都黯然失色。黄金屋终有一日会在风雨的洗礼中褪尽颜色，颜如玉终有一天会枯老成一副朽骨。唯有诚信始终在历史的长河中熠熠发光。诚信不仅使我们待人接物坦荡无私，还使我们内心坦然。

遗憾的是，在当今这个充满金钱物质诱惑的世界面前，一些人在"躲避崇高"的名义下自甘堕落，在"融入世俗"的口号下放任自流。不以诚信为荣，诚实守信成了"老古板"。不以耻为耻，见利忘义成了"大智慧"。 |
|---|---|
| 引用名言进行概括总结，最后再次重申自己的诚信观 | 诚实，本道德之基；守信，乃和谐之源。天成的《顽石之歌》里有几句话说得好，"只要爱之路还有去处，我就能回到家园，消融我冰冷而火热的孤独；只要诚信的钥匙在我心，我就能憧憬永恒的迷宫之门。"

我们涉世虽浅、眼光虽薄、心灵虽弱，但我们坚守着永恒的美德，追求美好的品格——这就是诚信。

（素材来源："追风的云"《漫谈诚信》，网易博客2007年11月16日） |

例二：我看网络清朗行动

【评述】

　　几年来，从《网络信息内容生态治理规定》的正式施行，到公安部的"净网"行动、国家网信办的"清朗"行动，再到如今的"清朗　净网"行动，网络空间的生态治理被置于前所未有的重要位置。 ── 简要列举话题涉及的现象，开门见山提出观点

　　回顾这三年，疫情冲击下的社会情绪波动使得网络暴力愈演愈烈，饭圈互撕、祖安文化、邪教组织等不良网络行为引发社会广泛关注。很多伪公知们、信息买办者获得可乘之机，通过讲台、传媒、学术等方式，对中国形象、革命先烈肆无忌惮地丑化、抹黑、讽刺、暗喻、贬损，硬生生地指鹿为马，传播谬论，以期达到自己不可告人的目的。这些问题都提醒我们网络生态治理的复杂性以及必要性。 ── 通过具体事例说明"清朗"行动的必要性

　　信息生产者要说人话、说实话、说真话。每一个网络信息内容生产者，都肩负国家大安全的责任，也承担网络信息小安全的义务。在全球错综复杂的信息场景中，任何人都无法独善其身，信息生产者要坚决维护国家民族利益，捍卫我们的信息主权，不宣传暴力、不搞虚无历史，不造谣传谣。

　　网络主管部门要强门槛、强审核、强监管。坚持标本兼治、管建并举，科学制定推动网络直播

| 从信息生产者、网络主管部门、广大网友三个角度阐明如何营造良好的网络空间 | 行业高质量发展的规章管理制度，严格监测直播平台的直播内容，对一些带有引诱性的不良内容及时屏蔽和整改，严肃追究相关直播平台责任，进一步营造积极健康、正能量充沛的网络直播空间。

广大网友上网要讲政治、讲文明、讲道理。作为中国公民，遵纪守法等文明行为是基本素养；作为网民，文明上网是本分，所有网民在新媒体平台发布作品、参与互动留言与信息分享时，都要有底线、不逾矩、守文明。 |

| 概括总结，并呼吁长期进行"清朗"行动 | 如今，"饭圈"等网络乱象已经得到有效遏制，网站平台履行主体责任的意识已经进一步增强，网络乱象人人喊打的舆论氛围日渐浓厚……但不可否认的是，网络还有很多问题要从根本上解决，要做到长治久安，还需要长期的工作。"清朗行动"始终坚持边治理、边总结，坚决维护网民合法权益的同时，不忘帮助互联网企业持续健康发展、行稳致远，这样的"清朗"，正是我们需要的。 |

（素材来源：薛鹏飞《"清朗 净网"前途光明但任重道远》，澎湃新闻2022年5月23日；《"清朗"长治，网络久安》，央视新闻客户端2022年3月18日）

例三：一方有难，八方支援

【评述】

"一方有难，八方支援"，在大灾大难面前，体现的是最真挚的爱！爱是我们美好生活中美丽的音符，爱是幸福的源泉。因为有你有我有爱，才使得生活五彩缤纷，才使得人们徜徉爱河、其乐融融。⎬ 开门见山，直接表达观点

2020年，突如其来的新冠肺炎疫情打破了往日的平静，全国上下支援湖北。而湖北随州洪山镇地处鄂豫交界，交通极为不便。洪山医院作为随州市定点救治医疗机构中唯一的乡镇医院，医疗设备更是处于紧缺状态。人员极度紧缺，医护陷入疲惫，困局如何解？2月19日，江西对口支援随州市医疗队17名队员紧急驰援洪山医院，与当地医护人员并肩"战疫"。

"我们要求尽快投入工作""请给我们安排更多任务"……在"洪山必胜"微信群里，江西医疗队的队员们踊跃报名、纷纷请战，"我们心里只有一个念头，就是尽快投入战斗"。

勇担重任、迅速增援，这是江西医疗队冲锋在前、支援湖北的一个剪影。截至2月25日，江西省已累计派出9批11支医疗队，共计1233名队员投入支援湖北疫情防治工作中。其中，8支医疗队844名队员在武汉支援，3支医

⎬ 用"大难"中所体现出来的"大爱"串联起一个个鲜活的事例，印证了中华民族的优良传统在新时代的体现

疗队389名队员在随州对口支援。

随州是江西医疗队的战疫主战场，如何能与当地医疗团队拧成一股绳，形成战斗力，打好这场疫情防控阻击战？

江西交出的答案是扁平管理、聚起堡垒。先是明确由3名三甲综合性医院院领导分片管理，减少层级，以党组织为主，形成一个个坚强有力的战斗集体。与此同时，相继成立医疗质量与安全管理委员会、医院感染委员会、专家救治小组，规范诊疗、护理、院感等流程，为医疗工作的有效开展提供保障。

对于重症、危重症患者，实行现场专家与远程专家会诊相结合，"一人一医疗团队、一人一诊疗方案"。江西援随医疗队有关负责人说："通过制定个性化诊疗方案，力求提高抢救成功率，降低死亡率。"

"不负重托，不胜不还！"在荆楚大地，江西白衣战士用行动践行医者誓言。一方有难、八方支援，是我们制度的显著优势。只要大家心连心，有党中央的坚强领导，有全国人民支援，再难的坎，我们都能迈过去。在当前的防疫抗疫中，只要我们众志成城、同心协力、英勇奋斗、共克时艰，一定能取得疫情防控斗争的全面胜利。

（素材来源：韩鑫《并肩战役 守望相助》，《人民日报》2020年3月4日）

> 用简单而深刻的比较，将主旨烘托出来

二、练习提示

(一)"民信"比天大

【思路提示】

1.解释什么是"民信",为什么说"民信"比天大,从而确定评述的观点。

2.引经据典说明"民信"比天大的深层内涵和关键。

3.旁征博引阐述如何使"民信之"。

4.言简意赅地概括总结"民信"比天大的意义。

【内容提示】

1.子贡问孔子怎样理政。孔子答:"足食,足兵,民信之矣。"意思是说,只要粮食充足,军备充足,百姓对国家信任就可以了。子贡又问,如果要去掉一项,先去哪一项?孔子答:"去兵"。又问,再去一项呢?答曰:"去食"。可见,在孔子看来,只要取信于民,获得老百姓的支持,国家的根基就稳固,国家的富强就有望。可以说,"民信"比天大。

2."民信"比天大,不是灰色的理论,而是常青的生活。无论古今,只要能获民心,便能得天下、治天下。相反,即便是高城深池,坚甲利兵,也不足恃。历史的常态就是这样:人心不摇,莺歌燕舞;人心不附,鸟散猿吟。

"民信"比天大,关键在一个"信"字。"信所以守也。"这种守,常如"守护神",贫也好,富也罢,它都一如既往,不弃不离;弱也好,强也罢,它都始终如一,守候守护。这种信而守,碰到灾,能坚守不退,共扛之;遇到难,可坚定如初,共克之。这种信而守,只有执着、专一,没有徘徊、投机,是真正意义上的"可与为始,可与为终,可与尊通,可与卑穷者"。

3. 欲民信之，先要"修己"。修己，不是为己，而是"修己以安百姓"。"安百姓"的修己，要习惯于晚上"过电影"：想想当天为百姓做了哪些事？还有哪些事没做好？第二天应该怎么干？也要习惯于听取"谔谔之音"。毕竟，千人之诺诺，不如一士之谔谔。唐太宗即位时，曾下诏全国免征免调一年。但不到4个月，便下诏要征集16至18岁身强力壮的男子入伍。魏征得知后，两次抗旨，并谏言唐太宗：朝令暮改，怎能取信于民？魏征的"谔谔之音"，让李世民顿悟，下令停征。正因李世民此后纳谏修己，进而开创了史称"贞观之治"的盛世。

欲民信之，要在"正己"。老百姓信谁，常常不是听他讲得多动听，而要看他做得是否能够服人。只要自己正，老百姓会自动跟上来、聚过来。隋朝的赵轨任齐州别驾时，看到邻居家的桑葚落到自己家，他不是捡为己有，而是"遣人悉拾还其主"。赵轨做原州总管司马时，一次夜行，身边人的马不小心跑进农田，踏坏了老百姓的庄稼。他立即下马，等到天明，找到庄稼的主人，偿付了钱才离开。他的行为让老百姓深为叹服、信服。他被调离齐州时，父老乡亲挥泪说："公清若水，请酌一杯水奉饯。"原州的百姓官吏更是对其由信而学，"莫不改操"。

欲民信之，当要"后己"。人皆有个人私事，但当了"官"，做了"公仆"，就需有"先天下之忧而忧，后天下之乐而乐"的情怀，凡事先人而后己。只有"先人"，才能得人、得心。

4. 雨果有言：最高的道德，便是为旁人着想。为民着想者，民信之、民服之、民从之。

（素材来源：张保振《"民信"比天大》，《人民日报》2016年5月25日）

(二) 我最喜爱的电视节目

【思路提示】

1. 直接表明在众多电视节目中你最喜欢哪一个。
2. 罗列出你喜欢的理由,可以从节目内容、节目形式、节目主持人等几个方面来阐述,因为一个好的节目这几个元素相得益彰、缺一不可。
3. 谈谈你对此节目的看法和建议,以期使节目更加完善,更好地满足观众的需求。
4. 结尾用凝练的语言概括和重申自己的看法。

【内容提示】

1. 打开电视,各种各样的电视节目满足不同受众的需求。在这其中,总有几个电视节目是你喜欢看的。评述话题并不是简单地说出电视节目名称,而是要能够说出自己喜欢看的理由。
2. 对此话题的阐述,反映出的是审美情趣和欣赏品位,所以应当慎重考虑。大众传媒从业者应该具有一定的审美情趣和欣赏品位,缺乏规范、富有争议、有低俗之嫌的节目及主持人,话题评述当中应尽量避免。

(三) 我理想的中学 (或者大学) 生活

【思路提示】

1. 首先可以畅谈自己理想中的中学 (或者大学) 生活。
2. 然后阐述有这样的愿景的理由。
3. 从听到和看到的现实情况中存在的问题,分析学生和学校应该做何调整。
4. 最后提出呼吁和号召,希望美好愿景能够成为现实。

【内容提示】

1.因为现实不尽如人意,所以我们会有美好的愿望。但是学生对社会的认知处在一个形成和发展的过程中,当然有很多疑惑。到底什么样的学生生活,才是他们最想要的呢?他们必须联系自己的切身体会,才能够阐述得生动具体。

2.在评述过程中,最重要的是将理想和现实联系起来,分析理想和现实的不同,以及这种不同所反映出来的问题。有些人过多地批判现实而不切实际地空想、幻想,但重要的是要从现实中剖析深层次的原因,提出解决问题的方法。

(四)"拍脑袋"与"看眼色"

【思路提示】

1.首先解题,简单介绍"拍脑袋"与"看眼色"的出处和所指,明确提出总的观点。

2.分析为什么会出现"拍脑袋"与"看眼色"这种现象,以及这种现象的本质是什么。

3.结合具体实例阐述话题,使之更具说服力。

4.最后总结观点,与开头形成呼应,强调重大决策决不能"拍脑袋"与"看眼色"。

【内容提示】

1.在科技决策、项目评审、成果评估等问题上,应真正尊重专家意见,切忌部门领导简单"拍脑袋"。在日前举行的全国科技创新大会、两院院士大会、中国科协第九次全国代表大会上,习近平总书记强调,要加快推进重大科技决策制度化,解决好实际存在的部门领导"拍脑袋"、科技专家看眼色行事等问题。

2.无数事实证明,决策失误是最大的失误。在造成决策失误的诸多原因中,有一条比较常见,那就是:一些部门领导自以为是,听不进专家的意见,乱"拍脑袋"、一锤定音。由于部门领导往往位高权重,手中掌握大量资源,而且在专家遴选、科技决策、项目立项、经费配置中有"生杀予夺"的权力,导致一些专家不得不看领导眼色行事,说违心话、投违心票,一切"按领导指示办"。其结果就是"失之毫厘,谬以千里",致使一些听上去冠冕堂皇的重大项目无果而终,造成财力、人力、物力的巨大浪费。

有些部门领导可能会觉得委屈:我也是受过正规训练的科班出身,而且长期从事科技管理工作,积累了丰富的管理经验,我怎么就成了"外行"呢?这话乍听似乎没错,但应当看到,一方面,实验结果的不可预见性和技术路线的不确定性,是创新活动的一大特征,就连长期战斗在一线、紧密追踪国际前沿的科学家,许多时候都说不准"哪块云彩会下雨",何况是主要精力放在宏观管理的部门领导呢?另一方面,在知识迅速更新、学科交叉日益紧密的今天,新发现层出不穷、新技术日新月异,长期不在一线工作的一些部门领导靠经验、凭感觉拍板,犯错的概率可能比以前更高。

与此同时,隔行如隔山,在对许多新领域、新技术的判断上,连搞科研的同行往往都"吃不准、看不透",一些部门领导就更难言"舍我其谁"了。

3.当然,在力避"部门领导拍脑袋"的同时,我们也要谨防个别科技专家打着"满足国家重大战略需求"的旗号夹私货、谋私利。这些所谓的"专家"往往善于察言观色、投其所好,而且长于"编故事""画大饼",忽悠不明就里的领导上当受骗。因此,建设有水平、有良知的科学共同体,仍然任重道远。

4.其实,不管事关全局和长远的重大科技决策,还是涉及具体事宜的项目评审、经费分配、成果评估,都不应由领导简单"拍脑袋",而应真正尊重专家的意见。

(素材来源:赵永新《"拍脑袋"与"看眼色"》,《人民日报》2016年6月13日)

(五) 我对假冒伪劣产品的看法

【思路提示】

1. 从铺天盖地的各种产品广告谈起,提出现在市场上良莠不齐的产品质量和虚张声势的产品广告损人利己。

2. 通过列举假冒伪劣产品包括明星代言的假冒伪劣产品的案例,阐述假冒伪劣产品给消费者及社会带来的不良影响。

3. 分析个人及社会应该通过什么样的手段,打击和遏制假冒伪劣产品现象。

4. 重申自己的见解,并呼吁全社会同心协力营造良好的市场环境。

【内容提示】

1. 假冒伪劣产品包括假冒产品和伪劣产品。假冒产品是指使用不真实的厂名、厂址、商标、产品名称、产品标识等,使客户、消费者误以为该产品就是正版产品。伪劣产品是指质量低劣或者失去使用性能的产品。

2. 在现实生活中,几乎每个人都接触过假冒伪劣产品。这种现象反映的不仅仅是道德问题,我们应该看到假冒伪劣产品背后的其他社会问题,比如商业恶性竞争、不良利益驱动、管理漏洞等。

3. 消费者个体或者媒体都无法单方面杜绝和解决此类问题,我们只有呼吁相关部门和群体逐步加以解决。这也是评述此话题的关键所在。

（六）莫让低俗成为网络直播标签

【思路提示】

1.从时下火热的各种网络直播谈起，提出不知何时起，"低俗"内容给网络直播行业发展带来不良影响。

2.通过列举各类"低俗"内容案例，阐述"低俗"直播给受众及社会带来的不良影响。

3.提出这种情况长此以往的危害及后果。

4.总结并呼吁遏制这一现象。

【内容提示】

1.网络直播是交流互动的一种方式，也是休闲娱乐的一项选择。但是，不知何时起，低俗成为网络直播行业抹不去的标签，给网络直播行业发展带来不良影响。

2.众所周知，"色、丑、怪、假、俗、赌"向来都是网络直播的禁区，说是"过街老鼠、人人喊打"也不为过。然而现实中，总有人不死心、不甘心，屡屡博取眼球、频频突破底线。

纵观这些无所不用其极的低俗直播，一无任何营养。从炫富拜金的导向到卖惨审丑的现象，可谓既"辣眼睛"更"毒心灵"，于己无益、于人有害。二无任何价值。要么是伤害自己，要么是欺辱他人，除了"毁三观"就是"触底线"，对行业发展乃至社会进步没有贡献哪怕一点积极因素。三无任何前景。无论是谁，纵然名头再响、人气再高，只要吞吐污言秽语、满是低俗下流，最终只有被点名、被禁播、被处罚这一种下场。说到底，谁把出丑当出彩、把反常当正常，谁就会受到公众唾弃、遭到市场淘汰。这是道德规则的约束，也是法律规范的威力。

3.事实上，网络直播本质而言是一种"眼球经济"，极具效仿意味和引导效应。如果本该洋溢正能量、传播真善美的镜头,总是上演污言秽语、频频打擦边球,那么长此以往不仅会阻碍直播行业的健康发展,也会侵蚀风清气正的环境。

4.平心而论,近年来网络监管环境明显趋严,内容生产要求持续提高,但低俗直播依然整而难治、禁而不绝,根源就在于有利可图、唯利是图。以矛盾造热度,用热度换流量,靠流量谋利益……这条利益链条根深蒂固,这种发财套路大行其道。某种程度上说,追求流量本身并无过错,但这不等于只在乎传播量、曝光量。只见流量,却没有内容含金量;只有名利观,却罔顾健康价值观。这样的直播看似人声鼎沸,实则乌烟瘴气,迟早走上穷途末路。无论是着眼当前还是放眼未来,只有正气不衰,才能人气不减。这么朴素的道理,网络主播们该补上这一课了。

(素材来源:程雨《莫让低俗成为网络直播标签》,《光明日报》2022年4月18日)

三、训练题库

(一) 读点诗词养点气

【评述提示】

1.明确提出观点:读点诗词养点气!诗词不仅传递丰富的情感,还能使人读出浩气、骨气、地气、清气。

2.追古溯今,阐述诗词在中国文化中的历史渊源。中国自古就是诗的国度。悠悠中华几千年历史,延绵不绝的是博大精深的古诗文对炎黄子孙潜移默化的熏陶。那些丰富多彩的艺术形象、引人入胜的深邃意境、凝练生动的优美词句、感人至深的诗家情怀,不仅传递古诗词丰富的情感,更能使人读出浩气、骨气、地气、清气。读诗词,可以让我们学习古往今来仁人志士的气节情怀,汲取诗词歌赋的精神给养。

3.结合当前大政方针,阐述读古典诗词的必要性。细读习近平总书记的重要讲话,发现其中对古典诗句的引用俯拾即是,既恰如其分地阐述了思想,又寄意深远。不仅如此,他还创作了《军民情·七律》《念奴娇·追思焦裕禄》等诗词,为领导干部树立了读诗词写诗词的榜样。

读诗词养点浩气。南宋诗人文天祥的《正气歌》,就是浩然正气存乎天地之间的代表作,感情深沉、气壮山河,充分体现了崇高的民族气节和强烈的爱国主义精神。李白有"澹然养浩气,欻起持大钧"的高歌,谭嗣同有"我自横刀向天笑,去留肝胆两昆仑"的坦然,陈毅有"取义成仁今日事,人间遍种自由花"的自豪……有了些许浩气,心胸就豁达,境界就高昂,正如宋代诗人丘葵所言,"浩气养成天地小"。

读诗词养点骨气。骨气是人之脊梁,无骨则无节。李太白"安能摧眉折腰事权贵,使我不得开心颜",郑板桥"千磨万击还坚劲,任尔东西南北风",以及唐代诗人李颀"腹中贮书一万卷,不肯低头在草莽"的骨气,就是浩气、正气的延伸,也是做人从政的精气神所在。

读诗词养点地气。古往今来,诗词之魂在"接地气",没有地气的吟风弄月、自我欣赏,是没有多大生命力的。流传下来的诗词大多地气充足,滋养丰厚。从"谁知盘中餐,粒粒皆辛苦"之劳,到"位卑未敢忘忧国"之忧,从"安得广厦千万间,大庇天下寒士俱欢颜"之盼,到"昼出耘田夜绩麻,村庄儿女各当家。童孙未解供耕织,也傍桑阴学种瓜"之安,无一不是生活的营养、人生的积淀。正如习近平总书记所说,"我国久传不息的名篇佳作都充满着对人民命运的悲悯、对人民悲欢的关切,以精湛的艺术彰显了深厚的人民情怀"。

读诗词养点清气。清正廉洁是古之取士的标准,也是为官事政的要求。古代为官者多是文人出身,既崇尚清廉的操守,也持守清正的襟怀，自然也是我们今天亟待补充的从政营养。王昌龄坦荡胸襟，"一片冰心在玉壶"；李商隐谆谆告诫"历览前贤国与家，成由勤俭破由奢"；于谦剖心自勉，"要留清白在人间""清风两袖朝天去"；王冕慨然挥毫"只留清气满乾坤"……宋代诗人龚日升概括得妙："千首新诗，一轮明月，两字清廉。"

4.言简意赅地总结：真诚呼吁大家读些诗词，丰富学识，提升境界，陶冶性情。

（素材来源：张华兴《读点诗词养点气》，《人民日报》2016年5月26日）

（二）也说"工匠精神"

【评述提示】

1.从身边具体的实例来引入话题，更具说服力。比如："牛皮是有表情的，在血管通过的地方，它会有闪电般的模样；而肋部的皮，常常留下牛打斗、活动时造成的伤痕，会有一种狂野的感觉。"这是一位朋友在给我普及皮革知识，一副志得意满的样子，让人想起古代那位著名的庖丁。他大学学的是舞台设计，偶然接触制皮技艺，一发不可收拾，从学徒开始，一步步建起了自己的工作室。如今他不仅赖此谋生，还有一心做匠人的理想，可谓安身立命了。他循着自己的节奏，在纷繁喧闹的都市里，雕刻着自己的人生。

2.紧密结合当前大政方针或者主流价值观来切入评述。"工匠精神"写入政府工作报告，对像我这位朋友一样有着匠人情怀的年轻人，无疑是一种莫大的鼓舞。政府工作报告是政府的施政纲要，写入这样一个带着温度的词，是一种明确的倡导。从表面来看，它要契合供给侧改革的需要，鼓励企业提供更高品质的产品；但从更深层意义来看，这是决策层在价值观层面的一次成功倡导，其指向是涵养一种内心充满定力、凡事精益求精的时代气质。

3.深入剖析"工匠精神"在当前社会的种种表现。最近互联网金融企业接连倒地,圈钱游戏终于撕下了最后的伪装,露出狰狞的本来面目。在我们周边,这样的故事其实不停在上演,所不同的只是版本。圈钱,营销,再圈钱……直到难以为继,轰然倒塌。现代互联网带来的红利,意外让一个古老的"职业"——骗子获得了新生。大众传媒还在歌颂一些"故事英雄",靠讲故事赚钱,可谓无本万利,于是生生造就了一句口头禅:忽悠也是生产力。不可否认,这些短期行为正在将"互联网+"污名化,仿佛互联网成了浮躁的代名词。

"工匠精神"能在社会层面激起如此大的反响,便不足为奇了。一言以蔽之,躁动的心需要沉潜。风来了,猪都能上天,但要长久飞天,还得能御风而行,而这御风的本事,就得靠"工匠精神"了。对于什么是"工匠精神",千人有千解,但有两个核心元素不可或缺:精雕细刻、精益求精。放眼当下,真正创造时代传奇的企业家,身上也都有鲜明的"工匠精神"的烙印。日本以精细化工业闻名于世,追踪溯源,正是他们匠人文化的底子,正如日本大企业家稻盛和夫所言:"企业家要像匠人那样,手拿放大镜仔细观察产品,用耳朵静听产品的'哭泣声'。"互联网时代,注重用户体验、提高用户黏和度仍是企业的核心工作,要让用户以拥有自己的产品为傲,靠的正是与众不同的那点沉潜功夫,或者说,"工匠精神"。

以"工匠精神"的角度来审视我们的日常生活,有些道理也便明了了。比如,同样从事一份工作,为什么有的人原地踏步,而有的人却得心应手,风生水起?所不同的,也许就是对工作的认知和对待工作的态度。显然,对具备"工匠精神"的人来说,工作不只是眼前的苟且,自有诗和远方。古人有句话叫"技近乎道":技艺层面的不懈雕琢和追求,乃是为了寻求与最高的"道"相亲,正是在这样的逻辑下,产生了数不胜数的古代名匠。同样,对所从事的事业充满热爱乃至敬畏,就会把平凡的工作当作一种修行,不经意间便可能累计出极致的作品乃至非凡的成就。

4.言简意赅地总结观点,既是一种布局上的呼应,更是一种号召。如果说"互联网+"提醒我们"梦想还是要有的","工匠精神"就算是一种温和的劝勉,让我们在高喊"躁起来"的时代"想静静","静静"是谁?"静静"就是那个敢于为了梦想而努力沉潜的,你自己。

(素材来源:沐沂《工匠精神应成青年气质》,人民网2016年5月3日)

(三)莫让"神医"神气

【评述提示】

1.这个话题鲜明地表明了评述的否定态度:不能让"神医"们再"神气"下去!

2.结合具体新闻由头来进行分析。当下,短视频平台已成为大家消遣消费的一个重要途径,然而一些"神医"盯上了这个市场并开始疯狂表演。据新华社报道,这些"神医"并不是医生,更不是来自医学世家,而不过是一群"群演"在按剧本演戏而已。"神医"是幌子,卖假药赚钱才是目的。一些消费者不但钱财被骗,疾病治疗也被耽误。"神医"公然行骗,监管部门必须依法严惩。

3.进一步深入分析"神医"现象带来的危害。一方面,"神医"将短视频平台当成新江湖,社会危害性随之大增。电视台的养生类栏目,主要针对当地的中老年观众,在时间上多集中在深夜等时段播放,影响有限。但短视频打破了地域、受众、播出时间等局限,传播面更广。且短视频上的"神医"不会照搬在电视上的传统做法。其他短视频的一些博眼球的做法,比如提升短视频的趣味性与幽默感等,"神医"都可以借用,因此,与电视上的传统做法相比,"神医"在短视频上的表演更有欺骗性和传播力,假药也卖得更多、更远。

另一方面,短视频里"神医"给监管带来了更大难度。虽然电视上的"神医"也使用假名,但电视台无法搬走,执法不难找到责任主体。然而,网络具有隐匿性,"神医"化名出镜,核实身份比较困难,再加上网络传播的时效性很强,或许等查出一点眉目,短视频早已下架,"神医"也销声匿迹。网络还具有跨区域的特点,说不定短视频在甲地制作,在乙地发现,推销丙地的假药,上当的却是丁地的网民。不同地方很难协调执法,而且执法成本大增。

4.概括总结,呼吁严惩这一行骗行为。新现象处于萌芽状态,治理相对容易,一旦形成气候甚至成为顽疾,治理就会事倍功半,甚至积重难返。因此,对于短视频平台上出现"神医"这种现象,越早整治越好,且早期打击务必力度加大,用足够强大的震慑力,让后来者不敢效仿。视频平台对于视频内容具有监督审核责任,监督审核不力则要连带承担后果,平台也应认真履职,与监管部门一起,堵死"神医"行骗这个新渠道。

(素材来源:时本《莫让视频平台成为"神医"的新江湖》,《北京青年报》2021年3月3日)

(四)我最喜欢的电视节目主持人

【评述提示】

1.选择一位你最喜欢的电视节目主持人,进行阐述。

2.电视节目主持人之于电视节目,如同鱼儿离不开水。任何一位主持人获得观众的肯定和喜欢,一定和其所在的电视节目息息相关。所以评说电视节目主持人时,一定不能够脱离其代表性栏目而空谈。比如谈到康辉、海霞,必谈《新闻联播》;谈到董卿,必谈

《朗读者》；谈到白岩松，必谈《新闻周刊》；等等。

3.在评说电视节目主持人时，应结合该主持人在节目中的表现进行阐述，包括形象气质、语言表达、素质修养等方面。可以从该主持人具体的某个专长或者个性魅力着手，也可以从观众评价和为人处世方面着手，还可以通过与其他主持人的比较，从侧面阐述自己喜欢该主持人的原因。

第二节 辨析话题

辨析，就是辨别分析。人们对同一事物所产生的看法或观点不尽相同，这就需要人们对客观事物进行辨别和分析。从不同的角度和立场来辨析同一事物，会得到不同的阐释，并无绝对的好坏对错之分。只是在不同阶段和不同历史时期，人们的主流意识和思想观念不同，或者是随着事物的发展变化，矛盾双方会互相转化。所以，对某一事物的辨析具有一定的阶段性和历史性，需要我们辩证地分析和判断。

辨析话题，就是对某一社会现象所引发的话题进行理性的剖析并阐释个人的观点。现代社会新生事物层出不穷，在我们的工作和生活中经常会遇到一些新的情况和问题，如果原有看法或观念不够明确或与现实不相适应，就需要进行正确、及时的调整，以提出大众所认同的见解，并以正确的舆论引导大众。

辨析话题可以各持己见，要求自圆其说，绝不是人云亦云地随意附和。因此，话题辨析既是人们各抒己见的渠道，又是集思广益的途径。在大众传播中，人们对事物辨析之后趋同的观点，能够较好地引导舆论，并有助于社会问题的解决。

一、示例分析

例一:"破万卷"不如"点鼠标"

【评述】

对于"破万卷"不如"点鼠标"这个命题,其实可以辩证地看待,只能说各有各的特点和优点,要根据具体情况来选择。在某些方面"破万卷"是有必要的,但在某些时候"点鼠标"确实比较便捷,二者并无优劣之分,而应该结合起来,更好地体现现代技术与优良传统的优势互补,从而提升现代人的阅读效果。 ——开门见山地表述辩证的观点

古人说过"读书破万卷,下笔如有神",是说饱读诗书能够提高知识储备和写作能力,千百年来人们崇尚读书自然有其道理。但是在科技发达的今天,多媒体的运用和电子读物的普及,使更多的人开始学习和使用现代化的工具来完成阅读,传统的阅读受到了冲击,也让人们开始思考传统阅读和电子阅读到底哪个更重要?

首先,"破万卷"适用于经典的好书,好书需要细细咀嚼和品味。阅读纸质书,你要有耐心,不断深入地思考和论证。有些人特别享受手捧散发着墨香的纸质书所特有的阅读感受,比起面对生硬的计算机屏幕的电子阅读不但惬意,而且减少了电子辐射带来的副作用。

其次,"点鼠标"也有其优点,比方说方便快捷是其最突出的优点。在当今快节奏的社会里,通过电脑搜索文献不但快捷,节省了时间和金钱,同时也减少了印刷带来的资源浪费和污染。

有专家指出,无论采用网络阅读方式还是传统书本阅读,关键看大学生在读什么,而不是他们通过什么形式阅读。眼下就业压力的增加、社会竞争的激烈,无疑成了大学生阅读的隐形"杀手"。一方面是读书过于实用,大学生们忽略了广泛涉猎那些融汇了人类文明与智慧的古今中外的优秀图书。英语四、六级证书,电脑二、三级证书,雅思、托福考试……为了这些证书,相关参考复习资料成了大学生们的主要读物。另一方面是一个不容忽视的问题:伪书泛滥。专家指出,当下中国出版业繁荣,各种畅销书如过江之鲫,但许多图书内容空洞,"营养价值有限"。历史书、经典书籍版本多,质量参差不齐。畅销书如管理类书籍等一经出现,跟风之作纷纷涌入市场,有些甚至是胡编乱造的"假书"。

尽管如此,目前出现的网络阅读尚无法取代传统阅读。如今,很多年轻人的阅读不再是以前那样的挖掘式阅读,而是扩散式阅读,他们更习惯于"被动地被信息喂饱,需要网络提供的海量信息"。虽然接触的信息面很广,但暴露出一个缺陷——深度不够。

就我个人而言,扎实的阅读应该是在饱览纸质书的基础上,辅以网络阅读。作为现代读者,既要

> 将此话题归结为两种阅读方式哪个更重要,同时客观地分析其利弊,辩证地阐释两者的关系

学会"点鼠标",也不能把"破万卷"的传统丢掉,毕竟"破万卷"才是夯实知识结构的有效途径。因此,我们既要"破万卷",也要"点鼠标"。

> 概括总结,重申自己的观点

(素材来源:孙丽萍、王钏《大学生阅读现状隐忧:"破万卷"不如"点鼠标"》,新华网2008年8月29日)

例二:网络的"利"与"弊"

【评述】

信息时代,信息数字化改变着人类的工作方式和生活方式。网络科技的迅速发展,使互联网深入千家万户。网络为信息提供了强大而有力的传播途径。

网络是一个虚拟的空间,它具有方便、快捷、灵活等多种优点,拓展了我们的交流空间,改变了我们的沟通方式,为现代生活提供了极大便捷。我们足不出户便可知天下事,坐在家里就可以浏览网上图书,几秒钟即可收到相隔万里的电子邮件,在第一时间便可了解社会的方方面面。

> 概括网络与现代生活的密不可分

网络是把双刃剑,给我们带来便利的同时,也带来了许多的隐患。非法网站、网络游戏就像糖衣炮弹,利用网络管理上的漏洞,使黄赌毒和其他不良社会问题等影响广大网民尤其是青少年。

第一,以牟取暴利为目的的非法网站,置广大青少年网民的身心健康于不顾,大肆传播非法和限制级别的文字和视频。还有一些以介绍工

| 对此话题有条理地辨析论证，对日常生活中经常出现但又容易忽视的问题进行梳理概括 | 作、征友、征婚为幌子的诈骗网站，让网民一不小心就陷入骗子精心布置的陷阱。
第二，网络的便利也将人们带入信息资源管理的误区，并由此引发许多纷争。因为网络的管理不够完善，所以许多关于知识产权的问题大量产生。例如网络著作的侵权纠纷时有发生，又如网络中的账号被非法盗用。如果被盗窃和泄露的是商业机密或者国家机密，那后果将不堪设想。
第三，网络对人们的健康造成危害。我们曾经多次看到这样的报道：某某青少年由于上网玩游戏时间过长，造成下身忽然瘫痪，甚至还有休克昏迷的例子。由于电脑对人体的辐射，如果人长时间地坐在电脑前不活动，就极容易对身体造成种种难以预期的伤害。最显著的就是对视力的损害。同时对人们的心理健康也有很大影响，我们同样可以从媒体上了解到一些网民由于沉迷网络而患精神疾病，更有甚者心理变态引发刑事犯罪。 |
| 总结话题，呼吁人们正确认识和使用网络 | 总之，网络给人们带来了快乐、便捷、机遇、财富，也给人们带来了无法预知的隐患和危机。我们应该正确认识网络，加强管理、趋利避害，让网络真正能够朝着积极、健康、良性的方向发展。 |

（素材来源：佚名作者网络文章《网络的利与弊》）

例三：中小学生是否该用手机

【评述】

　　手机是现代技术的产物和现代生活的工具，中小学生难以回避手机的使用。中小学生是否该用手机就是探讨中小学生用手机"利大于弊"还是"弊大于利"的问题。 —— 直接指出话题的辨析实质

　　首先，我们来看看中小学生使用手机有利的方面。随着生活水平的提高，中小学生使用手机的现象较为普遍。当然大多数家长考虑的是和孩子联系方便，比方说上学放学的接送问题，比方说了解孩子的去向，以便遇到危急情况及时报警等。另外，手机作为数字存储设备，具有信息查询功能，便于学生在学习中使用。

　　其次，中小学生使用手机的弊端也显而易见。手机屏幕小、字号小，青少年长时间、近距离地用手机阅读，容易引发假性近视。同时，手机辐射对正在成长发育的青少年影响很大，尤其是对小学生。另外，学生通过手机上网，接触的信息良莠不齐，一旦接触到黄赌毒，将对青少年的身心健康造成危害，后果严重。目前还有一个不容忽视的问题，手机成了个别学生炫耀的资本，造成同学之间互相攀比。这不仅给家长带来经济压力，还影响孩子的身心健康。 —— 分别从利弊两方面来剖析中小学生使用手机中出现的具体问题

　　鉴于以上分析，中小学生使用手机，弊远远大于利。因此，有人呼吁应该在校园内设立公用电

	话,供学生们使用,以便解决学生和家长的联系沟通问题。教育部网站日前发出《教育部关于加强中小学网络道德教育抵制网络不良信息的通知》,力求做到家长与学校一起监控和引导学生正确使用互联网和手机。
发现问题之后如何解决问题成为社会各方的当务之急。家庭、学校、社会几方面应该采取积极有效的措施	有人提出建议:应立法禁止12岁以下未成年人使用手机。从各方反馈来看,大多数家长和老师也赞成禁止中小学生在校使用手机。但这是否就是一个正确的选择呢?一段时间以来,黄祸为害,不仅广大学生是受害者,一些成年人也受其荼毒。归罪于学生或者手机,显然都是无的放矢。继续加大网络扫黄力度,为青少年营造纯净健康的网络环境才是关键。此外,学校引导、技术性过滤、行业自律……不妨多管齐下。 家庭、学校、社会应该教育和引导学生正确对待网络虚拟世界,合理使用互联网和手机,提高对淫秽黄色信息、不良网络游戏危害性的认识,增强辨别能力。教育学生拒绝使用侮辱性、攻击性语言,自觉抵制网络不法行为,慎交网友,懂得在网络环境下维护自身安全和合法权益。此外,研制学生专用手机,屏蔽影响青少年身心健康的不良网站,这些都不失为有效的办法。
呼吁各方协同解决问题	综上所述,我们既然了解了中小学生使用手机的利和弊,接下来就是家庭、学校以及整个社会共同努力,来规范和引导中小学生正确合理地使用手机。

(素材来源:唐刚《中小学生用手机引争议,正确引导是关键》,《通信信息报》2010年2月2日)

二、练习提示

(一) 如何看待中国传统节日

【思路提示】

1. 以国家法定节假日调整方案为由头,先提出自己对中国传统节日总的看法。

2. 结合近年来的一些事例,分析和论证传统节日在中国文化中的作用和意义。

3. 还可以结合中国传统节日的历史和典故、中国传统节日的创新等来阐释中国文化的丰富多彩、历久弥新。

4. 最后概括总结,重申自己的看法。

【内容提示】

1. 新闻背景材料:1999年,国家对原有的法定节假日安排进行了调整,将"五一""十一"放假天数分别由原来的1天和2天增加到3天,并通过调整前后周末休息时间,形成了春节、"五一"、"十一"三个连休7天的长假。这种休假安排为居民出行、购物和休闲提供了时间上的便利,为拉动内需、促进经济增长做出了积极贡献。但随着经济社会的进一步发展,先行放假制度也逐步暴露出一些问题:一是缺乏传统文化特色;二是节假日安排过于集中;三是休假制度落实不够。

2. 商家曾经借洋节赚个满盆钵,可是带给我们的除了浮躁消费外,还有传统节日的失落。2004年韩国借"江陵端午祭"向联合国教科文组织申报2005年度"人类口传和无形文化遗产"一事,在中国国内激起了千层浪,人们思考我国传统节日如何在当代获得新生。

近两年来,传统节日的表现形式,在科技的引领下得到进一步丰富和延伸。2022年端午节来临之际，面对常态化疫情防控的形势，一些地方把民俗活动由线下转到线上，让祛病防疫的节日内涵进一步彰显。直播里体验端午习俗、云端观美景、线上听讲座，即使身不能至，也不妨碍人们领略浓郁的文化韵味。众志成城、同舟共济、家国情怀，端午节习俗中蕴藏的这些精神在同心抗疫的形势下得到了进一步诠释，也让人们祈愿和顺平安的节日内涵有了更为深刻的意义。

3.传统节日历久弥新的生命力，既来自源远流长的民间传说和民俗活动，更得益于生生不息的自我更新能力。从2021年河南卫视春晚节目《唐宫夜宴》横空出世后，《元宵奇妙夜》《清明奇妙游》《端午奇妙游》《七夕奇妙游》《中秋奇妙游》《重阳奇妙游》等"中国节日"系列爆款节目持续引发热议。河南卫视深入挖掘中华优秀传统文化，正确运用新技术、新手段，拓宽文艺空间，《洛神水赋》《龙门金刚》等文艺精品充分展现了中国传统节日的强大生命力，证明了其"活"在当下、火在当下的现实性，为我们带来诸多启示。

4.文化是一个民族的灵魂，也是这个民族的根本。文化还是一种"软实力"。坚守本民族的传统文化和社会习俗，从长远看，正是坚守民族的根本利益。从某种角度看，一个民族的复兴，最终应以本民族文化的复兴为最高标志。传统节日是中华民族文化中的宝贵财富，更是传统文化的驿站，是用来承载民族认同感、传承民族文化生命、增强民族凝聚力的载体。时代召唤我们重新认识并重视它，使之继续保持它固有的文化活力，唤起国人对民俗的文化记忆，增强我们的民族凝聚力、向心力。弘扬传统节日，我们义不容辞。把中国的传统节日（清明、端午、中秋、春节）作为法定节日，实行休假制，具有重大的战略和现实意义。

（素材来源："风吹无痕"《传统节日与中华传统文化的思考》，搜狐博客2009年4月7日；刘珺、彭昇《如何让传统节日持续焕发时代光芒》，《光明日报》2022年6月15日；邹翔《让传统节日焕发时代气象》，人民网2022年6月2日）

(二)从"艺考热"现象所想到的

【思路提示】

1.首先明确观点,辩证地看待"艺考热"现象。

2.分析"艺考热"现象的益处和弊端,例如促进了人才的竞争,有利于人才选拔和培养,但同时也表现出考生和家长的盲从和投机心理。

3.最后通过分析,做出总结,再次强调自己的观点。

【内容提示】

1.对"艺考热"现象,我们必须辩证地看待,不能因为其"热"度升温而完全否定,也不能因为有"艺术"二字就积极肯定。对"艺考热"现象,我们应该理性地分析和正确地引导。

2.对"艺考热"的成因分析。追溯"艺考热",还要先从"艺术热"谈起。20世纪90年代,随着国家大力倡导开展素质教育,艺术教育作为一个突破口,催生了少儿"艺术热"。90年代末期,高校纷纷扩大办学规模,"艺考热"随之兴起。由此可以看出,其社会原因有三个方面:一是社会稳定发展,生活水平提高,这是"艺术热"兴起的社会环境;二是高校办学体制转轨后的扩招热,是"艺考热"兴起的直接动因;三是艺术市场炒作,明星效应、金钱效应诱导了一部分青少年对艺术趋之若鹜。

"艺考热"反映的教育现象:一是部分学生早期受过艺术熏陶,有良好的学习基础;二是高校艺术专业招生规模扩大;三是部分学生看准了大多数高校艺术专业招生重专业成绩、轻文化成绩的机会,突击强化专业培训,属于高考"投机分子",这部分"艺考生"的学习动机、艺术基础令人担忧。艺术是人类文化的精华,"是文化中最活跃、最有影响的部分"。艺术不等于技术,因此，学习艺术不但要有天赋、技能、方法，更要有深厚的文化基础。这种文化的重点是精英文化，是社会的主流文化。通过对这种文化的学习，学生可以获得更深刻的思想启迪、更高尚的情感陶冶、更强烈的社会责任感、更敏锐的眼光和洞察力。长期以来，我国高校艺术专业学生进入大学后，轻文化与理论学习，重专业技能学习，对艺术作品的鉴赏水平不高。大量艺术生成为"工匠式"的艺术工作者。这种状况的原因，不能简单归结为招生考试体制，主要是艺术的大众化程度不够，基础薄弱。

"艺考热"催生了大量考前培训班以及为艺考生提供租房、餐饮服务等特殊的"艺考经济"现象。对此问题，我们要从两方面看待，一是"艺考热"为社会提供了一些就业机会，一部分人从中获取了经济利益，为艺考生提供了社会服务；二是这种特殊的"艺考经济"有一定隐患，主要是服务环境和质量不高，比如考前培训班师资水平差、办学条件差、学习资料质量差等。

3.综上所述，提醒广大家长和考生切不可盲目地带着投机心理涌入"艺考热"的大潮，必须冷静地判断考生的艺术素养，本着对自身负责、对艺术负责的态度来报考艺术专业。

（素材来源：刘根禾《"艺考热"有关社会问题的思考》，《艺术百家》2007年第6期）

（三）健身虽好可不要贪多

【思路提示】

1.刘畊宏和妻子在直播平台的燃脂健身操刷屏网络，但健身虽好不可贪多，我们应该确立一分为二的态度和观点。

2.辩证地分析其成因和存在的问题，剖析利弊关系。

3.通过正反两面的论证，阐明主要态度和观点。

4.最后概括总结，表达总的态度和观点。

【内容提示】

1.切入话题。"人鱼线马甲线我想要，腰间的赘肉咔咔掉""跟着刘畊宏老师来打卡，一起瘦瘦瘦"……近日刘畊宏和妻子在直播平台的燃脂健身操刷屏网络，在某视频平台上刘畊宏的粉丝已经突破3000万，直播累计观看人数超过1亿。以周杰伦《本草纲目》为背景音乐的毽子操，更是引发包括消防员、战士、医生、学生在内的全民打卡健身热，不过也有人在社交网站上分享了自己跟练后腿抖如筛走出"企鹅步"，有网友戏言自己像是被袋鼠殴过一般浑身酸痛。

2.分析这一现象的原因。刘畊宏网络直播爆火"出圈"，究其原因，首先，刘畊宏有健身的专业基础，并多年来坚持健身，良好的身型和活力满满的状态引发网友的向往。相对于其他健身操，刘畊宏选择的动作多数比较简单，但跟着直播持续跳一个小时，强度也是非常大的，可以满足网友"爆汗"的需求。其次，疫情下，人们居家时间多，身心压力较大，需要一种健康解压的释放方式。再者直播时代，不用花钱办卡、不受环境限制，还有众多在线伙伴互相陪伴鼓励，让运动显得不那么孤独和难以坚持，"云健身"成为最简单直接的健身方式。刘畊宏常带着妻子一起健身，刘畊宏在前面跳得卖力，妻子在后面累得咧嘴，直播的氛围有趣和谐，良好的家庭氛围也是刘畊宏走红的一大因素。

3.从反面进行探讨。刘畊宏健身操的火爆反映了网友追求健康和美好生活的初心，但任何运动都需要在安全的基础上进行，科学运动、循序渐进、量力而行是关键。有的网友长时间不运动，靠毅力跟上刘畊宏直播的节奏，结果造成周身疼痛；也有的网友过于投入地看直播画面，忽略脚下，打滑摔倒……路有千万条，健康第一条，安全合理健身尤为重要。充分热身，循序渐进，根据身体实际情况跟进练习，并持之以恒地坚持，才可能取得良好的效果。

4.重申总的态度和观点。刘畊宏的"出圈"走红,彰显出互联网时代的新变化:李子柒让落寞的传统手艺焕发新生;戏曲教授开网课,让戏曲不再"曲高和寡"……互联网不断丰富着人们的精神世界,改变着人们的生活方式,"万物皆可网上学",望更多正向内容的直播成为主流,健康清朗的网上内容成为人们生活的主流。

(素材来源:暖山《"刘畊宏女孩"已伤?健身虽好可不要贪多》,人民网2022年4月22日)

(四)为何名校硕博任教中学

【思路提示】

1.确定评述的切入点和总的态度、观点。
2.条分缕析地分析问题的本质,从而以理服人。
3.结尾的概括总结很关键,是对分析和探讨的提升。

【内容提示】

1.由新闻消息切入话题。愿意去中小学教书的硕士、博士越多,越是我国基础教育之幸。但从整个社会的教育资源分配而言,我们应该通过完善制度,在学校之间、城乡之间、地区之间保持基本的公平与均衡。

近日,"人大附中拟选聘教师公示"发布,引起舆论热议。作为一所中学,该校此次选聘教师的"最低学历"是名校硕士。从名单上看,本次共招聘16名教师,其中7名硕士,9名博士;有3名教师毕业于国外大学,其他13名均毕业于国内名校,集中在北京大学、清华大学、中国科学院、北京外国语大学、中国人民大学。

2.进行分析。人们的第一感受是,费尽心力念了硕士、博士的人最终去一所中学教书,实在是学历浪费。人们普遍认为,"基础教育用不到高学历人群"。但在我看来,这是替就业者乱操心。

一方面,就业是双向选择,既然两相情愿,跟学历浪费显然没有任何关系。凡不是靠爸妈安排而自己择业的人都明白,最终选定某单位取决于各种各样的因素,其决定性因素,他人不一定能推测得知。

另一方面,基础教育同样需要高学历人群。大家通常认为,高学历人群应该去高校或科研机构就业,而不应该去中小学,其实这是一个误区。相对大学而言,中小学所学内容简单,但并不意味着教学活动也简单。有过学生经历的人都知道,不同老师讲授同样的内容,往往有天壤之别。究其原因,不仅有教学方法的差别,也有教学视野与理解力的不同。当然,高学历不代表高素质,也不代表较高的教学水平,但从普遍规律来看,高学历者无疑更有优势。

3.进一步探讨。虽然硕士、博士进中学任教不是学历浪费,但还是反映出一些问题。为什么人大附中有如此巨大的吸引力,让一所中学的师资抵得上某些一本或二本高校?从整个社会的资源分配来看,其反映出的资源分配的失衡的确令人震惊。这种失衡至少体现在校际之间、城乡之间、地区之间三个方面。

不是所有的中学都有此吸引力,人大附中的金光闪闪是资源积聚的结果。但从网友晒出的南开中学2015年拟聘任12名教师的公示来看,有10名硕士,2名博士,这意味着人大附中并不孤单。在不同地方都有类似名校积聚优势资源,跟其他学校明显拉开差距的现象。同时,城市与乡村、发达地区与欠发达地区的教师待遇差别较大,也是众所周知的事实。2016年教师工资改革方案中讨论的一个重要问题就是"农村中小学教师流失问题"。

4.概括总结。综上所述,去中小学教书的硕士、博士越多,越是我国基础教育之幸。但从整个社会的教育资源分配而言,我们应该通过完善制度,在学校之间、城乡之间、地区之间保持基本的公平与均衡。过于失衡的教育资源分配,意味着公民间享有公共服务的不均等程度过高,这不是社会之幸。

(素材来源:任孟山《名校硕博任教中学,不患浪费患"不均"》,《京华时报》2016年6月2日)

(五)如何看待IP属地显示功能

【思路提示】

1.由新闻消息切入话题,明确提出观点。

2.客观地分析利弊。

3.最后概括总结,和开头形成呼应,进行呼吁号召。

【内容提示】

1.由新闻消息切入话题。最近,新浪微博、微信等主流网络平台纷纷上线新功能,对发言用户的IP属地进行显示。该举措引起社会热议,一方面,很多冒充国内用户误导舆论的境外"网军"纷纷现形,群众拍手称快;另一方面,一些用户担心此举会泄露个人信息,质疑这一措施的必要性和合法性。

2.分析这一现象的原因。其实,各大网络平台推出这一举措,绝非偶然。2021年10月,国家网信办发布《互联网用户账号名称信息管理规定(征求意见稿)》(以下简称《管理规定》),其中第十二条规定,互联网用户账号服务平台应当以显著方式,在互联网用户账号信息页面展示账号IP地址属地信息。境内互联网用户账号IP地址属地信息需标注到省(区、市),境外账号IP地址属地信息需标注到国家(地区)。此条规定主要帮助公众识别虚假信息,让招摇撞骗者在公众面前无所遁形,让网络空间更清朗。虽然《管理规定》尚未施行，还不具有法律效力，但鉴于用户IP属地显示功能对于清朗网络空间具有重要意义，在研判政策走向的前提下，平台试点上线这一功能，是为今后可能的政策实施做准备。

进一步深入探讨。一些人质疑，在政策文件还未发布施行前，平台强制显示用户IP属地，违反了个人信息保护法关于征得用户同意的规定，未给用户选择权。的确，根据法律规定，无论处理必需个人信息还是非必需个人信息，都应当征得用户同意（不考虑例外情况的话）；用户不同意处理，便不得处理。用户不同意提供完成服务所必需的个人信息，平台可以拒绝服务；用户不同意提供非必需的个人信息，平台依然应当提供服务，并且不得降低服务质量。

从功能上看，不显示IP属地，平台提供服务也不受影响，似乎其不是必需信息。但是考虑到当前网上虚假信息泛滥，平台有维护公共利益和实施风控的需求和责任。为了向用户提供更好的服务，平台有正当理由要求用户显示IP属地，即认定IP属地是"必需信息"。如因用户不同意提供，平台拒绝向其提供服务，是符合法律要求的。

3.概括总结，与开头形成呼应。当然，随着用户IP属地显示功能的推出，"改IP地址""IP代理"等服务逐渐火爆，这也引发了外界对显示IP属地有效性的质疑。通过代理服务上网并不违法，但的确会起到隐藏真实地址的效果，这也为《管理规定》能否最终出台带来了不确定性，而这同样需要有关部门和相关平台予以关注。

(素材来源：左晓栋《IP属地显示功能让网络空间更清朗》，《法治日报》2022年5月11日)

三、训练题库

(一) 快递实名制

【评述提示】

1.由新闻消息切入话题。从2016年6月1日起,快递实名制正式开始施行,寄包裹除必须出示本人有效证件外,快递单也需实名,且须先通过快递员检查验视。但近来多家媒体调查称,快递实名制遭遇落实难。

2.结合事实进行分析。快递实名制难以落实,是因为这种制度尚未在供求双方间达成共识,一些企业和个人对这种保障公共安全制度的善意并不"领情",甚至心存抵触。他们不知道快递实名制的必要性吗?不是。我国每年的快递业务量过百亿件,居世界第一,其中大量快递没有通过实名收发,存在很大安全隐患。2011年杭州快递包裹爆炸事件、2013年山东"夺命快递"事件等,依旧历历在目。推行实名制有助于规范快递市场、保障公共安全,这在情理认同上并没有障碍。

消费者不愿出示证件,是担心快递实名制会造成自身信息被泄露,带来很多不必要的麻烦。这种担心并非没有根据,一项调查显示,78.2%的网民个人身份信息被泄露过,其中82.3%的网民亲身感受到了个人信息泄露给日常生活造成的影响。快递实名制采集寄件人的身份信息要翔实,谁能保证信息不泄露?快递员和快递企业不积极落实实名制规定,是因为他们在算成本账,实名制影响效率、耽误生意,而且顾客也不乐意,干脆睁一只眼闭一只眼。于是,推行实名制就成了监管部门的独角戏,没人愿意跟着玩。

3.提出建议。摆脱这种尴尬,让制度的善意得以真正落实,关键在于打消消费者的顾虑,让他们建构起对快递从业人员的信任,相信自己的个人信息会得到很好的保护,进而愿意主动出示证件。而这建立在快递行业更加规范、从业者素质更加可靠的基础之上。快递企业和从业者都有对客户信息严格保密的义务,有通过检验确保快件安全无害的责任。如果出问题,相关企业和个人就会受到严厉追究。这样他们会因为违法违规代价高昂而格外小心。

4.呼吁号召。我国快递业发展迅猛、体量巨大,也存在一些问题。这些问题本身就具有复杂性,不是孤立地制定一个"实名制"就能破题的。它需要有配套设计、系统安排,比如建立一套更加科学完善的监管制度。在科学制度的约束和保障下,人们才能彼此信任,继而为了公共安全相互配合。如此,"实名制""检验制"等就可以顺畅落实了。

(素材来源:李思辉《快递实名制为何落实难》,《光明日报》2016年6月16日)

(二)"课前收手机"与"挽回低头族"

【评述提示】

1.由新闻消息切入话题。前不久,国内一所大学的一个学院拟实施"上课前所有同学交手机"。规定尚未施行,便引发网上热议。支持者有之,反对声也不小。对中小学生"课前收手机",很多人赞同,但对大学生而言,是否合理?收手机能否让"低头族"的目光从屏幕回到黑板?大家的观点各有不同,甚至针锋相对,但读之颇受启发。

2.列举几种不同的观点。第一种是让课堂充满获得感。"课前收手机"固然是培养学生自律的一种手段,但从教学规律而言,难免让人有"隔靴搔痒"的感觉。网友郭俊说:大学时,有两位老师给我留下了深刻印象。一位是五十多岁的必修课老师，一位是大学刚毕业的选修课老师。前者上课基本上照本宣科。时间一长，不少学生使用看小说、睡觉甚至逃课的方式，来摆脱死气沉沉、让人无法"忍受"的课堂。后者则不同，既能引经据典，拓宽我们的知识视野，又能发挥年龄优势，用大家喜欢的教学方式上课，给我们端上了一道道生动有趣、引人入胜的"精神大餐"。上这位老师的课，总感觉时间过得太快。"伐柯伐柯，其则不远。"要让"低头族"的目光从屏幕回到黑板，说到底，还是要让讲课更吸引人。作为老师，不断提升自身学识水平的同时，要紧跟时代发展，转变教学方式方法，让学生在课堂中有更多"获得感"。如此，"低头族"的问题就能迎刃而解。否则，"课前收手机"只会是治标不治本的短期之举。

　　第二种是在潜移默化中收心。"世界上最遥远的距离，是老师在讲课，而学生在看手机。"虽是段子，却道出了老师对学生课堂玩手机的无奈。多所大学不约而同地倡导"无手机课堂"，就是要让课堂里的年轻人，学会专心，学会自律。网友徐振宇认为，对自制力不强的学生来说，"课前收手机"是一种有效督促，改善的不仅仅是眼前的课堂效率，还有学生学习的态度和习惯。对本身就热爱学习、珍惜课堂的学生来说，这一举措也为他们创造了一种更好的学习生态，免除了因其他同学使用手机而带来的种种干扰和诱惑。上课是一件严肃的事，老师在台上全身心地投入，学生也应在台下集中注意力，以课堂纪律约束自己。这既是对自己负责，也是对老师劳动的尊重。在这个意义上，"课前收手机"并非苛责学生，而是要帮助他们端正行为。进一步而言，多数大学生正处于价值观的塑造期，很容易受到外界的影响。诱惑太多的一个结果，就是专注力的丧失。因此，"课前收手机"，表面看是学校的一种管理手段，实际上也是对学生的一项潜移默化的"收心"教育，值得肯定。

第三种是把自由建立在自律上。网友陆森荻认为：我是一名大学生。从个人经历来说，课堂上有时的确需用手机查点资料。但是，大部分情况下，上课用手机，并没有想象中那么美好。自控力差的学生总是容易陷入"玩手机"的泥沼而无法自拔，有一定自控力的学生在利用手机查资料时，也很容易被各式各样的推送消息吸引过去。最终，弹指间就荒废掉一节课。可以说，能够真正用手机辅助课堂学习的地方还是有限的。有人认为，"收手机"有悖学校自由的原则。其实，大学校园虽然崇尚自由，但崇尚的是自由的学术氛围，而不是纪律的自由散漫。学校是一个学习的地方，课堂上低头玩手机，不仅有违尊师重道的传统美德，也有违学生学习的本质。"没有堤岸，哪来江河？"建立在有约束基础上的自由，才是真正的自由，否则就容易变质为放纵。

3.概括总结。"课前收手机"或许治标不治本，但通过强制性引导后，将有助于改善课堂参与度低的问题。通过先治"标"，缓解病情，同时寻找病根，对症下药，循序渐进地治"本"，由表及里地实现药到病除，未尝不可。

（素材来源：《"课前收手机"，能挽回低头族目光吗》，人民网2016年4月26日）

（三）"洋快餐"频打"中国牌"

【评述提示】

1.首先要对这个话题进行辩证的理解，"洋快餐"频打"中国牌"是"利"大于"弊"，还是"弊"大于"利"。俗话说"民以食为天"，无论什么时候，吃对人们来说都是头等大事。伴随着快节奏的城市生活，越来越多的"洋快餐"打出"中国牌"，这让我们对快餐文化有了更深入的思考。

2.分析"洋快餐"对中式快餐的冲击和挑战。肯德基早就占据了中式早餐的鳌头,在肯德基不仅可以喝粥、吃油条,还可以吃米饭。"洋快餐"在中国市场的跑马圈地运动正式登场。洋快餐"混血儿"的品种正在我国急剧地增加。倡导休闲西餐文化的星巴克,早在几年前已尝试做中式餐饮,过节时卖过粽子、月饼等中式餐点。2010年星巴克正式推出中国茶品,将本土化又朝前推进了一步。洋快餐频频打出"中国牌",快餐行业"土洋结合"的趋势越来越鲜明,"混合牌"俨然已经成了大势所趋。

3.分析"中国牌"如何打,以应对"洋快餐"。"洋快餐"加入中式快餐的竞争,有利于刺激中式快餐产业的发展。相比洋快餐,本土快餐在产品研发、消费习惯上具备更多优势,也会让消费者越来越有口福。的确,洋快餐很懂得出新,但实际上仅仅懂得出新是不够的。在市场日益细分的现代社会中,传统的饮食文化在不断地被解构,新的秩序在建立。要锁定消费人群,就必须帮助消费者形成一种消费秩序,稳定他们的消费行为。

4.概括总结。毋庸置疑,中式快餐要想做强、做大,必须迎合消费需求,注重营养搭配,低碳、健康、环保、节能和绿色依然是我们餐饮行业追求的目标。有关部门也要积极加强纵向与横向的餐饮协作,鼓励资本运作,推进快餐业集约化生产,加快我国快餐企业集团化、规模化的步伐。

(四)期待三孩配套政策落地"生"效

【评述提示】

1.三孩政策有很多好处。人口发展是关系中华民族发展的大事。党的十八大以来，党中央高度重视人口问题，进一步适应人口形势新变化和推动高质量发展新要求。实施三孩生育政策及配套支持措施意义重大，这些政策和措施有利于改善人口结构，落实积极应对人口老龄化国家战略；有利于保持人力资源优势，应对世界变局；有利于平缓总和生育率下降趋势，推动实现适度生育水平；有利于巩固全面建成小康社会成果，促进人与自然和谐共生。

2. 三孩政策的隐忧。生育政策是关乎每个家庭幸福的大事。三孩政策实施后，公众一面满心期待，一面又有不少迟疑，因为生孩子只是第一步，接下来的养育、教育等，需要更多的时间、耗费更大的精力、投入更高的成本。很多有意向生育三个子女的父母，在观望中等待进一步的细化政策。这是一种希望，更是一种信任。

3. 相关配套政策打消人们疑虑。取消社会抚养费，清理和废止相关处罚规定，将入户、入学、入职等与个人生育情况全面脱钩，避免不必要的捆绑。发挥中央预算内投资的引导和撬动作用，推动建设一批方便可及、价格可接受、质量有保障的托育服务机构，鼓励和支持有条件的幼儿园招收2至3岁幼儿，让托育更为规范。严格落实产假、哺乳假等制度，支持有条件的地方开展父母育儿假试点，健全假期用工成本分担机制，让产假不再成为单位为难人的砝码，也让父母不再担心没有收入甚至丢掉工作。推进义务教育优质均衡发展和城乡一体化，有效解决择校热难题，让每一个孩子都享受到相对公平的教育。实施三孩生育政策及配套支持措施，体现以人民为中心的指导思想，条条都是回应公众关切问题的政策干货，句句都是打消公众疑虑的利好消息，可谓诚意满满，善意十足。

4. 概括总结。2035年前后，中国将进入重度老龄化阶段，这种状况不可避免地会对经济运行全领域、社会建设各环节、社会文化多方面产生深远影响。中国自古提倡家国一体，国与家的辩证关系，每个中国人都拎得清。实施三孩生育政策及配套支持措施，无疑将释放生育潜能，减缓人口老龄化进程，促进代际和谐，增强社会整体活力，大利于国、小利于家。一切配套措施踏踏实实落地，会让更多父母愿意生、放心生。

（素材来源：贾亮《期待三孩配套政策落地"生"效》，《北京晚报》2021年7月22日）

（五）网课的"利"与"弊"

【评述提示】

1.现象描述。新冠肺炎疫情期间，在线教育异军突起，各类网课陪伴中国大中小学生度过了"停课不停学"的难忘时光。据中国互联网络信息中心发布的报告显示，截至2020年3月，中国在线教育用户规模已达4.23亿，较2019年6月增长了82%。

2.网课的积极意义如下：特殊时期，面对在线学习，不同的人有不同的选择。为了更快更好地渡过这段适应期，各方都在积极努力。在网课时长、上课形式、教师权益保障等方面，各地不断出台细则，以适应学生和老师的需求。在技术上，各在线教育软件加紧完善课程内容、优化服务。总的来说，通过网上教学在一定程度上能够弥补学生无法到校学习的损失，这具有重要的积极意义。

近年来，互联网和教育的深度融合取得了巨大进展，特别在课程资源开发方面，已经能够提供丰富多样、可供选择、覆盖各地的优质网上教学资源。此次疫情中，大规模开展网课也是在此基础上的一次全新尝试，是教育教学领域创新的一次实践。

3.网课带来的问题如下：面对挑战与机遇，在线教育市场发展驶入快车道，但同时也暴露出不少值得关注的问题。近日，针对在线教育行业存在的种种乱象，多部门展开整治行动，目标直指在线教育平台的有害信息、盗版网课等突出问题。

一段时间以来，一些网站平台无视社会责任，屡屡利用网课推广网游、交友信息，甚至散布色情、暴力、诈骗信息，危害广大学生特别是未成年人身心健康。为此，中央网信办、教育部近日启动为期两个月的涉未成年人网课平台专项整治，聚焦网民反映强烈的突出问题，在不同环节开展治理。对于网课平台的规范发展，专项整治提出了明确要求：开设未成年人网课的各类网站平台，必须切实承担信息内容管理主体责任；要对课程严格审核把关，确保导向正确；开设评论互动功能，要建立信息内容"先审后发"制度；要加强网课页面周边生态管理，不得出现危害未成年人身心健康的内容；不得利用弹窗诱导点击不适宜未成年人的页面；不得推送与学习无关的广告信息；不得利用公益性质网课谋取商业利益。

除此之外，盗版网课现象也屡见不鲜。目前，互联网二手交易平台、网络社交平台群组已成为盗版网课的常见交易平台。记者在闲鱼、微博、百度贴吧等搜索发现，其中存在不少售卖盗版网课的信息。很多盗版课程的售卖者通过"挂羊头卖狗肉"的方式，打着课程咨询、账号租借等名义或是用更改产品标题的方式，低价出手盗录的网课视频。近日，国家版权局、工业和信息化部、公安部、国家互联网信息办公室四部门联合启动打击网络侵权盗版"剑网2020"专项行动，"在线教育版权专项整治"位列其中。据了解，专项行动将大力整治在线教育培训中存在的侵权盗版乱象，切断盗版网课的灰色产业链条。

4.概括总结。教育是千家万户都挂心的大事。当开学季受到疫情的影响，为了让孩子们的学习不掉队，在线教育被寄予巨大期望。做好这段时期的在线教育，对未来该领域的发展将产生重要影响。这一过程中，许多实际问题值得我们深入思考并逐步解决，相信经此实践，未来网课的发展会实现一次跨越。

（素材来源：刘峣《在线教育莫"越线"，向网课乱象开刀》，人民网2020年8月13日；李贞《疫情下，网课是救急也是创新》，人民网2020年2月18日）

第二章

材料口头评述

材料口头评述是指没有明确的评述话题，评述者对一段素材进行提炼概括，从中选择一个切入点或者角度来进行口头评述。

材料口头评述选题广泛，评述的素材往往有多个角度和切入点，我们可以从中提炼一个最主要、最符合当前主流舆论导向的话题。材料口头评述不但能够体现评述者对问题的分析判断能力，而且能够体现评述者的综合素质和思想水平。

第一节 事件材料

事件材料以新闻事件为主，新闻事件是社会上新近发生、正在发生或新近发现的、有社会意义的、能引起公众关注的重要事实，此类素材多来源于各媒体的新闻报道。

事件材料口头评述是提供一段事件性材料（多是新闻事件），评述者可以以该事件为由头剖析现象背后的本质，进而提出对此事件或者此类事件的观点和看法，这种观点要符合大众传播和主流媒体的宣传导向，形成符合主流价值观的舆论观点，这样的评述才具有现实意义。

一、示例分析

例一

7月20日到21日，一个名为《待救援人员信息的文档》出现在网络上。文档的创作者是一位在外上学的河南籍女生，她说看到新闻，想为家乡做点事，就和30几位同学创建了文档，并敲下了"求救人员信息"和"救援人员信息"等文字。建立文档的第1个小时，就收到上百条求助信息，有失联、被困的人员，还有即将分娩的孕妇。24个小时内该文档就被众多网友自发更新到270多版……里头有超1000条求助信息，越来越多救援力量加入，从最开始的一个小小表格，24小时里，变成了民间救援信息收集对接的平台。表格拉到最后，有人用醒目的字体写着：要挺住！全国人民都在担心你！河南，加油！

（素材来源：《"要挺住！全国人民都在担心你们！"一个救命文档的24小时感动无数网友》，《中国日报》2021年7月22日）

【评述】

从材料引入话题：河南暴雨让全国的目光聚焦在中原大地，也让"风雨面前一起扛"的人间大爱书写在中原大地。其中，一份命名为"待救援人员信息"的线上文档在网络上传播，刷屏朋友圈。短短24小时之内，这份文档已有250多万次访问量，1000多条关于河南洪灾的求助信息和救援力量一起涌入这份文档。

　　这是与时间赛跑、与灾情较量的生死竞速。文档创建第1个小时，录入、核实求助信息；第3个小时，"什么都看不清""水已经到胸了""没有地方站了"，求助者越来越多；第4个小时，加入功能sheet"可提供支援场所"；第6个小时，首个"成功救援"出现……一条条关乎生命的"编辑"，一次次键盘敲击的"转发"，犹如虚拟世界的一道道光束，汇聚成救援希望的星河。在滔滔洪水的危难关头、漫天风雨的无助时刻，这样的信息对接、供需匹配显得格外动人，让人倍感温暖。

　　这是相信奇迹、创造奇迹的救援接力。在"救命文档"里，每一次信息的发布、每一个条目的更新，背后映射的都是救援行动、关爱举动的给力。当发高烧的女生、84岁的老人被成功救援，当被困一天没喝水的小宝宝得到了救助，当被困几小时待产的孕妇被送到了医院，守在屏幕前的"无名之辈"一次次被振奋、一次次被感动。是的，他们做到了！再平凡的善举，只要汇聚在一起，就是信心和力量，就能成为奇迹的宠儿。从虚拟世界的"救命文档"放眼暴雨中的向险而行、洪水中的逆流而上，就能深刻懂得为什么一方有难、八方支援总是我们义无反顾的坚定选择，为什么同舟共济、守望相助是根植于中华民族血脉的文化基因。

　　这是主动作为、救灾有我的青春担当。"救命文档"的创作者是在上海读研的河南籍大学生，出于为暴雨中的家乡做点事的初心，与30多位同

> 从多个角度深入分析在"救命文档"背后体现的意义

学发起了这场无声而有力的救援大接力,腾讯文档技术团队24小时轮班值守确保文档稳定运行。事不避难,义不逃责,只求尽心尽力,在这帮年轻人身上,我们又看到了抗击新冠肺炎疫情中写下"不计报酬、不畏生死"请战书的"90后",又看到了抗击洪涝灾害中身先士卒筑起"钢铁之堤"的年轻党员,又看到了脱贫攻坚战中以热血赴使命的年轻干部。有这样的青春之肩,定能扛起民族复兴的明天。

　　这是创新驱动、科技进步的技术赋能。小小文档大显身手,竟能汇聚如此强大的救援力量,让人们将更多目光投向暴雨洪灾中的硬核科技。翼龙无人机成功让受灾村镇恢复5小时的通信信号,"河南暴雨积水地图"提供避灾信息,"城市大脑"快速启动,救生机器人、机器人水泵活跃在抢险救灾现场……这是祖国科技实力不断突破的结果,也见证着始终如一的为民坚守。正如网友所言:困难面前,你永远可以相信祖国!暴雨中的科技力量有多硬核,这份"不惜一切代价、克服重重困难"的努力就有多温暖!

> 概括总结,通过小小"救命文档"看到"大写的中国"

　　洪水滔滔,爱如潮水。灾难压不倒我们,只会让我们更强大;磨难阻挡不了我们,只会让我们前行的脚步更坚定。因为"救命文档"再小再普通,也矗立着一个大写的中国。

(素材来源:庄葆新《人民网评:小小"救命文档"里的大写中国》,人民网2021年7月23日)

例二

配音、插画、短视频剪辑……近来，围绕当下热门的网络技能，一些"零基础速成班"迅速蹿红。记者发现，在短视频和社交平台上，不少商家将目光瞄准职场新人、全职妈妈等群体，利用其渴望一技傍身的心态，以"低门槛""高回报"的诱人广告招揽学员。

然而，在将高额学费收入囊中后，部分机构"现出原形"。在某投诉平台上，有学员表示课程"不靠谱""退款难"，此前承诺的介绍兼职也未能兑现，还有人为付学费背上网贷。

（素材来源：陈曦、甘皙《零基础速成班走红，"躺赚"背后套路几何？》，《工人日报》2022年5月6日）

【评述】

近期有一个现象值得关注：有些学习过配音、插画、短视频剪辑等新媒体技能的人，利用互联网平台，凭借这些技能赚取一定的兼职收入，达到补贴家用的目的。这一类工作往往不受空间束缚，相对灵活自由，因此越来越多有兼职需求的群体，希望有机会充电学习。不少冠以"零基础速成班"之名的培训机构，由此应运而生并迅速蹿红。〔首先引入话题，分析"零基础速成班"产生的原因〕

不过，这些速成班的水平参差不齐，有的甚至存在诈骗嫌疑。比如，有的机构鼓吹"包教包会""轻松变现"等噱头，虚假承诺学成之后可以推荐接单、有保底收入，而当学员缴纳学费正式参与线上培训后，往往发现培训课程并无多少实质

从材料中发现问题，理性剖析此类问题层出不穷的根源	性内容，且网上都能免费搜到。有些经济条件一般的学员，在培训机构推荐下，办理了学费分期付款，后来发现申请到的其实是利息很高的网贷，技能没学到，反而背上沉重的债务。 此类问题缘何层出不穷？一来，这类课程培训主要通过线上发广告进行宣传，表现为发现难、定性难、取证难等特点，隐蔽性强。二来，此类在线培训班的业态表现形式复杂，融合了商业、教育以及网络产品的特性，对其常态化监管，不可避免地会涉及市场监管、网信等多个部门的协同合作，沟通成本高、治理难度大。
在发现问题、分析问题之后，呼吁解决问题	整治"零基础速成班"乱象，一方面，报名前须查验相关网络培训机构资质，通过正规渠道学习技能，杜绝占小便宜的心理。与此同时，相关部门和网络平台要加强对网络培训机构的监管，增强防骗反诈宣传力度，引导相关群体提高防范意识，树立科学的学习态度，从而让"零基础速成班"无处遁形。

（素材来源：苑广阔《警惕"零基础速成班"陷阱》，中国经济网2022年5月9日）

例三

素材一： 清明既是自然节气，也是传统祭祀节日，对中国人意义重大。清明节来临之际，赤壁市、嘉鱼县、荆州市等地区相继发出倡议，减少纸钱香烛等祭品焚烧，以献花、植树等方式寄托哀思，推行绿色低碳的文明祭扫新方式。

(素材来源:张盼《文明祭扫是表达思念的最好方式》,极目新闻2022年04月01日)

素材二: 每逢清明节,人们多以各种祭扫活动缅怀先烈、悼念故人、寄托哀思。在疫情防控常态化背景下,湖南省各地倡导云上祭扫、鲜花祭扫、居家追思等文明低碳绿色祭扫方式,严格落实限流、错峰等防控要求,层层压实责任,努力做到疫情"零输入""零外溢";各地群众破除陈规陋习,以更加文明的方式慎远追思,做文明新风的践行者和传播者。

(素材来源:苏原平《心香一炷寄哀思 文明祭扫更"清明"》,《湖南日报》2022年4月6日)

【评述】

清明祭扫,表达对已故亲人的思念,这是中国人的集体记忆,已经形成了共同习惯。从过去的纸人纸马到如今的"苹果手机""高档轿车",人们燃烧大量纸钱香烛,以此寄托让亲人在九泉之下过得更好的愿景。然而,很多祭祀用品都是由不易降解的塑料、布料、锡箔纸等材料制成的。将祭品付之一炬,或许能让生者内心得到抚慰,但祭品和爆竹燃烧的簇簇火光会带来安全隐患,留下的气味和灰烬也会污染环境。因此,改变落后的清明祭扫习俗,让思念与文明同行,重视节日本身的意义势在必行。 ⎯⎯ 首先引入话题,从材料中发现问题

近年来,从中央到地方都把破除陈规陋习、

从问题出发，分析文明祭扫的意义，列举文明祭扫的方式	推进移风易俗作为精神文明建设、涵养社会文明水平的重要抓手，各地方也出台不少措施引导民众文明祭扫。除了通过鲜花、植树等形式到现场寄托哀思，在疫情防控常态化的形势下，为避免人群聚集，网络"云祭扫"也给无法归家的旅人带来慰藉新方式。总之，时代在进步，人们的观念也在改变，清明祭扫的形式将越来越多元。不过，尽管形式千变万化，思念亲人的内核未曾更改。我们不必拘泥于某一形式，选择更加文明绿色的方式，也能将思念尽数表达。
概括总结观点，从个人和社会的角度出发，积极倡导绿色祭扫、文明祭扫	清明节不仅是一个法定节日，也是一份唤醒心底情感的契机，领悟节日本身的意义远比形式更为重要。于个人而言，在心底永远铭记已逝亲人，过好自己的生活，是对亲人最好的缅怀。选择绿色祭扫、文明祭扫还表达了一份对其他生命的敬畏。对于全社会来说，引导文明祭扫是创建文明新风的积极举措，不会一蹴而就，需要久久为功。

（素材来源：张盼《文明祭扫是表达思念的最好方式》，极目新闻2022年4月1日）

二、练习提示

（一）

中央网信办决定，6月15日起在全国范围内开展为期2个月的"清朗·'饭圈'乱象整治"专项行动。专项行动将重点围绕明星榜单、热门话题、粉丝社群等重点环节，全面清理"饭圈"粉丝互撕谩骂、拉踩引战、造谣攻击、恶意营销等各类有害信息，重点打击诱导未成年人应援集资、高额消费，鼓动粉丝攀比炫富、奢靡享乐以及号召粉丝、雇用网络水军"养号"刷量控评等行为。

今年5月，中国青年报社社会调查中心通过问卷网对1616名14—35岁的青少年开展追星专项调查显示，73.4%的受访青少年指出粉丝团会道德绑架，强迫粉丝"氪金"；63%的受访青少年反感粉丝团互相谩骂、攻击；52.8%的受访青少年每月用于追星的花费在100元以上；仅24.4%的受访青少年从不在追星上花钱，仅20.7%的受访青少年表示父母对此了解并支持。

（素材来源：史奉楚《依法整治"饭圈"乱象，呵护青少年健康成长》，《北京青年报》2021年6月16日）

【思路提示】

1.先从素材中找到切入点，确定从什么角度进行评述。

2.结合相关新闻素材，进行分析和探讨。

3.总结概括，呼吁号召。

【内容提示】

1.切入话题。有自己喜爱的艺人，欣赏他们的作品，关注他们的动向，对他们表达支持，如果这些行为都在道德和法律范围内，那也并无不妥。现在的问题是，"饭圈"衍生的一些乱象大大超出了这个范围，不断引发纷争：诱导青少年"粉丝"网上互撕、制造网络暴力、非理性应援、无底线刷评，以及宣扬金钱崇拜甚至涉嫌非法集资……"饭圈"的畸形发展已经影响到社会秩序，影响到青少年的健康成长，中央网信办决定，6月15日起在全国范围内开展为期2个月的"清朗·'饭圈'乱象整治"专项行动。

2. 理性剖析。在"饭圈"乱象的不良诱导下,一些操盘手让追星变成了高成本之事,对涉世未深的青少年进行情感绑架、金钱"勒索",鼓吹"你一票,我一票,哥哥今天就出道;你不投,我不投,妹妹何时能出头?"更可恶的是,有些人还对青少年进行精神控制,毒害青少年的三观。把青少年从"饭圈"乱象的漩涡中拉出来,这是当务之急。

消除"饭圈"乱象,关键在拿"圈头"开刀。"饭圈"兴风作浪,是因为背后有坐镇指挥的组织者,有分工明确的架构设立,更有疯狂逐利的商业推手,他们把青少年当成提款机乃至"打手"。清除这些操盘手,挖掉其收割链条,封禁其套现的路径,就能让网络暴力、无底线打榜刷屏等行为逐渐减少。

此外,消除"饭圈"乱象也需剑指有关平台。毋庸赘言,一些平台在"饭圈"病态生长过程中,长期扮演很不光彩的角色。它们对营销号睁一只眼闭一只眼,唯恐"粉丝"不撕,一心只考虑平台流量,甚至有意推波助澜,从中寻觅商机,为"饭圈"乱象提供了最好的温床。对这一点,社会舆论已达成高度共识,各类平台当直面这种关切,"全力抓好自查整改",清除"饭圈"乱象滋生的土壤。

3. 概括总结。"饭圈"可以有但一定不能变成为恶的怪圈、坏圈,不允许"饭圈"乱象继续毒害青少年的精神世界,败坏社会风气,相信势不可挡的整治行动一定会牢牢踩住撒野"饭圈"的刹车,还公众一个清朗的网络环境。

(素材来源:秦川《"饭圈"乱象的账,该好好算一算了》,《人民日报》客户端2021年5月10日)

(二)

2021年2月12日大年初一,河南卫视春晚舞蹈《唐宫夜宴》一炮而红,该节目运用VR技术把唐三彩、贾湖骨笛、《簪花仕女图》等文化物品为背景,让唐朝"宫女"身段灵巧地穿梭其中,瞬间让传统文化活了起来,不少网民直呼"太好看"。

  河南卫视乘胜追击,按照中国法定的七个传统节日推出了再次出圈的爆款节目《洛神水赋》《龙门金刚》,此举开启省级卫视中国传统文化现代化表达的方向,即用现代视觉技术把传统文化和时代潮流相结合,创新出新的文化节目形态。

  今年河南卫视春晚推出的舞蹈节目《国色天香》,云集了11位中国优秀舞蹈家,演绎了唐朝白居易、狄仁杰、上官婉儿等传奇人物,一场视听盛宴把观众带入大唐盛世,获得网友好评。

  (素材来源:韩雨亭《"春晚"打破传统吸引年轻人,复兴国潮成新趋势》,澎湃新闻2022年2月5日)

【思路提示】

1.从素材入手,找到切入点。
2.结合相关素材,进行分析和探讨。
3.总结概括,呼吁号召。

【内容提示】

1.切入话题。曾几何时,传统文化传播式微,如此突然峰回路转、接二连三地破圈而出,让人为之惊叹,更令人振奋和欣慰。很大程度上,河南卫视推出的舞蹈《唐宫夜宴》的爆红,和《洛神水赋》《龙门金刚》《国色天香》等节目的出圈,并非偶然,而是一种必然。近年来,央视推出一系列文化节目,从《中国诗词大会》到《经典咏流传》,从《国家宝藏》到《典籍里的中国》……诗词、文物、典籍,无一不是将优秀传统文化"照进"当代人的日常生活,同时以现代科技之新意实现优秀传统文化的当代表达。

2.分析探讨。当前,以弘扬传统文化为宗旨打造的文艺节目已成为一种时尚,文艺创作者体察当代人,尤其是年轻人的多样化观看体验与审美诉求,以一众优质的传统文艺节目回馈社会与大众。形式上的新颖、时髦和内容上的传统、厚重向来并不矛盾,信息时代背景下,现代技术与传统文化的融合创新亦在文化多样化的今天,以更理想的荧幕呈现实现了"1+1>2"的综合效应。

优秀传统文化本身就给人感动,予人共鸣。中华文化的根脉自古以来熔铸于每一位华夏子孙的血脉之中,让优秀传统文化"活"起来不仅应和了当代国人日益提高的审美需求,更实现了优秀传统文化之花开在当代中国文化土壤的高光时刻。尤其在这"提笔忘字"的时代,弘扬优秀传统文化足以让国人在欣赏经典的同时忆起传统之美、拾起传统之味。故而,让优秀传统文化插上现代科技的翅膀,让更多的年轻人"穿越时空"去体验、触碰传统文化的无限魅力,以"在场者"的角色做传统文化与现代科技的加法,促使优秀传统文化在新时代里越发时尚和年轻化,让优秀传统文化在年青一代的内心深处落地生根、枝繁叶茂。

3.概括总结。毫无疑问,文艺节目既要接地气,又要"高大上"。接地气、浸透灵魂的优秀传统文化不是靠奇装异服的表面浮华"装"出来的,而是借上下五千年的日积月累和现代科技"身临其境"的再现,让浑身充满现代感的当代人,尤其是年轻人有兴趣去点击、去关注。正如辛丑牛年河南春晚总导演陈雷认为的那样:"希望通过春晚这种形式,让年轻人重新认识自己的民族文化,热爱自己的民族文化,甚至将民族文化融入他们的生活、情感和行为。"优秀传统文化承载的不仅是历史上的辉煌与风采,更是华夏民族继往开来的底气与毅力。故而,要以时尚感强、年轻人喜闻乐见的方式让优秀传统文化"破壁",使越来越多的年轻人喜欢传统文化、礼敬传统文化,进而愿意投身到传播传统文化的行列中去。

(素材来源：张凡《时尚之美让传统文化破壁出圈》，《光明日报》2021年2月19日)

(三)

近日，陈先生来到浙江省温州市公安局瓯海分局仙岩派出所报案，称自己被"好友"骗了近五万元。经过警方核实，骗子用了AI换脸技术，利用陈先生好友阿诚社交平台上先前发布的视频，截取了面部视频画面并进行了"换脸"，从而对陈先生进行了诈骗。

2021年4月，安徽省合肥市警方在公安部"净网2021"专项行动中打掉一个犯罪团伙，该团伙利用人工智能技术伪造他人人脸动态视频，为黑灰产业链提供注册手机卡等技术支撑。

(素材来源：张漫子《多地现"变脸"诈骗案：一段段逼真的视频竟是伪造的》，新华社2022年4月13日)

【思路提示】

1. 从素材中找到切入点，确定用什么角度来进行评述。
2. 结合相关素材，深入剖析整个事件。
3. 总结概括，呼吁号召。

【内容提示】

1. 切入话题。隔着镜头，屏幕上与你通话的一个面庞，哪怕表情再逼真，也不足以说明，这就是真人。随着人脸识别技术、音视频合成技术等新技术的快速发展，"变脸"诈骗正成为一种新型犯罪手法，威胁人们财产甚至生命安全。

2. 理性剖析。近年来，传统电信网络诈骗犯罪受到持续、有力的打击和治理，犯罪实施空间被大幅打压，犯罪行为被大力度打击。但一些新型的诈骗手段也在随着技术升级不断出现，为全社会提出新的挑战。比如，"变脸"技术就会让人对镜头另一端的通话人难辨真假，有些人误以为是朋友、熟人而放松警惕，继而被骗。近日，浙江省温州市公安局瓯海分局仙岩派出所接到的一个报案显示，骗子截取了某人在社交平台上发布的视频，用AI技术对视频中人物"换脸"，再用"假脸"向其好友行骗。"眼见为实"，说的就是与听到声音或阅读文字相比，人们会对"亲眼所见"大幅减少怀疑和顾虑，因而更容易因为看见而相信。这对有效防范和打击此类诈骗提出了挑战。

"古往今来，很多技术都是'双刃剑'，一方面可以造福社会、造福人民，另一方面也可以被一些人用来损害社会公共利益和民众利益。"实施犯罪所采用的技术不断更新，识别、防范、侦破的技术也须升级迭代。我们要"以牙还牙"，以技术手段及时压制新型犯罪手法扩散的苗头，及时阻断犯罪分子进一步冒险行骗的路，更迅速、更大范围地保护好人们的财产安全。

3.概括总结。"没有网络安全就没有国家安全"，反诈防诈需要每个人加强防范意识，积极参与其中。近日，中共中央办公厅、国务院办公厅印发了《关于加强打击治理电信网络诈骗违法犯罪工作的意见》，对加强打击治理电信网络诈骗违法犯罪工作作出安排部署。在有关部门持续高压打击各类电信网络诈骗的同时，我们获知"变脸"诈骗新手段后，也需要绷紧保护个人信息安全这根弦，对视频来电者的身份留意验证、小心核实，对涉及较大金额的交易、转账等加强警惕，不能仅因在屏幕上"眼见"，就想当然地以为真实可信。各方联手共同织密反诈防诈防护网，每个人都时刻保持警惕之心，纵使诈骗手段百变，也一定会让诈骗分子没有可乘之机。

（素材来源：丁励《警惕"变脸"诈骗，防诈也应与时俱进》，人民网2022年4月19日）

(四)

继奥迪小满文案抄袭风波之后，近日，大火的舞蹈诗剧《只此青绿》也疑似被抄袭。据澎湃新闻报道，5月22日下午，《只此青绿》编导周莉亚和韩真发现，一则发布于某电视台视频号的名为《双香径》的舞蹈作品，无论动作元素还是服饰造型，与《只此青绿》"几乎99%相似"。而且该电视台视频号发布的作品上赫然打着"原创"二字，创作者表示"感到刺痛"。目前，该视频已下架，视频号发布致歉声明。

（素材来源：《〈只此青绿〉被抄袭？回应来了》，《光明日报》2022年5月25日）

【思路提示】
1. 从素材中找到切入点，确定评述的态度和观点。
2. 客观理性地深入剖析现象背后的本质和产生的影响。
3. 概括总结，重申观点。

【内容提示】
1. 切入话题。一项重大专利发明、一本举世闻名的著作、一部呕心沥血的舞蹈诗剧、一个独创的视频创意……都是创作者难能可贵的知识成果，理应受到合法的保护。登上2022年央视春晚的《只此青绿》，拥有全网数以亿计的播放量，全国120余场巡演场场爆满。此次侵权可以说是呈现在十几亿群众的眼前，从服装造型到舞蹈动作高度相似，这种大张旗鼓的侵权行为无疑是在掩耳盗铃。

2. 理性剖析。《只此青绿》作为一部现象级舞剧，登上过央视虎年春晚，具有广泛的知名度，为何抄袭者还有恃无恐？我认为原因有以下三点：一是，抄袭成本低，原创太难。每一个令人拍案叫绝的创意，每一个直击人心的艺术作品背后，都是创作者无数个日夜的冥思苦想，厚积薄发。成功的原创作品背后，可能经历了一次又一次的试错。而抄袭者简单地复制粘贴，省时省力。因此，低成本的"抄袭"，存在于各行各业。二是，抄袭较难判定。在舞蹈领域，抄袭的判定更难，是借鉴还是抄袭，界定并没有那么明确。三是，维权成本高，回报低，让很多创作者放弃了维权。每一次维权的过程都是复杂而漫长的，创作者没有那么多精力去耗费。就是因为长期的"包容"，让抄袭者有恃无恐，而抄袭普遍到一定程度以后，会损害一个行业的健康发展。

涉嫌抄袭"蹭流量"的行为不是在借鉴优秀成果，不能理所当然地标榜原创。一部辛苦创作一年多的作品，被模仿者用不到一个月的时间抄袭，创意、造型甚至动作，都照搬不误。这不仅是对观众智商的侮辱，也是对原创者极大的不尊重，让真正搞原创的人心寒。长此下去，劣币驱逐良币，创作者都想走捷径，精品将大量萎缩。

3.概括总结。《只此青绿》被抄袭一事，说明进一步完善和优化知识产权保护机制是摆在我们面前的紧迫课题。在大众版权意识日益提高的当下，抄袭不应被轻易原谅，我们应树立一种"零容忍"的姿态。否则，只会导致抄袭行为越来越猖獗，原创能力越来越薄弱。

（素材来源：徐婷婷、林珑《支持〈只此青绿〉依法进行维权》，人民网2022年5月25日；王月龙、杜波《火爆央视春晚的〈只此青绿〉也被抄了？》，每日经济新闻2022年5月24日）

（五）

一段时间以来，一些平台借"种草"东风积攒了过亿用户、过亿月活，从中赚得盆满钵满。殊不知，剥开"种草"如火如荼的表象，内里是泥沙俱下的乱象。"种草"无所不在,翻车也形式多样:产品功效夸大、场景过度美颜、刷量刷粉数据注水、代写软文编造体验,有的甚至制假售假、售卖违禁品……"带货"沦为"带祸",既损害了消费者的权益和信任,也会折损内容分享平台和分享经济的美好前景。规范"种草带货"势在必行!

(素材来源:梁冬、曹霁阳《鹤岗新兴煤矿瓦斯爆炸事故遇难人数升至42人》,新华网2009年11月21日)

【思路提示】

1.从素材中找到切入点,提出观点。

2.客观理性地深入剖析现象背后的本质。

3.概括总结,重申观点。

【内容提示】

1.切入话题。"种草带货",究其本质是一种注意力经济,也是口碑经济。名人网红自带光环,素人分享充满真诚,皆能为产品带来"加持",但事实上,多家平台曾陷入内容造假风波,伪造素人的"种草笔记",其实是利用人们对原创内容的信任,招募写手代写、代发的所谓消费心得。很多"种草笔记"含有虚假宣传、夸大其词的内容,让消费者买了吃亏,买了上当。

2.理性剖析。"种草带货"不是一锤子买卖,一次圈粉后还得考虑长远发展。当真诚分享的人设崩塌,假"种草"时"吹"得越嗨,日后就会"摔"得越惨。这也提示这些带货人要珍惜粉丝基础和群众信任,守住底线、爱惜羽毛。防止"种草"念歪经、走歪路,仅靠带货人自觉还远远不够。铲除假"种草",亟须真监管。规范"种草带货"发展,需要多方协作,形成合力。

诚然,"种草带货"方兴未艾,目前尚无专门性的法律法规。但"种草带货"绝不是法外之地,从广告法、反不正当竞争法等约束平台和商家行为,到《消费者权益保护法》保障消费者权益,再到市场监管总局发布的《关于加强网络直播营销活动监管的指导意见》《网络交易监督管理办法》等,形成了一套层级分明的法律框架。未来,我们还需继续完善相关法律法规,厘清相关主体的法律责任,并明确罚则,严打虚假"种草"。

出现问题不可怕,任何新业态新模式都会存在类似阶段,重要的是管理不能缺位。对"种草带货"来说,在针对性的法律法规尚未完善前,行业协会要制定相应规范,把规矩先立起来。

莫让"带货"变"带祸",还得抓住平台这个"牛鼻子"。用户信任平台是因为有其信用背书,平台也从用户青睐中获得流量红利。从这个层面来说,规范"种草带货",平台责无旁贷。行业生态治理任重道远,"种草"平台的管理既得有态度,又得有速度,还得有力度。态度是指平台要充分发挥主观能动性和互联网技术优势,在打击虚假"种草"方面有更大作为;速度则是平台管理要跟上行业发展,不能只会事后亡羊补牢,还得完善事前严格准入、事中动态引导,及时发现并解决新问题;力度则是要一查到底、形成惩罚机制,切实提高其违规成本。三"度"合一,方能压实平台责任,织密消费者权益的保护网。

3.概括总结。发展至今,互联网不仅是现实生活的新舞台、经济发展的新空间,也重塑了社会治理的新格局。直播电商也好,"种草带货"也罢,引导和监管从来都不是要限制其发展,而是为了平台更健康有序,行业能持续向好。唯有多方齐发力、共出手,才能营造风清气正的网络生态,才能让互联网的土壤上开出更多惠民利民之花。

(素材来源:燕陆《要杜绝带货变"带祸"》,人民网2021年12月3日)

三、训练题库

（一）

近期，位于广州的中山大学要求几个小商铺搬迁出校园的消息，迅速刷爆了中大学子的朋友圈。由于新的校园规划，校内几间提供廉价便利服务的私人小商铺即将搬离。中大一些学生听闻消息之后，通过各种渠道向学校表达难舍之情。一些学生强烈建议校方，将现有的校内小商铺视为需要改造升级的生活服务功能区，而非简单地清除。他们呼吁校方"小心呵护那些漫长历史中生长出的人情与文化"。

（素材来源：澎湃新闻网2016年6月1日）

【评述提示】

1.直接切入话题。"大"与"小"是相对的，大学再"大"，师生们总是离不开"柴米油盐酱醋茶"，总离不开补鞋的小商铺。然而，眼下，在中山大学，只凭校方"综治办"一纸通知，"大学"与一些"小商铺"就要说"拜拜"了，这也引发了诸多学子的"依依不舍"。在此，笔者也不免疑问，"大学"与"小商铺"为何不能和平共处？

2.客观理性地分析。如果说补鞋小商铺的存在是大学里的一种"文化"，未免有点"奢侈"，而"脚踏实地"地说，大学里的那些修自行车的、补鞋的小商铺，解决了一些人的就业不说，起码是给师生们的生活带来了方便。大学生们行动起来要求校方对那些小商铺"手下留情"，也是在抒发"民生情怀"。

大学是教书育人的地方，但大学也是一个社区，而社区的管理，应该以其居民为中心。管理方应该征求"小区居民"的意见。

3.意见和建议。面对同学们的诉求，中山大学党委宣传部表示,"正将建议纳入考虑,与各方协调沟通,但具体方案还没有确定",如何"考虑",如何"协调",如何"沟通",我们翘首以待,但愿"大学"能容下"小商铺"。至于"整洁有序",校方给小商贩们划定一个地方,建设一些必要的安全与卫生设施,再辅之一些可行的规章制度,"软硬兼施","整洁"不是不可能的,"有序"也不是不可能的。

(素材来源:张传发《但愿"大学"能容下"小商铺"》,人民网2016年6月1日)

(二)

据6月14日《法治日报》报道,近日,记者在多个短视频平台以"家暴""家暴段子"等关键词检索,发现有不少视频以"家暴"为主题创作所谓搞笑段子,还有一些人通过"家暴妆"展现化妆技巧。多位专家说,将家暴行为等社会严肃事件通过短视频"玩梗",有违公序良俗,或给社会大众特别是未成年人带来负面导向。

(素材来源:胡欣红《玩"家暴梗"蹭流量,别把严肃问题娱乐化》,《工人日报》2022年6月16日)

【评述提示】

1.切入话题,陈述观点。在多元文化相互碰撞的短视频领域,只要不违背法规和公序良俗,发布一些搞怪内容,并无不妥。但"家暴梗"应该不在此列,因为家暴不仅有悖道德情理,更可能构成违法犯罪。

2.深入剖析,晓之以理。"家暴梗"看似一种戏谑调侃,但这种娱乐化的做法会在一定程度上消解家暴的"罪恶感"——"家暴梗"短视频以娱乐大众为目的,选择性地对家暴进行取舍,突出打趣调侃的色彩,容易让人觉得家暴是一件"好玩"的事儿,进而模糊了家暴的违法性和严重性。如此潜移默化之中,很有可能带来负面影响。一些公众人物玩"家暴梗"，更是一种"恶示范"。

"家暴梗"泛滥，是一种流量病。时下，为了最大程度博眼球，很多人跟风而上，怎么"刺激"怎么来。一些社会恶性事件都成为段子手蹭流量的内容，比如唐山烧烤店打人事件，也有人蹭热度。此类通过短视频"玩梗"将严肃问题娱乐化、低俗化的现象，不仅会压缩理性讨论的空间，而且有美化暴力之嫌。

互联网不是法外之地，短视频创作不能没有边界。近年来，监管部门不断加大对低俗短视频的治理力度，相继出台了多项政策法规。2022年3月，国务院新闻办举行"清朗"系列专项行动新闻发布会，将全面清理"色、丑、怪、假、俗、赌"等各类违法违规直播和短视频列为重点整治内容。各地各有关平台要积极落实，创作者也要有所为有所不为。

平台需强化"把关人"意识，加强内容审核，侧重对优秀内容的流量扶持。《互联网信息服务算法推荐管理规定》明确提出，"算法推荐服务提供者应当坚持主流价值导向，优化算法推荐服务机制，积极传播正能量，促进算法应用向上向善"。当然，从需求端来说，公众也要端正心态，不给低俗短视频滋长制造机会和土壤。

3. 概括总结，重申观点。最近，新东方的双语直播带货火了，有人认为这昭示着传统的网红直播模式或许已经到了十字路口，知识付费和知识直播等有含金量的传播时代正在来临。同样道理，依赖低俗、低质内容收割流量的短视频，只能在越来越没下限的路上走向衰退。而唯有内容为王、结合自身特色打造出真正有价值的东西，才能行稳致远。这个道理，值得所有博主思考、珍藏。

（素材来源：胡欣红《玩"家暴梗"蹭流量，别把严肃问题娱乐化》，《工人日报》2022年6月16日）

(三)

小王是80后、某大学研究生,远离家乡来广州求学,生活中的诸多烦恼让她不知如何排解。她曾记得,小时候不开心有父母安慰;现在长大了,很多事不愿与父母、朋友讲起。于是,她迷上了算命,遇到大事小事总爱为自己算上一卦——大到与男朋友吵架、小到自己的钱包遗失,凡是存在不确定因素的事情必求之玄学和算命。后来她发现,并非只有自己喜欢如此,身边的同学都有类似嗜好。

记者采访发现,爱好算命的80后都市青年比比皆是。一旦感情出现问题,或是事业尚未有成,他们不相信自己的切身体会和判断,转而求助算命。

(素材来源:《80后都市青年迷信算命,恋爱找工作成两大主题》,金羊网2010年5月5日)

【评述提示】

1.现在青年人将现实生活中的一些问题诉诸"算命""求神拜佛"已经不是新鲜事儿了。通过这种方式寻求一种心理疏导,虽然我们不能完全否定,但还是应该提醒青年朋友们树立正确的人生观、价值观,积极应对现实生活中的问题。

2.分析青年人热衷"算命"的现象,不难发现有社会、家庭、个人的多重因素。当前全球金融风险、就业压力等,给人们带来强烈的不确定性和焦虑感。这种影响对处在就业、择偶阶段的青年人尤为显著,青年人试图通过算命克服焦虑和恐惧。网络的普及则促进了算命活动的传播,也使算命活动更加隐秘和便利。为了迎合现代社会的价值观念,网络算命调整了传统的"强价值干预"模式,突出保护个人的隐私和尊重个体的选择,因而受到部分青年人的"欢迎"。网络算命不是科学的预测方法,但其成本低、快速便捷,十分受迷茫无助的青年人的欢迎。

3.现在很多社会医疗机构和大学校园设有心理咨询门诊,但是还不能完全满足广大青年朋友的需求。很多年轻人进行心理咨询时顾虑重重,因此通过一些不正常的渠道来舒缓压力,要么在网络上占卜一下,要么在坊间寻找算命先生。

4.要解决这种问题:第一,要从人生观、价值观方面对青年人进行积极引导;第二,要通过教育普及提高全社会对心理咨询的正确认识;第三,应该增设更多的心理咨询机构和专业人员。青年人的心理问题应由心理咨询机构进行疏导,而不是带有游戏性质的算命和占卜。

(四)

材料一: 端午来临,粽子热卖。记者走访发现,今年的简装粽子有所增多,但重度包装的礼盒仍不少,礼盒袋、精装盒、食品小盒、品牌包装袋一层又一层,裹得粽子堪比套娃。

据统计,我国包装废弃物约占城市生活垃圾的30%至40%。在绿色简约、垃圾分类成为社会风尚的背景下,这样的浪费明显不合时宜。

(素材来源:夏天《"套娃"?别让奢华包装裹坏了粽子》,《北京日报》客户端2022年6月2日)

材料二: 月饼和粽子的包装具有保护商品、方便储运、引导消费等功能,但过度的包装既浪费了资源能源,又增加了消费者负担,产生的包装废弃物更是对环境造成了污染,需要加以规范和引导。为让月饼、粽子包装"瘦身"和"轻装上架",国家市场监管总局(标准委)会同工业和信息化部等部门,组织相关标准化技术委员会和技术机构,制定发布了《限制商品过度包装要求 食品和化妆品》(GB

23350—2021)国家标准第1号修改单(以下简称《修改单》),实施日期为2022年8月15日。

(素材来源:马艳《市场监管总局出台新规 为月饼粽子包装"瘦身"》,《中国工业报》2022年6月8日)

【评述提示】

1.切入话题,陈述观点。粽子通过礼盒袋、精装盒、食品小盒、品牌包装袋一层又一层包装起来,颜值似乎高了,但价格随之大涨。尽管"天价"礼盒早已销声匿迹,但两三百元买五六只粽子肯定也谈不上物美价廉,消费者更多是为包装付费。而在拆开的一瞬间,这些精美包装就成了"鸡肋",大多数包装的归宿是垃圾箱,造成明显的资源浪费。

2.晓之以理。过度包装之弊,大家心知肚明。之所以有时放不下执念,本质上还是面子文化根深蒂固。在一些人的陈旧观念里,包装繁简成了情谊轻重的风向标,一旦简约朴素,似乎就是不够重视,送者拿不出手,收者心里不爽。但实际上,过节过的是文化,送礼送的是心意,真正的亲朋好友显然不会"以貌取人"。那些精美甚至豪华的包装礼盒,看似"情谊满满",实则徒增负担,绷的是假面子,还有可能成为腐败的道具。

前段时间,《限制商品过度包装要求 食品和化妆品》国家标准第1号修改单发布,对粽子、月饼的过度包装问题提出了明确要求。可见,不论是从制度层面,还是从民心所向,绿色简约都是未来的方向。

3.概括总结。"彩缕碧筠粽,香粳白玉团。"一颗小小的粽子,包裹的是文化与真情。清清爽爽,简简单单,这样的粽子更能品出纯真本味,这样的节日更能过得喜庆祥和。

(素材来源:夏天《"套娃"?别让奢华包装裹坏了粽子》,《北京日报》客户端2022年6月2日)

（五）

前不久，一款外包装酷似洗衣液，实际装着饮料的"洗衣液奶茶"引发争议，目前相关商品已下架。类似食品跨类营销我们不是第一次看到，甚至有些成了"网红食品"。据媒体调查发现，一些商家还推出了"肥皂慕斯""灯泡棒棒糖""烟糖"等食品，可谓眼花缭乱。凡此种种，若不仔细研究，不仅令大人迷惑，更容易误导小孩。有家长质疑：这种极具误导性的设计很容易导致缺乏判断能力的儿童产生一种"洗衣液可以喝"的误解。

（素材来源：指云《"洗衣液奶茶"下架，创意营销不能没有边界》，人民网评微信公号2022年5月31日）

【评述提示】

1. 切入话题，陈述观点。近年来，包装新奇、口味新奇的食品不断涌现。但无论在外观上、标识上还是宣传上，采取猎奇方式的跨类营销商品都存在一定的安全风险。"洗衣液奶茶""肥皂慕斯"等绝非包装、形状过于另类那么简单，洗衣液和奶茶属于不同类别的商品，让两者跨类"搭配"，危害不容小觑。

2. 立足事实，深入分析。一些商家想追求创新，用差异化营销在竞争中脱颖而出，这无可厚非。但是不考虑风险的"创意"实不可取。标新立异要把握好尺度，创意营销也要有边界，这个边界就是不能误导消费者，更不能对消费者的健康安全构成威胁。

不可否认，人们容易被新鲜事物所吸引。但是靠搞怪包装和营销或许能赢得消费者一时的注意，获取短暂的收益。但追求利益的同时，只想通过挖空心思博人眼球，而不考虑产品可能带来的社会风险，不考虑消费者权益的企业和产品终不能长久，这也是近年来爆款食品不断，但难长红的重要原因之一。如果说创新的初衷是吸引消费者，那么保证品质、安全才是根本落脚点。

3. 意见和建议。民以食为天,食以安为先。杜绝类似"洗衣液奶茶"的跨类营销商品,一方面要靠企业自觉树立善意生产、营销向善的意识,靠消费者理性选择、不盲目跟风。另一方面,需要有关部门提高警惕,完善相关标准和规定,加强日常监督检查,以免消费者因被误导而权益受损。

(素材来源:指云《"洗衣液奶茶"下架,创意营销不能没有边界》,人民网评微信公号2022年5月31日)

第二节 人物材料

人物材料主要以典型人物或者新闻人物为主,既包含正面人物,也包含争议人物和反面人物。此类话题的素材多来源于媒体的报道,反映某个特定时期具有较高关注度的新闻人物。

人物材料口头评述就是通过材料中所展现的发生在典型人物或新闻人物身上的真实故事,分析故事产生的主客观原因,尤其是主观因素,对人物及其故事进行客观公正的评价,从而引导大众舆论。

一、示例分析

例一

国家主席习近平在联合国大会纪念北京世界妇女大会25周年高级别会议上提到,在中国抗击新冠肺炎疫情最紧要的时刻,来自中国全国各地驰援湖北的4万多名医护人员中,三分之二是女性。其中,有一位来自广东省的小护士还不满20岁。习主席提到的这位小护士名叫刘家怡。"00后"的她是广东省援鄂医疗队中年龄最小的队员。她的故事和那句"穿上防护服,我就不是孩子了"感动了无数人。

刘家怡出生于2000年4月1日,是广东医疗队里年龄最小的队员。2月9日,她随广东省第11批医疗队支援武汉,她的岗位是在武汉客厅方舱医院潜在污染区做清理和消杀工作。在长达6小时的值班中,大部分时间她都是穿着厚厚的防护服,独自待在一个狭小密闭的空间里。"穿上战衣,我就不是孩子了。"在《新闻联播》的画面中,刘家怡动情地说。

(素材来源:李海婵、陈晓鹏《"穿上防护服,我就不是孩子了"!》,《羊城晚报》2020年10月2日)

【评述】

新冠肺炎疫情防控期间,有一位来自广东省的小护士,今年还不满20岁。当她看到医院微信群里征召援鄂医护人员的紧急通知时,毫不犹豫地报了名,第二天便紧急赶赴武汉。当记者说她还是一个孩子,还需要别人帮助的时候,她回答说,"穿上防护服,我就不是孩子了"。这个小护士就是刘家怡。 ┤ 直接引入话题,先言简意赅地介绍主人公

刘家怡是广东医疗队里最小的一个队员,她在武汉客厅方舱医院潜在污染区做清理和消杀工作。在长达6小时的值班中,大部分时间她都是穿着厚厚的防护服,独自待在一个狭小密闭的空间里。她也有过压力大、想家哭鼻子的时候,也经历过防护手套被戳破、缺氧呼吸困难的时刻,但她毫不退缩,从不气馁,反而展现出"长大"的模样。在磨砺中收获,在历练中成长。 ┤ 对人物的评述,其事迹是重要的评述内容。分析人物事迹,将壮举升华,这背后体现出了英雄不分年龄、不分性别

> 英雄不分年龄。在4.2万多名驰援湖北的医务人员中，有1.2万多名是"90后"，其中相当一部分是"95后"甚至"00后"。"昨天父母眼中的孩子，今天已然成为新时代共和国的脊梁，成为我们国家的骄傲和希望！"在抗疫一线，"刘家怡们"用勇气和奉献展示了年轻一代的责任和担当，用行动证明了新时代的中国青年是好样的，是堪当大任的。
>
> 英雄不分性别。在我国抗击疫情最紧要的时刻，来自全国各地驰援湖北的4万多名医护人员中，2/3是女性。疫情突袭，巾帼不让须眉。她们不怕苦、不畏难、不惧牺牲，越是艰险越向前，用娇弱的臂膀扛起如山的责任，展现出青春激昂的蓬勃力量，巾帼之花绽放出新的荣光。

【分析之后，再次点赞、致敬新时代中国女性担当和奉献的精神】

> 巾帼繁如花，战疫别样红。紧急关头、危难时刻，"半边天"从未缺席，"她力量"喷薄而出。正是成千上万这样的中国女性，白衣执甲，逆行而上，以勇气和辛劳诠释了医者仁心，用担当和奉献换来了山河无恙。新时代中国女性可亲、可敬、可爱，她们在热血奋斗中怒放生命，在应对挑战中成就不凡。我们再次为她们点赞，向她们致敬！

（素材来源：丁建庭《英雄从来不分年龄、不分性别》，微博"人民日报评论" 2020年10月29日）

例二

一个平均年龄74.5岁的合唱团最近刷屏：2月4日，在央视播出的网络春晚上，这个由清华大学理工科学霸组成的合唱团唱起了歌曲《少年》，情至酣处，他们还挽起了袖子，踏出节奏感强烈的舞步，无数观众为他们的活力和激情所感动，纷纷留言："真的看哭了，谢谢老一辈的付出。只要眼底有光，永远年少""永远年轻，永远热泪盈眶"……

歌曲的演唱者都来自清华大学上海校友会艺术团下属合唱团。他们由一群毕业数年至数十年不等的清华校友组成。他们当中，有飞机设计师，有将军，还有航空土木、水利、电气、船舶等各个领域的专家和高级工程师，不少曾参与过"两弹一星"等"国之重器"的研究设计工作。大部分人的青春岁月都留在了边疆，每个人都曾经在共和国的历史上、在祖国的大地上写下浓墨重彩的一笔。

（素材来源：祖薇薇、戴幼卿《清华学霸合唱团 "少年"往事是奉献》，《北京青年报》2021年2月7日）

【评述】

　　身着白衫，轻挽衣袖，眼神含光地高唱着"我还是从前那个少年，没有一丝丝改变"。在2月4日播出的央视网络春晚上，由平均年龄超过74岁的"清华学霸合唱团"表演的节目让无数观众热泪盈眶，直呼又酷又燃又感动。节目中，他们的动作幅度或许各有不同，但每个人的摇摆晃动都是那么畅快自如，每个人的笑容也是那么具有感染力。尽管头发花白、皱纹浮现，可他们洒脱豁达、乐观向上的姿态，让人一点都不怀疑：每个人心中都还有那个意气风发的少年。许多年轻网友甚至不禁感叹，希望自己到了耄耋之年，也能变成这样酷酷的"小老头"或"小老太太"。

　　老去不必惊慌，岁月自带光芒。"学霸合唱团"

> 由素材引入话题，介绍清华学霸合唱团

分析"清华学霸合唱团"表演的节目让无数观众热泪盈眶的原因，向无私奉献的他们致敬	的歌声之所以感动人心，让无数年轻人为之动容，是因为人们看到了他们历经沧桑、阅尽千帆后，依旧热爱生活、心怀祖国的模样。"聚是一道光，散是满天星。"他们当中，有飞机设计师，有将军，还有航空土木、水利、电气、船舶等各个领域的专家和高级工程师，不少曾参与过"两弹一星"等"国之重器"的研究设计工作。大部分人的青春岁月都留在了边疆，每个人都曾经在共和国的历史上、在祖国的大地上写下浓墨重彩的一笔……几十年的时光中，他们在各自的岗位上发挥着能量，把人生理想融入国家和民族的事业中，也见证了国家克服重重困难、一步步走向富强的辉煌历程。 与90后、00后不同，"学霸合唱团"的成员们大多经历过技术落后、物质匮乏的艰难时期，也因此怀有改变现状、奉献祖国的情怀。如今，看到国家越来越强大，曾经为此奉献整个青春的他们，又怎会不感到别样的欣喜和快乐呢？
概括总结观点，"少年"二字，不问白发，只问心境	50多年前，一群少年踏入清华校园，朝气蓬勃；学成后，他们奔赴祖国最需要的地方，无怨无悔。如今，当全网为这群平均年龄74岁的"合唱少年"沸腾时，我们便明了："少年"二字，不问白发，只问心境；无关年龄，只关热爱。因为热爱，岁月带给他们的不是惊慌，而是光芒。这群白发苍苍的老人，永是热血少年！

（素材来源：任冠青《归来仍少年！又酷又燃的"清华学霸合唱团"为何感动人心》，《中国青年报》2021年2月5日；祖薇薇、戴幼卿《清华学霸合唱团"少年"往事是奉献》，《北京青年报》2021年2月7日）

例三

朱彦夫1933年7月出生,沂源县张家泉村人,14岁参军入伍,16岁火线入党,先后参加过淮海、渡江、解放上海等战役。1950年12月初,作为一名志愿军战士,朱彦夫随部队参加抗美援朝。在长津湖战役中,朱彦夫所在连队冒着零下30摄氏度的严寒,与装备精良的敌人血战三天三夜,全连仅他一人生还。

长津湖战役后,年仅17岁的朱彦夫失去双手双脚,失去左眼,成了一级伤残军人。虽然国家有切实的优待和抚恤保障,但朱彦夫认为自己"无手无脚仍是军人",不甘心做一个废人。1956年,他放弃在条件优越的医院疗养康复,毅然回到了故乡山东省沂源县西里镇张家泉村。此后,朱彦夫担任张家泉村党支部书记,带领村民脱贫致富。

在张家泉村当支书的25年中,为了带领乡亲脱贫致富,朱彦夫走遍了这个山村的山山水水。羊肠小道崎岖坎坷,布满了碎石块。朱彦夫常被绊倒,摔得皮开肉绽、头破血流。朱彦夫开玩笑说:"我一共有四种走法,第一种靠假肢立行,站着走;第二种就是跪行,跪着走;第三种就是爬行;第四就是滚行,滚行快一点,但是滚行损失很大。"朱彦夫亲自上山规划并建设30亩苹果园。

1982年,从村党支部书记岗位退下来后,他用嘴衔笔、残肢抱笔,历时7年,七易其稿,创作完成了两部震撼人心的自传体长篇小说《极限人生》和《男儿无悔》。枪杆子、锄杆子、笔杆子,朱彦夫的每一段人生都堪称传奇,他被誉为"中国的保尔"。

2014年3月,朱彦夫被中宣部授予全国首位"时代楷模"称号。2019年,86岁的朱彦夫被授予"人民楷模"国家荣誉称号。昨晚,朱彦夫入选2021年度"感动中国年度人物"。

(素材来源:《长津湖战役中失去四肢和左眼,山东老兵朱彦夫"感动中国"!》,齐鲁网2022年3月4日)

| 由材料引入话题，介绍朱彦夫的感人事迹 | **【评述】**

去年热映的电影《长津湖》，感动了亿万观众。70多年前，就是在长津湖战役中，朱彦夫所在连队冒着零下30摄氏度的严寒，与装备精良的敌人血战三天三夜。虽然奇迹般生还，但惨烈的战斗让朱彦夫的身体受到严重伤害。想到战友的牺牲，朱彦夫决定将生命投入到他们未竟的事业中。|

使命在肩，哪里都是光荣的阵地。张家泉村发展底子薄，带领村民脱贫致富，对朱彦夫来说更是不易。常人察看墒情只需弯腰抓把土，朱彦夫得扔掉拐杖、趴到地上，用残臂划拉半天。25年间，为了改变家乡贫穷落后的面貌、让村民过上好日子，朱彦夫一直坚守在张家泉村这个"阵地"。他在这里摔过多少跟头、添了多少伤痕，没有人能说清楚，但乡亲们都知道，张家泉村的每一寸土地上，都留下了他忙碌的身影。

结合材料进行深入探讨，分析朱彦夫所体现出的中华民族的传统美德

"人活着，就得奋斗；奋斗着，就是幸福；奋斗不止，幸福就不断。"秉持这样的信念，朱彦夫从未停止奋斗的脚步。卸任村支书后，朱彦夫有了新的目标：把战友们英勇奋战的事迹写下来、传给后人。没有基础，就从零开始，用舌头查字典，前后翻烂了4本字典；用残肢抱笔、手腕绑笔，残臂磨破了，就贴上胶布，忍着剧痛继续写。在一撇一捺、一点一滴的坚持中，在日复一日的磨炼坚守中，朱彦夫凭借超人的毅力、勇气和自强不息的奋斗精神，写就了自己的"极限人生"，也让牺牲的战友们的故事为更多人熟知。

在子女眼中，这种顽强、不服输的个性贯穿于父亲一生的每个阶段：在抗美援朝战场上英勇无畏痛击敌人，在田间地头与贫穷作斗争，在书桌案头与身体的残缺作斗争。朱彦夫自己则说，一辈子只做了3件事——"枪杆子、锄杆子、笔杆子"。每一件事都历经百般磨难，每一段人生都洋溢着不屈的精神意志和不竭的冲劲闯劲。"只要信念不倒，精神不垮，什么都能扛过去！"凭着这股坚强的信念，参加过上百次战斗、动过47次手术的朱彦夫从未向命运低头，如今年近九旬的他仍然保持着冲锋的姿态和心态。

北京冬残奥会上，自幼失去双臂的孙鸿胜在残奥高山滑雪的赛道上尽情"飞翔"；为保护战友失去双手和双眼的杜富国，如今找到了新的人生坐标；无臂画家胡林，多年来一直坚持资助残疾儿童……这些模范身上的精神就是自强不息的精神，体现了我们的民族精神、时代精神。将感动珍藏于心、外化于行，每个人在自己人生的赛场上顽强拼搏，终将汇聚成国家发展进步的时代强音。

> 概括总结。由朱彦夫想到了其他像他一样自强不息的人们，他们的事迹体现出了我们的民族精神和时代精神

（素材来源：梁宇《自强不息写就"极限人生"》，《人民日报评论》2022年3月24日）

二、练习提示

（一）

"这不是大刚吗？"1月17日，当胖乎乎、笑眯眯的大刚健步走进

中央电视台的时候,立即在"春晚"彩排现场受到欢迎,明星大腕忙里偷闲,鼓掌相迎。京城"导医"大刚成为央视当日的轰动人物。

首建集团焊工出身的刘传刚,热心公益事业,22年如一日。他利用业余时间收集了北京各大医院上千名医术独到的医生、专家的资料,掌握了3000多种疑难杂症的医疗救助信息,同时为患者无偿提供,在医患之间搭起了一座爱心桥梁。他推荐的医院、医生,医术高超,国家认可,医德高尚,收费低,群众满意。有记录受益的患者多达四五千人,其中大多数得的是久病不愈的顽疾。广大市民把他看作自家人,亲昵地称他"大刚",并发自内心地说,"要健康,找大刚"。

大刚的事迹经《首钢日报》报道以后,引起社会各界和众多媒体的关注。北京电视台、《工人日报》、《北京娱乐信报》纷纷采访报道。社会需要爱心,百姓需要热心肠。大刚的善举,深入人心,也走进了央视记者的视野。中央电视台编导蒋力在接受本报记者采访时动情地说,大刚在经济上很是拮据,但在向他人提供无偿帮助、奉献爱心的时候总是毫不吝惜,这是十分令人钦佩和感动的。让大刚走进央视,走进《夕阳红》剧组,是记者职责使然,也是回应社会的呼声。《夕阳红》录制这台节目有一个朴素的愿望:中央电视台面向的是全国,甚至是全世界的观众,我们希望通过电视台,让更多的人知道和了解大刚,让各地来北京就医的患者通过大刚减少痛苦,尽快恢复健康。

【思路提示】

1. 分析大刚的"导医"工作所体现的是一种什么样的精神。
2. 列举大刚的这种精神都体现在哪些方面。
3. 分析大刚的事迹给我们的社会带来了什么思考。

【内容提示】

1. 相关提示。"老百姓看个病不容易,我介绍的求医途径不但要治好患者的病,还要让人家少花钱。""我会给您选一个理想的医生。"说这话的人叫大刚，他不是医托，是有名的"公益医导"。大刚全名刘传刚，原是北京首都钢铁公司的一名工人。大刚小时候泪腺有毛病，多年求治不见效果。21岁时，他碰到某医院的一位医生，很快治好了困扰他多年的眼疾。从那以后，他便开始向身边的人宣传这家医院的眼科大夫。

2. 概括主题。通过大刚的"公益医导"工作，可以看出大刚无私奉献的精神，同时反映出我们的社会需要爱心、百姓需要热心肠。

3. 列举事实。大刚从自己的看病经历中悟出这样一个道理：看病不在医院的名望大小，也不在花钱多少，关键在于找对大夫。20年来，他手中已经掌握了近3000名医术独到的医生的相关资料。大刚常常到医院的挂号处找前来就诊的病人"聊天"，虽然有时会被人误以为是医托，但大刚并不介意："许他不信，不许我不告诉他。"每个从大刚工作室出来的咨询者都会得到一张小纸片，上面有联系电话，还盖有"公益"二字。好多大医院的专家教授对大刚都很认可，他们见到大刚写的条，就会尽量给患者创造更方便的条件，大家都知道大刚是为老百姓做实事、做善事。

"日食七两，夜住七尺。我对生活的要求不高，钱基本够用就行了，能帮助别人就是我最大的幸福。"大刚说他所做的是公益事业，绝对不会去参与那些以营利为目的商业运作。

4. 呼吁号召。大刚的"公益医导"让我们再次看到了无私奉献的鲜活典型，大刚代表了社会生活中千千万万个不计报酬为人民服务的时代楷模。社会需要更多的"大刚"，时代呼唤更多的"大刚"。一个"大刚"能够照亮众多的患者，社会上各行各业的"大刚"纷纷献出自己的爱心，整个社会将是洋溢着爱的和谐家园。

(素材来源：王伏虎《"公益医导"刘传刚：不挣病人一分钱》，人民网2007年8月29日)

(二)

近日,西安又一大唐文化相关街区亮相,高度还原的唐朝场景让很多人前去打卡。随之受到关注的还有街区内杨贵妃的扮演者王宇。这位"杨贵妃"吸引大家频频驻足拍照。28岁的她因为生病吃药,体重失控。她喜欢汉服,现在每天表演9个小时,虽然累,但很享受。王宇说,所做的事情被人认可,是世界上最美妙的事情。登上热搜后,她扮演的"杨贵妃"获得了大量好评。她利用自己的身材特点,扮演杨贵妃一举成名,重新获得了自信。每个人都是独一无二的个体,高矮胖瘦更是不同人的特征。虽然外貌十分重要,但不是衡量一个人的唯一标准。也许有的人因为身材自卑,王宇却十分自信。她热爱工作,热爱汉服,也爱自己,不会过分在意别人的眼光。希望每个女孩都能像她一样展现自信的一面,活出最真实的自己!

(素材来源:楼婧《200斤女孩扮演杨贵妃走红后……》,央视网2022年5月10日)

【思路提示】

1.从新闻消息本身,找到话题的切入点。
2.分析王宇所扮演的杨贵妃走红背后反映出的问题。
3.呼吁大家好好欣赏自己、欣赏他人。

【内容提示】

1.引入话题,表明观点。王宇所扮演的杨贵妃的走红,让我们看到了美的另一种形式。尽管她不符合所谓"白幼瘦"的审美标准,但美是多样的,永远都不应也不能被单一的标准定义。

2.理性分析。如今,受到"白幼瘦"审美标准的影响,越来越多的年轻人对自己的容貌感到焦虑。"白幼瘦"的明星长期霸占舆论场。众多综艺节目邀请偶像参与,推销单一的审美标准。一些医美机构更是大肆宣传,制造容貌焦虑。追求"美"没有问题,但是追求所谓"白幼瘦""A4腰""少女感"的标准,除了徒生焦虑,毫无意义。

世界上不是缺少美,而是缺少发现美的眼睛。在奥运会和冬奥会的赛场上,众多运动员为国争光:铅球冠军巩立姣、自由滑雪冠军谷爱凌……她们看起来并不符合"白幼瘦"的标准,我们是否会觉得她们不"美"?答案显然是否定的。当她们在赛场上挥洒汗水时,我们只会看到她们洋溢的活力,这何尝不是一种美?不必刻意追求白,小麦色肌肤也是一种美;不必刻意追求瘦,流畅的肌肉线条也散发着力量之美……当我们跳出"白幼瘦"的束缚,换一个角度看世界,我们将发现更多的美好。

3.呼吁。"美"是多元的,与其纠结单一而苛刻的审美,不如好好欣赏自己,用自信让自己变美;不如好好欣赏他人,用友善去尊重他人——"美"其实就在我们身边,不被定义,不必拘泥。

(素材来源:王楷博《200斤重的"杨贵妃"走红,"美"不该被定义》,红网2022年05月11日)

(三)

"我没有献血上瘾,而是救人上瘾。"从1998年开始,金巍已经坚持义务献血18年,并且准备一直献下去。遇到同事与他谈及献血一事,金巍都会呼吁大家进行义务献血。

(素材来源:聂辉《男子救人上瘾 连续18年义务献血》,《京华时报》2016年6月16日)

【思路提示】

1.通过新闻人物的语言和事迹切入话题。

2. 概括总结新闻人物的事迹，进一步提升其事迹的意义。
3. 呼吁向先进人物学习。

【内容提示】

1. 介绍人物，引入话题。金巍，一个名不见经传的名字，在北京献血站他却大名鼎鼎。18年来，金巍主动鲜血10 000多毫升，堪称中华民族最宝贵的"道德血液"。

2. 介绍新闻人物的语言行为与光辉事迹。"我没有献血上瘾，而是救人上瘾"，这样一句平实的语言，道出了金巍金子般的心意。血液是人的重要成分，一个人失血过多，就会性命难保。金巍正是看到了血液对人的重要性，才十几年不遗余力地主动献血。金巍作为一个公民，没有豪言壮语，却以自己的实际行动见证着向善的力量、诠释着何为人间大爱。

这使我联想到发生在济南的"最美人墙"的故事。2016年3月28日，在济南市洪山西路南段，一位骑电瓶车的男子突然摔倒，不省人事。此时此刻，十几名好心人自发组成人墙，防止伤者被二次碾压。这一事件被媒体曝光后，"最美人墙"赢得了社会的广泛赞誉。这样的善举与金巍的"救人成瘾"在本质上是一致的。

3. 进一步剖析人物的举动。"救人"是需要勇气和胆略的，尤其在负面新闻不断曝光的当下，不少人奉行"事不关己高高挂起"的处世哲学，遇事绕道走，唯恐麻烦缠身。有些人因为"好心救人"而吃了官司。如果"一朝被蛇咬十年怕井绳"，从此人们将中华民族的善良品质弃之一边，也是一种悲哀。

敬畏生命应该成为每个公民的"必修课"。"救人要紧"也好，"救人上瘾"也好，都是中华民族最宝贵的精神资源，是对中华民族乐善好施、见义勇为精神的发扬与光大。

4. 呼吁。18年的时间里献血10 000多毫升，金巍身上体现的是一个社会公民的责任意识和担当，折射出的是一种时代的光芒。中华民族需要千千万万个像金巍这样的"救人上瘾"者。

(素材来源：李红军《"救人上瘾""献血万毫升"见证向善力量》，人民网2016年6月16日)

(四)

4月29日，在河南郑州的一家修脚店，一名店员自称211高校女硕士。她说，"客户可以来这儿躺平，我们不能！"劳动不分高低贵贱，每一个努力打拼的人都值得被尊重！

这名店员自称本硕均就读于南京农业大学，系南京农业大学的管理学硕士研究生，毕业后先是从事管理咨询工作，二次择业时选择了亲朋好友都不理解的修脚行业。她表示非常看好修脚这个职业，她觉得劳动不分高低贵贱，修脚是一种传统文化，需要发扬光大。

在五一劳动节来临之际，这则新闻上了热搜。在网友的留言中，大多数人表示佩服，认为勇气可嘉，能放得下身段就是管理的天分。

(素材来源：徐汉雄《211高校女硕士选择修脚，且给以尊重与尊敬》，极目新闻2022年4月30日)

【思路提示】

1.从211高校女硕士选择修脚一事切入话题。

2.结合素材，进一步分析这一事件的本质。

3.呼吁树立平等就业观。

【内容提示】

1.引入话题。在世俗的眼光中，修脚似乎是低端的行业，这名店员以211高校管理学硕士的学历投身这个行业，有些屈才。是否大材小用，这书是不是白读了，我们姑且不论。客观而言，这只是一个就业选择，不必放大了来看或过度解读。每个人都有自己选择的权利与自由,每个选择都值得被尊重。

2.理性分析。这位研究生无论是何原因做了这样的选择,只要是选择了以劳动来创造生活,就值得被尊敬。她以前做过管理咨询,二次择业投身修脚行业,也许在世人的眼中有落差,于她个人,只是做了自己喜欢的力所能及的事。

三百六十行,行行出状元,也行行饭难吃,适合自己的就是好的。看似光鲜的行业与职业,也有着难言的烦恼;看似不起眼的工作,如果少了加班与量化考核的压力,少了上班打卡的束缚,多了些让灵魂安放的空间,也未尝不是归宿。

职业没有高低贵贱之分,所有的劳动都是光荣的。原北大校长许智宏说,"大学培养的应是对社会有用的人才"。多年前,浙江大学一名医学硕士毕业后做面包师,时任浙大医学院附属第一医院副院长陈作兵说,"做面包师还是医师",根本不是一个问题,大学更重要的是培养正确的人生观。如果学生能以求是、创新的精神从事将来的事业,那就是大学教育的成功,无关乎职业。

3.概括总结。千里之行,始于足下。劳动创造生活,劳动就是价值。职业不分高低贵贱,每种劳动都配得上应有的光荣。劳动节来了,向所有的劳动者致敬!

(素材来源:徐汉雄《211高校女硕士选择修脚,且给以尊重与尊敬》,极目新闻2022年4月30日)

(五)

学数学的女性"应该"是怎样的?这是朱雯琪最近的困惑。据报道,今年3月,28岁的朱雯琪以年级第一的成绩,从牛津大学数学建模与科学计算专业硕士毕业,并拿到了两个数学方向的全额奖学金,将继续攻读博士。毕业之际,她在微博发布了一段制作不算精良的纪念视频,没想到被不少网友质疑"学历造假",相关话题登上热搜。有网络科研答主认为她"气质和学术不搭",还有数学大V给她出题,不太相信她能做出来。

(素材来源:翟礼《不存在一种女性叫"数学女"》,《光明日报》2022年4月3日)

【思路提示】
1.从素材中找到话题切入点。
2.进一步分析朱雯琪被质疑"学历造假"反映出的问题。
3.呼吁树立平等就业观。

【内容提示】
1.引入话题。学数学的女性"应该"是怎样的?有人调侃,本科生是小龙女,硕士生变成了黄蓉,博士生升级为李莫愁……这一回,刻板印象的狭隘,被"牛津女孩"打破。据报道,今年3月,28岁的朱雯琪以年级第一的成绩,从牛津大学数学建模与科学计算专业硕士毕业,并拿到了两个数学方向的全额奖学金,将继续攻读博士。她上网晒视频分享喜悦,"中国女孩年级第一牛津毕业"的话题登上热搜。可祝福声寥寥无几,恶评和质疑却如潮水般涌来。有人说她社交媒体画风像微商,有人质疑"学历造假",还有数学博主让她答题"证"清白。

2.理性分析。过去这些年,消除性别歧视的呼吁,从口号变为行动。然而在科创领域,根深蒂固的偏见和性别鸿沟仍然存在。来自联合国教科文组织的报告指出,女性科研工作者占科研总人数的比例还不到30%,女性获奖者在诺贝尔科学奖历史上也仅占3%。在第七届女科学家论坛上,美国莱斯大学助理教授韩亦沫用亲身经历讲述女性做科研的难度——在不少导师眼中,女生在实验室甚至只能活跃气氛。

比女性做科研有更大争议的,可能是漂亮女性做科研。在一些刻板印象中,蓬头垢面、不修边幅才是一心扑在学术上的女性形象。妆容精致、衣着得体,就是浪费精力和时间。"学媛"一说,就是指责科研女性在社交平台晒美照、晒生活,认为她们矫揉造作、不务正业。

近年来,"最美女博导""女博导像师姐"的新闻频现。对公众来说,理解科研有门槛,欣赏美貌却没有,类似的消息则难免加剧"科研女性赢在长相"的误解。

3. 概括总结。别让女性的才华被忽略。对女性科研人员而言,她们需要的不是美女标签,而是公平的事业发展环境。隐形的"玻璃天花板",需要用有力的行动击碎。

(素材来源:白晶晶《"牛津数学女孩"被骂"学媛"?颜值不是搞科研的负担》,红星新闻2022年4月2日)

三、训练题库

(一)

钱海军是宁波慈溪市供电公司的一名职工,他常年利用业余时间免费为残疾人、孤寡老人等提供服务,被大伙亲切地称为"万能电工"。

趁着休息日,钱海军又去看望75岁的独居老人应久昌。这几年,老人家里不论电线老化还是要去医院看病,钱海军都会很快赶到。

52岁的钱海军是慈溪供电公司社区客户经理,他们主要负责9个社区6万多户居民的用电服务工作。从用电咨询到安全巡查等,钱海军在做好本职工作的同时,从1999年开始利用一技之长,在工作之余为残疾人、孤寡老人等提供免费家庭电力维修。到现在,钱海军已经结对帮助了100多人,而志愿服务的范围也从起初的电力维修改造,到后来居民日常生活的烦心事。

23年来，钱海军没有换过手机号，手机24小时开机，只为需要帮助的老人能够在第一时间找到他。

钱海军还成立了志愿服务中心，影响带动身边更多人参与志愿服务。目前，中心有注册志愿者1 200多人，发展了25支志愿服务分队，开展了"千户万灯""暖心空巢""扶贫助学"等多个志愿服务项目。

（素材来源：《"万能电工"钱海军：无私奉献为民服务》，央视网2022年5月5日）

【评述提示】

1.切入话题。不是在服务，就是在去服务的路上。23年来，钱海军拎着他的工具箱从未间断这样的行程。从社区义工起步，他用一技之长为社区居民免费提供电力维修。百姓认为"用电有困难，请找钱海军"，钱海军是百姓的定心丸，而"马上到、马上修、马上好"是钱海军对群众最温暖的承诺。

2.理性论证。通过一系列事例进一步论证钱海军是百姓的定心丸。钱海军自学电风扇、电饭锅、洗衣机等基础家电维修，他把孤寡老人当成自己的父母去关爱。他定期去上百名老人家里检查电器、线路，再陪老人说说家常，顺带调解一下邻里纠纷。逢年过节，他买上礼物去看望老人，甚至大年三十都与老人一起度过。除此之外，钱海军还跟随东西部协作、乡村振兴等国家战略，在浙江、西藏、吉林、贵州、四川等地用光明温暖了万千群众心坎。

星星点灯，钱海军建立起正规化的公益团队，带动身边人和他一起做志愿服务。他们抗洪抢险，扶贫助弱；他们热心公益，小善大爱；他们还领着7位孤寡老人开启了北京之旅，在天安门广场庄严的升旗仪式里圆了那些耄耋老人的梦。

3.概括主题。所有的足迹都践行一个初心："为人民服务从点滴做起，贵在坚持。""幸福源自奋斗、成功在于奉献、平凡造就伟大。"钱海军是一盏"灯"，用一个人的微光点亮了千万家的灯火。

同时，那些灯火的光芒映射出了一个高尚而纯净的心灵。

(素材来源：曾毅《"点灯人"钱海军：23年光明护万家》，《光明日报》2022年5月7日)

（二）

最近，江西师范大学软件学院2022年硕士研究生复试结果在网上公示。41岁的天津人单良发现，在拟录取名单中，排名第一的就是他。在此之前，他已经考研7次，这是他第8次考研。据上游新闻报道，他在2009年第一次参加考研，但一直没有成功，这些年他一边工作、照顾家里，一边自学，前后参加研究生考试8次，历时14年，此番终于上岸。这不仅让这位大龄考生十分喜悦，也让不少同样在考研战场上拼杀的年轻人十分感动。

从报道的细节来看，单良的考研之路可谓历经坎坷，他不仅要面对学业上的压力，生活上的诸多磨难也给他很大的考验。他曾经一边照顾生病的父亲，一边学习，为了分担家庭的经济压力，还陆陆续续干过地铁站保安、小区门卫等工作，但始终没有放弃学业。外界也曾质疑过他的坚持，但他一直十分坚定地追求梦想，用他的话来说："我愿意走出一条血路，让大家看看，41岁的研究生到底行不行？这么多年的坚持，到底能不能上？"如今，他终于证明了自己，也让外界看到了坚持的价值。

(素材来源：黄帅《考研8次终上岸，值吗？》，中青评论微信公众号2022年4月20日)

【评述提示】

1.切入话题。考研8次，对大多数人来说，恐怕是难以承受的。因此，这位大龄考生的坚持和勇气，才令人鼓舞、令人赞叹。这样的极端个案确实不常见，但为了心中的理想，考研二战、三战的年轻人却不在少数。尤其是在近年考研越来越"卷"的形势下，为了考上名校研究生花费两三年,在不少人看来也是值得的。毕竟,考上研究生尤其是名校研究生,的确是改变命运、弥补高考遗憾的最佳途径之一。

2.理性剖析。大龄考研人的努力,理应得到尊重和理解。对个体来说,不论在什么年龄追求梦想,都是值得肯定的。考研二战、三战并不丢人,当事人能够不畏成见,保持初心,为了理想而战,才对得起宝贵的时光。

正如很多考生提到过的,努力不一定会成功,但不努力肯定不会成功。考研之路布满荆棘,只有鼓起勇气,披荆斩棘,才有"上岸"的希望。多次考研的人,其实内心更加强大,这个过程不仅是学业上的提升,更是对意志力的磨炼。考研不是人生的终点,但拥有成熟的心态,以及强大的抗压能力与隐忍功夫,却是考研给人留下的宝贵精神财富。二战、三战乃至更多次参加考研的学子,不论结果如何,都展示出较强的心理素质和精神力量,都有自己的收获。

但话又说回来,考研并非成功的唯一路径。如果人们都以考研结果来判断年轻人的成败,则是偏颇的,也是没必要的。一个健康和包容的社会,对所谓的"成功"的定义,理应是开放式的,个性化的。追求梦想的途径有很多,考研只是其中一种方式。不少年轻人在创业上取得了不小的成就,甚至在校园里就已经着手创业,积累了一定的资本和经验。

3.概括总结。我们一方面尊重和认可大龄考研者的努力,另一方面,鼓励年轻人调整对成功的认知,通过其他方式实现个人价值。

(素材来源:黄帅《考研8次终上岸,值吗?》,中青评论微信公众号2022年04月20日)

(三)

"牛排原切怎么说?Original Cutting""回首向来萧瑟处,归去,也无风雨也无晴""什么是独立?听世界的意见,保留自己的判断"……你能想到吗?这些话并非出现在学校教室,而在直播间内。这几天,董宇辉火了,曾经的新东方老师在直播带货的同时科普知识、妙语连珠,让网友高呼"学到了""真上头"。

  知识主播火出圈的逻辑不难理解。曾经的新东方老师,凭借丰富的知识储备、多年上课锻炼出来的口才,把直播变成"课堂",在实现个人转型的同时激发"粉丝磁场",成为直播带货乃至短视频界的一股清流。

(素材来源:吕京笏《知识主播、双语带货,董宇辉有何过人之处?》,人民日报评论微信公众号2022年6月17日)

【评述提示】

  1.切入话题。近年来,网络直播行业的快速发展改变了人们的生活方式、娱乐方式。众多网红的应运而生,资本与流量的纷纷入场,为直播行业贴上了娱乐至上、景观世界、消费主义等标签,一时泥沙俱下。事实上,人们在一划而过的快浏览外,也希望有从容不迫的慢享受;在段子奇观的冲击外,也希望能有信息知识的增量。从这个意义上说,董宇辉让我们看到了直播的另一种可能:除了买衣服、化妆品,也可以下单健身器材、纸质书;除了哈哈一笑、点赞互动,也可以传递知识、启迪思考。

  2.理性分析。高热度更需冷思考。从"调料为什么叫seasonings"讲到"霍去病封狼居胥",从"头顶的星空和心中的道德"讲到"千山鸟飞绝,万径人踪灭",信手拈来的引用,整饬华丽的排比,锦心绣口的比喻,董宇辉的过人之处可能不在于带货能力,而是内容生产。"知识+直播"的形式,不失为一次可贵的尝试。但从直播行业本身看,一时火爆不等于一直火爆。流量从来不缺少接棒人,人们见证了太多轮网红的迭代。唯有在形式和内容方面不断激发火花,才能突破同一种营销形式可能带来的审美疲劳。

有人说:董宇辉的带货是一种知识经济。这一结论可能为时尚早。时下,直播行业发展进入专业化、垂直化阶段,董宇辉等主播仍有待进一步明确定位。毕竟,"知识+直播"的本质仍然是卖货,知识内容只是附丽其上的配角,或者是赋予商品的一种情怀。相比专业的教育直播而言,"知识+直播"更像是一种"碎片化阅读",而很难给特定受众以沉浸体验与体系化知识。尤其当知识与营销结合,难免会遇到内容创作的瓶颈。从这个意义上说,是锚住知识的核心竞争力,还是瞄准带货的广阔市场,是一个不可回避的问题。

3.概括总结。董宇辉的走红,说明网友对更高质量的直播与短视频内容的需求仍然旺盛。直播行业本质是服务行业。所有短视频从业者和主播都应该拿出更多诚意,满足受众需求;平台也要通过算法优化、内容激励等方式,催生更多寓教于乐的优质内容,为用户带来更好的体验。

(素材来源:吕京笏《知识主播、双语带货,董宇辉有何过人之处?》,人民日报评论微信公众号2022年6月17日)

(四)

在2021年全国两会上,全国政协委员、江苏省锡山高级中学校长唐江澎在委员通道发言,"学生没有分数,就过不了今天的高考,但如果只有分数,恐怕也赢不了未来的大考"。这句话成为刷屏金句,一下让他"火"出了圈。

唐江澎,江苏省锡山高级中学校长,江苏省校本课程开发研究所所长。中学语文特级教师,中学正高级教师。全国政协委员,中国经济社会理事会理事,无锡市惠山区政协副主席。先后被评为"中国长三角最具影响力校长""全国教育改革创新杰出校长"。

(素材来源:《"网红校长"的探索——唐江澎》,澎湃新闻2021年12月30日)

【评述提示】

1.切入话题。唐江澎委员的这番话立刻引起了人们的广泛热议,很多家长纷纷表示赞同。唐江澎委员"什么是好的教育"的观点,不少人给出了自己的看法,有人认为:"好的教育不能只用分数来评判,要让学生学会成为一个更好的自己、学会做一个幸福的人";也有人认为:"教育要从培养孩子独立性和动手能力开始,兴趣是最好的老师,也是终身的老师,培养孩子的兴趣并激发他们的自主学习能力和探索精神是最重要的。"

2.理性分析。近几年,关于教育的话题持续引发人们的关注,教育连续几年成为全国两会最受关注的民生议题之一。家校矛盾、教育改革等频频出现在人们的视野中,对教育的忧虑始终困扰着家长,也时刻困扰着老师等教育工作者。孩子是祖国的未来,关注孩子的教育就是关注祖国的未来大业。因此,破解教育难题、破除教育忧虑在当下已经刻不容缓。

目前,教育问题中最突出的就是唯分数论,不少地方的学校教育和家庭教育存在过度重视分数的误区。所谓"分分分,学生的命根;考考考,老师的法宝",分数竞争已成为学校、学生之间竞争的主旋律。唯分数论从本质上说就是缺少科学的教育评价机制,使得分数高低成为评价学校教育水平、学生学习水平的重要标准,甚至是唯一标准。

3.概括总结。唐江澎的走红再一次表明,无论高层还是民间,都已经深刻认识到教育改革评价机制的重要性。教育的初心是促进人的全面发展。真正的好学校,一定是既能够让孩子有良好的学业表现,又能够让孩子全面成长。希望唐江澎校长这样的两会"好声音"助推教育评价机制的改革,让"理想的教育"成为现实,让每一个孩子都能闪耀自己的光彩。

(素材来源:李雅楠《"教育的真谛"需摒除唯分数论》,红网2021年3月8日)

第三章

图片口头评述

　　图片口头评述主要依据反映社会问题的以漫画或者照片为形式表现的图片而进行的口头评述，需要评述者观察图片信息并找到话题切入点。

　　图片口头评述的依据多是新闻图片。新闻图片是通过视觉手段来传达信息的新闻报道体裁，是新闻的一个重要组成部分。广义的新闻图片主要包括新闻照片、新闻漫画、新闻图表。而狭义的新闻图片则仅指新闻照片。

　　图片口头评述所涉及的社会现象和社会问题非常丰富，通过漫画和照片这些更为直观的表现形式，将当前广受关注的社会现象和社会问题凝练地集中在一幅图片当中。评述者需要观察图片，然后结合现实问题加以评述。相比较而言，图片口头评述有一定难度，目前在训练和考查中并不多见。

　　图片新闻源自报刊等平面媒体，因其可视性，电视新闻节目也会运用,由主持人对图片进行介绍或评述。对于相关从业者来说,图片口头评述的训练十分必要。

第一节　漫画评述

漫画是用简单而夸张的手法来描绘生活百态或时事热点的图画。漫画一般运用变形、比拟、象征、暗示、影射的方法,构成幽默诙谐的画面,以取得讽刺或歌颂的效果,具有强烈的讽刺性和幽默感。漫画常采用夸张、比喻、象征等手法,讽刺、批评或歌颂当下的人和事,具有较强的社会性。当然也有只是用于娱乐的作品,这不属于本章节范畴,不再赘述。

漫画评述所采用的素材多是以社会现象和社会问题为核心的新闻漫画,运用夸张、幽默的绘画形象和构图语言,报道或评议国内外新近发生的热点时事、社会问题。此类评述一般先从对图片的描述和解读开始,进而对漫画所揭露和讽刺的社会问题加以评述,让原本重大和严肃的问题在相对轻松幽默的解读中得到深入剖析,进而进行舆论引导。

一、示例分析

例一:《迷宫》

(图片来源:中国日报网)

【评述】

在漫画中,我们可以看见一位老人正面对着张贴在墙上的二维码一筹莫展,日常生活中随处可见的二维码对老人来说却宛如一座巨大的迷宫,令其难以找到出口。

在如今这个数字化时代,衣食住行几乎都可以通过一部智能手机来解决,但同时我们也不能忽视这样一种现象,还有不少老年人不会上网、不会使用智能手机,在出行、就医、消费等日常生活中有诸多不便,面临着"数字鸿沟"。

中国互联网信息中心2022年2月发布的第49次《中国互联网发展状况统计报告》显示,截至2021年年底,我国网民规模达10.32亿。网民中,

> 描述漫画内容,进而引出"数字鸿沟"这一话题

	60岁以上的老年人只占11.3%。而在这些老年人中只有30%能独立完成出示健康码、行程卡的活动，23%能在网上购买生活用品，20%能在网上查找信息。也就是说，5位老年人当中，只有一位能够相对熟练地使用手机完成上述操作。如何让老年人充分享受智能化服务带来的便利，让老年人更好地享受到信息化发展的成果？2020年11月24日，国务院办公厅印发了《关于切实解决老年人运用智能技术困难的实施方案》，聚焦老年人日常生活涉及的出行、就医、消费、文娱、办事等7类高频事项和服务场景，回应了许多社会关切。
罗列数据，说明老年人面临的困境以及相应的措施	
概括总结，亮明态度	在服务意识上做"加法"、在应用操作上做"减法"，只有弥合老年人与数字社会的隔膜，解决两者的"适配"问题，才能让更多的老年人更好地融入数字时代。

（素材来源：《焦点访谈：老有所适享便利》，央视网2022年3月28日）

例二：《拉扯》

（图片来源：中国日报网）

【评述】

　　漫画中的中年人正被"夹"在两侧的电梯之间，一边是"上行"的老人，另一边则是"下行"的孩子，男子被两方同时拉扯，倍感压力。

　　事实上，漫画所描绘的场景正是当下不少年轻人面临的真实处境：人口老龄化加剧的同时新生儿出生率持续走低，无形中加重了年轻人的压力。

> 描述画面，点明主题

　　近年来，我国人口发展面临转折性变化，总人口增长势头明显减弱，出生人口持续走低。国家统计局公布的数据显示，2021年我国人口净增长48万，人口出生率为7.52‰。而2020年的全国人口净增长为204万，全国人口出生率为8.52‰。出生人口下降会产生一系列负面影响。对经济而言，未来劳动力供给不足将直接影响经济活力和动力，老龄化日益严重则会带来诸多社会问题。人口增长率过低还可能带来很多间接影响，比如少子高龄化的人口结构会直接影响房地产市场的发展，备受关注的教育减负问题也与出生率过低有关。专家指出，人口出生率下降是多重因素综合影响的结果。首先是育龄妇女特别是生育旺盛期育龄妇女规模下降；其次是年轻人婚育观念的变化；最后是住房、教育、就业等多重因素影响下的生育、养育、教育成本居高不下，也增加了年轻人的生育顾虑。

> 阐述老龄化与出生率降低的现象、影响以及若干原因

　　出生率降低、人口老龄化的问题影响深远，当前多地政府已在着手制定政策来应对这一问

> 总结并提出观点

题。与此同时,逐步改变年轻人的婚育观念,强化他们的家庭责任感也同样重要。

(素材来源:赵晨熙《拿什么提高民众生育意愿?专家认为应逐渐改变婚育观》,《法治日报》2022年2月15日)

二、练习提示

(一)《恐归族》

(图片作者:朱慧卿)

【思路提示】

1.描述和解读漫画,从漫画标题和画面中找到话题切入点。

2.分析"恐归族"为什么会恐归,找到问题的根源和本质。

3.概括观点,呼吁让"恐归族"实现阖家团圆的心愿。

【内容提示】

1.叙述事件相关背景。某论坛一篇名为《一个漂泊在外的应届毕业生写给农民工父亲的忏悔信》的帖子引发热议。发帖者自称本科毕业已工作大半年，月工资只有一千元左右，但一直骗家里说自己在外生活很好。年底因为"连帮妈妈买件毛衣的钱都没有"，只得再骗家里，"加班的话就不回来了"。此帖引起了不少人的共鸣，从而催生出一个新的族群命名——恐归族。恐归族是对那些在外地工作，不愿意回家过春节的人的统称。在常人眼里，甚至在自己的父母亲人眼里，"恐归族"有那么一点冷血，甚至还有些不孝。但对"恐归族"来说，恐惧回家实在有太多的理由——回家要做的事情太多，可假期永远太短；年底各种开销加大，回家过年无疑又是一次"大出血"等。

2.分析原因。一是会造成严重的财政赤字危机。小孩子比父母，老年人则比儿女。谁的儿女有出息，更孝顺，老人脸上更有光。而身在异乡的儿女们孝顺的重要表现就是出手大方。二是害怕父母逼婚。孩子的婚姻大事是每位父母最挂心的事情。他们希望孩子能够早日结婚，传宗接代，却不明白如今的婚姻也有很多无奈。三是怕领着媳妇回家受罪。有位刚刚结婚的女士跟着老公回农村老家过年，吃饭住宿倒不是大问题，可家里的规矩令这位女士受不了。一面是父母的殷殷期盼，一面是孩子一大堆恐归的理由，"恐归族"们在进退两难间确实难以抉择。专家认为，年轻人害怕回家是一种比较典型的东方文化心理现象。东方文化比较注重结果，忽视过程。中国有一种传统叫"衣锦还乡"。因此，年轻人觉得没有赚到钱或者没有好的工作就回家，很没有面子。

3.概括总结。从传统家庭文化的角度上考虑，春节还是应该回家。在外工作的人们长期不回家，容易跟家人生疏。独生子女不回家，父母更是感到孤独。专家建议："春节最重要的意义就是一家人团圆。如果没有特殊的情况，还是回家去吧，父母没有要求年轻人一下子赚到很多钱。回家给父母送上一份安慰，比金钱更加重要。"

(二)《"大胃王"》

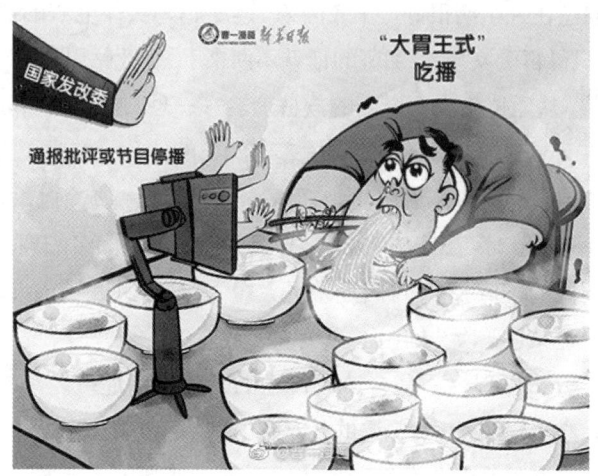

(图片作者：曹一)

【思路提示】

1.描述并解读漫画内容，从而找到话题切入点。

2.分析"大胃王"式吃播流行的原因与其负面影响，解读政府出台相应政策的根据。

3.概括总结，呼吁人们从自身做起切实节约粮食。

【内容提示】

1.描述漫画内容，叙述事件背景。漫画中一位身型明显过度肥胖的男子正面对一整桌的食物进行"大胃王式"的吃播，而从画面左侧以及手机屏幕中伸出的这些手则清楚地表明，这样的直播正遭到来自观众自发的抵制，并将受到政府有关部门的严格管理。

一个人吃下堆成山的炸鸡，喝下用桶装的奶茶……近年来，所谓"大胃王吃播"在社交媒体兴起。匪夷所思的短视频背后是一条利益链。通过博眼球的短视频、直播走红后，美食博主可能接到某些餐饮商的广告代言邀请。这类"吃播"很多是剪辑的，或者吃完后催吐，宣扬了量大多吃、暴饮暴食，也造成了食品浪费。

2.分析原因。2020年9月，国家网信办发布公告介绍，在近一个月开展的"三项整治"行动中，各地网信部门依法处置违法违规直播平台338款，关闭主播直播间7.4万个，封禁违规主播账号10.5万个，处置违规"吃播"账号1.36万个。反食品浪费法草案明确规定，禁止制作、播出、传输、宣扬量大多吃、暴饮暴食等浪费粮食的节目或音视频信息。网络音视频信息服务提供者发现有违反前款规定行为的，应当及时制止、停止传输相关内容；情节严重的，立即停止提供信息服务。

为鼓励全社会参与监督《反食品浪费法》的实施，草案还规定，任何单位和个人发现食品生产经营者有食品浪费行为的，有权向有关主管部门和有关机关投诉举报。接到投诉举报的部门和机关应当及时依法处理。

3.概括总结。"一粥一饭，当思来之不易；半丝半缕，恒念物力维艰。""以节约为荣，以浪费为耻"的观念，不仅是传统的，更是时代的。让爱惜粮食成为我们的习惯，让光盘成为一种光荣，让物尽其用、防止浪费成为我们的生活方式，才能够更好地把中国人的饭碗端在手里。

（素材来源：徐隽《立法制止舌尖上的浪费 把节约落实到食品链条多个环节》，《人民日报》2021年1月14日，《莫让盛宴变"剩宴"》，央视网2022年1月22日）

(三)《过度包装》

(图片来源:中国日报网)

【思路提示】

1.描述漫画内容,指出其表现了什么社会问题。

2.分析导致该问题出现的各方面原因,介绍人们对这一情况的态度以及有关部门的应对。

3.概括总结,呼吁不要过度包装。

【内容提示】

1.解读漫画。画面中的女子从包装中取出自己购买的商品,而她身后已经堆积了大量用来包装的纸箱,小山一般的废弃物和女子手中精致小巧的物件之间形成了鲜明的对比。很多消费者有这样的经历:花高价购买包装精美的产品,拆开"里三层外三层"的包装,商品本身没多少价值。有人认为,过度包装是现代的"买椟还珠"。此前,工信部对《限制商品过度包装要求 食品和化妆品》强制性国家标准进行修订,进一步规范食品和化妆品包装要求。

2.分析原因。商家通过过度包装增加利润,部分消费者购买过度包装的产品获得"仪式感",看似"一个愿打,一个愿挨",损害的却是消费者的权益。一方面,过度包装带来的"仪式感"要由消费者买单。对大部分消费者来说,包装盒拆开就扔掉,只有产品具有使用价值。但在实际中,包装的成本包含在商品价格内,最终转嫁到消费者头上。商品包装越臃肿,消费者会花更多的钱,却不会得到更多的使用价值。另一方面,消费者在购买商品时往往是有什么买什么。如果所有商家都出于增加利润的目的,让过度包装之风愈演愈烈,久而久之在货架上只能看到过度包装的产品,消费者只能被迫接受,为过度包装掏腰包。

包装废弃物对环境的影响也不容小觑。研究表明,我国包装废弃物约占城市生活垃圾的30%至40%。在这些包装废弃物中,不少是由过度包装产生的。包装废弃物进入垃圾收集处理系统后,会占用相关资源。如果包装废弃物没有进入垃圾处理系统中,对环境的危害会更大,特别是有些塑料废弃物会转化成微塑料,长远来看,会对水生态系统和人体健康造成难以估量的损害。

3.概括总结。近年来,各部门陆续制定出台《限制商品过度包装通则》《绿色包装评价方法与准则》等国家标准,但相关标准落实起来面临阻力。在未来,只有相关的法律法规还不够,还需要相关实施细则、实施办法、配套政策等,多措并举,增强立法效果,推动法律落到实处。

[素材来源:彭训文《增加购买成本、造成环境污染——过度包装该瘦身了》,《人民日报》(海外版)2022年5月16日]

(四)《"我有100个办法对付他"》

(图片作者：曹一)

【思路提示】

1. 结合漫画内容找到话题切入点。
2. 针对漫画所反映的新闻事件进行调查分析。
3. 概括总结,对事件进行理性客观的评价。

【内容提示】

1. 叙述新闻背景。近日,河南省商丘市睢阳区有居民拨打12345热线投诉社区问题,对此,被投诉的社区书记韩立广表示,"他打12345投诉,我有100个办法对付他"。睢阳区纪委监委办公室主任表示,接到群众反馈后,已调查了近半个月。涉事社区书记还曾向物业公司要钱,让人家给他买衣服买烟,存在法治意识淡薄、权力滥用等问题。目前,涉事者已经停职检查。

2. 调查分析。不久前,河北衡水市民拨打政务热线后被承办单位训斥,"只要打12345的人,基本上这个人都废了",并称"打12345的这些人没有一个办成(事)的",曾引起舆论广泛关注,承办人也被停职检查。本以为此事已是前车之鉴，没想到某些基层单位承办人非但没有引以为鉴，对政务热线的转交承办事项仍然不上心、不用心甚至动歪心思，这种工作作风和态度严重影响了基层服务人员的形象。

随着有关部门进一步优化地方政务服务便民热线，12345热线已然是政务服务"总客服"，市民也习惯有事打12345。但是，市民诉求在职能部门"后台办理"却不时遭遇梗阻，使得便民热线反而没有达到便民的效果。如何改进工作作风，积极回应群众诉求，热心为民办实事，仍然值得各地基层单位，尤其是基层单位的负责人严肃认真对待。

3.概括总结。社区作为12345热线的基层承办单位，面对市民投诉的问题，居然抱着"对付"的心态，把居民当成了"敌人"，遑论为百姓办实事，这样的工作作风要不得。声言"有100个办法"对付居民，如此消极态度面对居民投诉，显然没法赢得社区居民的认可与信任。

（素材来源：徐秋颖《"我有100个办法对付他"，社区书记的"办法"用错了地方》，《新京报》2021年11月30日）

（五）《预防溜号》

（图片作者：曹一）

【思路提示】

1.解读漫画内容,找到话题切入点。

2.分析漫画所表现的场景为何会出现,网课给学生和家长分别带来了哪些困难。

3.进行概括总结,尝试提出若干建议。

【内容提示】

1.描述漫画内容。漫画中的孩子正捧着课本学习网课,他的身边拉起了一圈"警戒线",线外是玩具、漫画、零食等容易让人分心的物品,而孩子的父亲正端坐在一旁神情严肃地监督着儿子。

疫情的"大考"之下,家庭教育也面临一场"大考"——一个多星期的网课后,有家长直呼"被逼疯""熬不住",有家长却淡然处之,从容不迫。在业内人士看来,网课正是一块检验家庭教育成果的"试金石",也是一面暴露问题的"多棱镜"。一场网课,便能窥得孩子居家期间所接受的家庭教育之一隅:在家庭环境方面,很多家长不注重对家中学习场所的划分,学习空间凌乱;部分家长缺乏处理亲子关系的方式方法,孩子在电脑前上课,家长坐在后面"监督",让孩子缩手缩脚,如芒在背……网课期间,充分暴露出不同家庭教育下孩子和家长间的差距。

2.分析原因。居家学习给原本的家庭生活带来了新的挑战。"深夜才能入睡""整天对着手机""学习效果有限""家庭矛盾增多",这些都是来自家长的"吐槽",盼望开学,是不少家长的心声。家长最先感受到的是孩子纪律上的散漫。没有学校的约束,在"自己的天下",那些费心养成的好习惯丢得很快。为什么居家学习之后,不少学生陷入了这样的怪圈?东北师范大学家庭教育研究院院长赵刚认为,生活教育这一课该补上了。

"好习惯的养成、规则意识的形成,往往在公共空间发挥更大的效力,因为它符合多数人的共同利益。疫情的影响,大家从公共空间转入了家庭这一私密空间,公共约束小了,一些孩子就容易松懈,一些生活问题也随之出现,这是生活教育体系长期被淡化造成的。"赵刚表示。很长一段时间,除了学科知识,有关生活理念、技能的教育相对短缺。"这在80后家长和00后孩子之间的影响尤其明显,家长们对生活的理解、对家庭教育的理解有偏差,于是,疫情期间的家校合作也产生了新的问题。"赵刚建议,居家学习,生活教育这一课家长和孩子要共同学习。

3.概括总结。在疫情背景下,家长要适应环境,做到和孩子一同成长,在提倡要培养孩子的成长型思维的同时,作为家长也必须要有成长型思维,这也是新时代父母必须具备的能力。

(素材来源:崔文灿《一轮网课让家长"熬不住" 这些家庭教育问题值得反思》,《羊城晚报》2022年4月22日,姚晓丹《居家学习 怎样让学生走出作息不规律、学习效果不佳等怪圈》,《光明日报》2020年3月24日)

三、训练题库

(一)《如此"啃小"要不得》

(图片作者:曹一)

【评述提示】

1.解读漫画。漫画中的小女孩正在进行一场声泪俱下的"带货"直播，然而女孩在镜头前表现出的悲惨遭遇，实际上都是她身边的成年人为了博取同情与关注而刻意编排的。

还不会说话，就得习惯时刻在镜头前被记录吃饭、玩耍的场景；尚在咿呀学语，却要模仿讲出网络流行段子；还在学龄前，就要被安排学习表演各种影视桥段……打开短视频平台，越来越多的儿童被父母推到镜头前当上了网红，不少视频账号单条内容动辄收获超10万个点赞。然而，一些过度消费"网红儿童"的内容传递出负能量。

2.调查分析。小朋友水汪汪的大眼睛，肉嘟嘟的小脸蛋，以及言行举止自带的"萌萌哒"属性，让萌娃类账号近年来迅速成为各视频平台上的大类。打开短视频自媒体平台，时常会刷到一些拥有百万乃至上千万粉丝的"网红儿童"。一些家长开始为流量"啃小"。有运营儿童短视频账号的家长表示，靠娃就能月入15万元。一些过度消费儿童的网红账号也开始受到关注和质疑。除了较为极端的案例，记者调查发现，还有一些"啃小族"家庭，其"消费"子女行为的危害是隐性的、缓慢的。例如，网络上有这样一类短视频：一些家长故意给小宝宝喝酒、吃柠檬、闻有刺激性味道的食物，以宝宝的表情取悦观众，获得流量。这类视频火了之后，往往会引发其他同类萌娃博主账号的模仿跟进。

3.概括总结。家长将孩子的形象持续在网络上曝光，甚至频繁接受商务合作，并获得流量加持，形成"小网红利益链"，不仅不利于孩子正常的社会化发展，还存在诸多法律风险。除此之外，在炒作"网红儿童"的利益链条上，一些运营公司招募未成年主播、平台对相关内容提供推送和流量也起到了推波助澜的作用。目前我国已初步形成一个有关未成年人网络安全保护的法律体系，社会各界有必要加大宣传力度、通力合作，学校、家长都要主动参与介入,让这些监管保护措施真正起作用。

(素材来源:曲欣悦《严肃查处炒作"网红儿童"行为 关键是堵住监管漏洞》,《工人日报》2021年7月29日)

(二)《居家办公》

(图片来源:中国日报网)

【评述提示】

1.解读漫画。漫画中的男子正在进行居家办公,为了保证工作不被干扰,他在房间里支起了一顶帐篷,并挂上了"请勿打扰"的牌子,但就在帐篷外,孩子们依然在嬉戏打闹着。远程居家办公成为疫情之下,不少企业的折中办法。实际上,其作为一种办公模式,近年来颇受关注。但居家办公的工作效率如何保证?微博相关话题下,除了复工第一天各种即时通信软件、远程办公协作软件宕机被诟病外,大家吐槽最多的还是居家环境影响工作效率。比如有人发微博抱怨,开一次视频会议,因为同事家人频繁入镜,一不小心就认识了同事的各路亲戚。

2.分析原因。2020年一项面向全国10 000名职场人士进行的调查发现,居家办公受到普遍欢迎的原因是时间灵活、心情放松和方便照顾家庭,但劣势包括信息采集不全、工作效率低、与同事沟通不畅。厦门大学社会学系教授易林认为，居家办公对家庭关系的影响最为显著，而且家庭人数越多，产生的影响越大。"家庭是基于强烈的情感基础和个人间亲密关系构成的，开放、协商、互尊、互惠的经营方式有利于构造一个和谐的家庭关系。尤其是家庭中的合理分工和性别以及代际平等的意识对家庭的和谐很重要。"易林说，当家庭成员不得不选择居家办公时，因为空间限制，成员间的互动更为频繁，可能会使得家庭关系更加亲密，也可能会有更多摩擦，"毕竟每个人都是一个完整的个体，需要自己的空间，家庭成员间也需要有边界"。

3. 概括总结。居家办公尤其需要用心处理家庭成员之间的微妙关系，在狭小的空间里保持"动"的状态，可减少对身心带来的一些负面影响，要"动"起来，不只是运动，还要创造一些更积极的非工作时间的活动，比如唱歌、（集体）游戏、一起阅读或分享书籍、电影。

（素材来源：林琳、卢梦谦《居家办公 工作生活要"有边界"》，《广州日报》2022年4月19日，张子谕《战"疫"之下，远程居家办公跟你想的一样吗？》，《工人日报》2020年2月12日）

（三）《"码奴"生活》

（图片来源：《羊城晚报》）

【评述提示】

1.解读漫画。首先通过漫画来发现问题,提炼出话题:"码奴"生活不容易!

2.列举现象。郑州市民袁先生最近被诊断患上"密码强迫症":手机、电脑、邮箱、银行卡、医保卡、QQ……98个密码一个都不能少。因每家要求密码符号、长度不一,密码"大一统"还是"不可能完成的任务"。干脆记到本子上,备份到电脑里?不弄还好,这一弄,更是心病:"丢了咋办,电脑被黑咋办?"袁先生感觉被密码绑架了。

3.话题评论。"卡奴"之外,还有"码奴",这是现代人的甜蜜烦恼。普通人大约有二十来个密码就要晕菜了。也许正因为没有袁超人的记忆力,无力弄出近百个密码来,所以才没有袁先生的焦虑。生活是公平的,享受越多的便利,必然要付出越多的代价。古人的生活没那么方便,也没有那么复杂,也许因此,他们的智慧更长久,长到我们今天还受用。

4.概括总结。任何事物都如同双刃剑,既有好的一面,也有不好的一面。对于现代社会的人们来说,每一样现代化的产物都面临此境,我们只有尽量去改进,尽量去适应。

(素材来源:《"码奴生活"》,人民网2010年5月4日)

(四)《网红食品需把关》

(图片作者:曹一)

【评述提示】

1. 叙述新闻事件背景。自热火锅、半成品拉面、速食螺蛳粉……近期，众多网红食品品牌强势崛起，备受年轻消费者青睐。数据显示，受"一人食"与"宅经济"等影响，加之电商直播等形式助推，网红食品已成为消费市场的热门增长点。但食品安全、虚假宣传等问题也随之而来。

2. 调查分析。以即食食品为代表的网红食品掀起消费热潮，新品牌、新品类不断涌现，获得众多年轻消费者支持。有机构数据显示，淘宝、天猫平台2020年方便速食市场总成交额达213亿元，市场规模可观。

受直播电商带动，网红食品品牌把握线上流量入口，乘势而上，但部分产品食品变质、虚假宣传等侵犯消费者权益的事件却屡有发生。专家指出，商业实践中，不少互联网企业与电商偏重发展，忽视规范。由于消费者维权成本高于维权收益，很多消费者面临维权窘境。此外，我们必须警惕直播间发布虚假信息误导用户等违规行为。销售者在直播平台上销售不符合食品安全标准的食品，使消费者合法权益受到损害的，消费者有权利主张直播平台与食品销售者承担连带责任。名人直播带货如涉及虚假宣传或造成消费者权益损害，名人应承担相应的法律责任。直播营销平台也应健全投诉举报机制，降低直播举证难度，协助消费者维权。

3. 概括总结。消费是拉动国民经济持续健康发展的重要引擎，只有全面推进消费者权益保护事业，共促市场激浊扬清，才能持续提振消费者的信心。

[素材来源：林子涵《备受年轻消费者青睐，网红食品需把好"质量关"》，《人民日报》(海外版) 2021年4月19日]

(五)《高校"蜗居一族"》

(图片作者:佚名)

【评述提示】

1.解读漫画。描述漫画信息,找到话题切入点:高校"蜗居一族"滋生收费代理。画面中一个"蜗居"的学生,面前是翻开的书本,旁边是电脑,还有一部用来联络的手机。另外一个背着书包、学生模样的人送来了一碗面,画面中的两人正在一手交钱一手交货,完成一次外卖送餐的交易。这幅漫画充分体现了现在很多高校学生因为忙于各种事务而长期"蜗居",同时滋生出收费代理的现实情况。

2.事例解析。因为忙着考研,北大法律系大四学生小何已有七八天没出宿舍门了。这种校园"蜗居一族"足不出户的生活是靠校园代理人来打理的:吃饭有人帮着打,上课有人帮答到。当然,这些服务都是付费的。

在海淀某高校消息栏上有这样一张招聘启事:本人急寻一位周二上午、周四和周五下午有空儿代为点到的同学。而相对应的,是在很多高校的BBS上,写满了各种各样的收费"代理"信息。"代理一族"提供的服务包括代人打饭、点到、出售电话卡和生活用品等。蜗居在宿舍的学生们只需对着电脑,将鼠标轻轻一点,需要什么哪怕只是一杯热水都有人很快送上门来。在某高校食堂，代人打饭有两种计费方式，每天打两次饭（午饭和晚饭），一个月收费500元；每天打两顿，每周打5天，一周收费100元。如果代人点到听课，80分钟大课每节收费30元，50分钟的课每节收费20元。据了解，这些"代理人"多是学校一些家庭比较贫困的学生，通过这种方式"勤工俭学"，减轻家庭经济负担。

"代理人"的出现使不少学生有了过上"蜗居"生活的条件。据了解，有的学生是临考前窝在宿舍里恶补功课，有的则是偷懒看闲书上网。

3.概括总结。据调查，对这种现象表示支持的约占80%以上，还有15%的学生觉得无所谓，只有5%的人表示反对。有学生表示，在快节奏生活的今天，高校出现这类便利服务的确无可厚非，在不影响学业的情况下，这应该算学生们"自己的事儿"。而相关人士则认为，"代理人"的出现极易助长学生们的依赖心理和懒惰情绪。这种现象无论对学生的身体健康或精神状态都会产生不利影响，各高校应及时关注并对学生进行适当的引导。

（素材来源：张鑫瀛《高校"蜗居一族"滋生收费代理　代理人月收入500元》，《北京晚报》2006年12月27日）

（六）《招聘》

（图片作者：郝延鹏）

【评述提示】

1. 解读漫画。漫画描绘了一场正在进行的招聘会现场的场景，一名男子手持简历正在排队等待，然而他环顾四周，却发现自己的"竞争对手"居然是清一色的机器人。这一看似荒诞的情景表达了人们的担忧——日益发展的人工智能是否会对普罗大众的就业造成影响，甚至"危机"？

2. 调查分析。针对目前存在的对机器人和AI给制造业带来"就业破坏"的担忧，社科院人口与劳动经济研究所与社会科学文献出版社30日发布的《人口与劳动绿皮书：中国人口与劳动问题报告No.20》指出，机器人对普通工作岗位存在替代效应，但并不会带来突出的"就业破坏"效应。

绿皮书指出，机器人、人工智能带来自动化新技术革命对传统常规工作任务的工作岗位的替代，那些从事"可被编码"的重复性工作任务的工人最容易被替代。绿皮书同时指出，新技术应用增加了认知和技能水平较高及"人机协作"操作和管理服务的工作岗位需求，由于劳动力成本与新技术采纳成本的权衡以及中国区域经济发展阶段的差异，新技术使中国劳动就业岗位流失的规模最终取决于人工智能引导传统产业彻底变革的速度和程度。绿皮书就此认为，机器人和AI是"自动化"的新阶段，更强调人机协作的关系，并非完全"机器换人"。新技术使操作技能更易掌握，不会对制造业带来"就业破坏"。低技能工人不会被直接淘汰，主要在企业内部完成岗位转换。

3. 概括总结。机器人、AI的使用会增加中国制造业全部劳动者的平均工资收益，人力资本水平高、技能要求高的岗位和职业工资溢价更高。新技术采纳带来的技术溢价增加了不同技能和职业之间工资差距扩大的趋势。由于AI等新技术将代替大量普通劳动者，与就业关联的社保体系遭受冲击，普通劳动者的社会保障权益受影响最为突出。

(素材来源:《机器人和AI给制造业带来就业破坏?社科院报告给出否定回答》,中国新闻网2019年12月30日)

(七)《聚精会神》

(图片来源:新浪博客《2010中国儿童环保教育计划》)

【评述提示】

1. 叙述新闻背景。近日,《嘉兴市文明行为促进条例》获浙江省人大常委会批准。其中规定:行人通过路口或者横穿道路时浏览手持电子设备，或者嬉闹的，处警告或者五元以上五十元以下罚款。这一规定再次引发各方争议，支持者认为对"低头族"立法很有必要；而反对者则认为，针对"低头族"的执法将面临困境。

2.调查分析。智能手机的普及，催生了一个新群体——"低头族"，且有越来越壮大的趋势。对"低头族"来说，手机成了日常生活中须臾不可分离的一部分，然而不分场合地过度玩手机，既不利于个人身心健康，有时还存在安全隐患，尤其是过马路玩手机，因注意力完全在手机上，无视交通信号灯和过往车辆，交通安全隐患极大。近年来因行人过马路看手机造成交通事故的案例并不鲜见，不少人甚至为此付出了生命的代价，教训可谓惨痛。

各地的文明促进条例之所以容易引发争议，根本原因在于道德与法律之间的落差。法律是底线的道德，道德则是人们内心的法律。对于不道德行为可以进行舆论谴责，而对于违法行为就必须进行刚性执法。文明促进条例意在以法律的强制力倒逼社会道德文明的提升，也就是说，不文明行为将不再仅是道德问题，还将成为法律问题。

3.概括总结。坚持以德治国和依法治国结相合，是中国特色社会主义法治必须坚持的基本原则。各地出台的文明促进条例正是法律和道德相辅相成、法治与德治相得益彰的法治精神的体现。虽然禁止过马路时玩手机在执法中会遇到各种各样的困难和麻烦，但法律的权威和人们对法治的信仰终究会成为执法最有力的保障。

（素材来源：秦平《立法禁止低头族 为何再起争议？》，《法制日报》2019年10月19日，井彩霞《超八成受访者称：立法处罚过马路低头玩手机有必要》，《新京报》2019年10月12日）

(八)《现金收付》

(图片作者:曹一)

【评述提示】

1.叙述新闻背景。在人们的认知里,商业银行就应该提供现金存取服务。然而,有两家民营银行近日宣布将停办现金业务。中关村银行发布公告称,经向有关部门报备,将于4月1日起停办现金收付业务,停办渠道包括营业网点柜面和ATM机自助渠道。此前,辽宁振兴银行也发布了3月1日起停办柜面和ATM现金业务的公告。

这两家银行的决定,既颠覆了人们对商业银行的认知,也让人担忧其他银行会不会跟进效仿。当下,受移动支付、数字货币等新业务冲击,银行现金存取业务严重缩水。近年来,越来越多的银行网点被撤销,未撤销的银行网点,也减少了ATM机数量和服务窗口。

2.调查分析。人民币现金是国家法定货币。现金服务是最基础、最根本的金融服务,现金投放收储是银行业金融机构最基本的业务,在满足人民群众生产生活需要、服务实体经济、维护货币金融体系稳定等方面发挥着重要作用。假若停办现金存取业务的商业银行不断增多，不仅会影响消费者使用现金，进而影响正常的生产生活，甚至还将影响人民币现金的流通和形象。同时，这也意味着银行金融服务能力下降，继而影响银行业形象。

商业银行停办现金业务也不符合相关法律。《商业银行法》第二条规定：本法所称的商业银行是指依照本法和《中华人民共和国公司法》设立的吸收公众存款、发放贷款、办理结算等业务的企业法人。这意味着银行必须提供现金存款等服务。第二十九条：商业银行办理个人储蓄存款业务，应当遵循存款自愿、取款自由、存款有息、为存款人保密的原则。

3.概括总结。人民银行、银保监会对商业银行停办现金存取业务说"不"，很及时很必要。不仅保障了消费者合法权益，更传递鲜明的监管导向，即办理人民币现金存取业务，是商业银行网点的一条底线，任何实体银行的网点都不能只算自己的成本"小账"，还要肩负服务人民群众、服务大局的社会责任。

（素材来源：冯海宁《对商业银行停办现金存取业务说"不"，很有必要！》，《羊城晚报》2022年2月23日）

（九）《变了味儿的投票》

（图片来源：新华网）

【评述提示】

1.解读漫画。画面中醒目的社交网络平台微信的标志要素和其中一人喊出的"帮忙给我投一票",瞬间就能让人联想到在微信朋友圈里铺天盖地拉票、投票现象。

2.分析现象。微信朋友圈拉票,相信不少人已经从"帮一下吧"到深恶痛绝。有些家长为了给孩子投票,不惜给微信好友发红包,甚至去找网络刷票公司。近日,南京秦淮警方就接到市民张女士报警。张女士称,她为了让孩子在网络投票中拿第一,便花钱刷票,结果被骗。警方调查后发现,整个投票活动就是个骗局。

伴随网络技术的发展,越来越多的比赛活动采用网络投票的方式进行评选。为了让自己的孩子获得比赛的荣誉感,不少家长不惜在朋友圈拼人脉拉票,乃至花重金刷票。拉票之风的盛行,已然成为网络和社交圈里的怪现象。

不久前,《中国青年报》社会调查中心曾就"朋友圈为孩子投票"这一话题进行调查。在2043人中,近四成受访者经常收到求投票链接,45.6%的受访者曾参与过朋友圈投票,44.7%受访者认为"绑架式"朋友圈投票让人烦恼。一方是做父母的用心良苦,一方是做朋友的不胜其扰。这种以网络投票作为评选标准的比赛本身有失公允,而做家长疯狂拉票更是不自觉地把教育变了味儿。

"父母之爱子,必为之计深远。"很多家长让孩子参加比赛的初衷,是让孩子增长见识、获得肯定,然而结果却大相径庭。不少比赛为了加大对自身的宣传力度,悄然利用家长的这种心态。孩子的实力、参赛表现和作品质量等这些本该进行慎重考量的因素变得无关紧要,网络投票数反而决定胜败。如此一来,真正关注比赛本身的人微乎其微,比赛结果变成拼票数背后的拼人脉、拼财力。家长拉票看似为孩子用心良苦,实则并未着眼于孩子的长远发展。

新媒体时代，各种比赛的宣传推广手段无可厚非。但作为家长，为孩子选择参加何种比赛却要擦亮眼睛。赛程设置是否合理？比赛有没有权威专家的评判？孩子在参赛过程中能否在与小伙伴切磋技艺中获得收获？这些有利于孩子身心发展的参赛因素至关重要。否则，在以票数为决定因素的比赛活动中，孩子无论是否取得名次都容易受到误导。

也许很多家长认为，孩子的水平无法在比赛中获奖，借助拉票可以给予孩子更多的激励。但这种贪恋名次的做法与家长的攀比心态不无关系。正如北师大心理健康与教育研究所所长边玉芳所说，应该在日常的点滴生活中给予孩子肯定和鼓励。如果参加一项比赛，家长对结果的看重大于名次，孩子耳濡目染也容易变得功利。况且孩子的成长不能只靠点赞，刻意为孩子营造虚假的自信，孩子最终也只能获得虚假的成就。坦然接受成长中的成功和失败，家长应该为孩子上好这一课。而拉票显然与此背道而驰。

3.呼吁号召。著名编剧六六说，成年人呈现在孩子眼里的样子，就是这个世界现在的样子。我们渴望公平、美好、正义，却带领孩子做着抄小道、拼社会关系、走后门的事情，孩子自然看不到我们渴望见到的美丽世界。所以，如果想让一个孩子成为有大格局和大理想的人，就需要每个家长在每件小事上努力为之。如果我们把太多精力和时间花在术的精深上，而忽略道的广博，我们的教育就会变味。所以，请每一位家长理性慎重对待拉票，别让投机取巧的行为拉低了孩子的品格。

（素材来源：刘钰《朋友圈拉票 变了味儿的教育要不得》，搜狐教育2016年6月1日）

第二节　照片评述

照片评述中所指的照片是狭义的新闻图片中的新闻照片,是利用摄影技术制作完成的用于报道新近发生的事实的图片。这种最早源自报业发展并推动报业竞争的新闻报道形式,随着电视和网络的出现和发展,到现在依然被广泛使用。其中电视图片新闻就是一种。图片新闻是运用单幅或多幅新闻照片组接并配以画外音解说和评述的电视新闻报道形式。

照片评述通过对平面、静态的图片加以描述和解读,来剖析和评论图片所表现的现象及其本质。照片评述要求评述者对照片所反映的新闻事实具有一定的描述和概括能力,点明照片中的新闻要素,从而引入对照片所表现的社会现象和社会问题的口头评述。

一、示例分析

例一:《儿子带瘫痪父亲上大学　如今一起毕业"领证"》

(图片来源:视觉中国)

【评述】

　　照片里的这位年轻人是河南科技大学2018届本科毕业生赵德龙,坐在轮椅上的则是与他一同参加毕业典礼的父亲赵汉坤。

　　在2018年6月15日举行的河南科技大学2018届本科生毕业典礼暨学位授予仪式上,赵德龙的父亲获得了学院颁发的"双证":舐犊情深、亦师亦友"教子有方"毕业证,以及幸福快乐、精神矍铄"健康长寿"学位证。这份特殊的"毕业礼物"不仅表达了校方对赵德龙父子的祝福,还体现了社会各界对这位"孝心男孩"的认可。> 描述照片内容,引入人物

　　2015年8月底,赵德龙68岁的父亲脑血栓病情突然恶化,经过治疗,虽然病情有所稳定,但无法正常行走,生活也不能自理。因家中无人照顾,正上大二的赵德龙把父亲接到洛阳跟他一起"上大学"。为了更好地照顾父亲,他在校外租了一间房,一边上学,一边照顾父亲。学校得知情况后,经过协调,在学校腾出一间宿舍,并挂上"爱心小屋"的标牌,让他们父子免费居住。此外,老师、同学也纷纷伸出援手,学校还组织捐款、介绍勤工助学岗位。赵德龙更加刻苦学习,不仅英语过了六级,还获得了奖学金和助学金,学习之余坚持打工补贴家用。毕业后顺利找到工作的赵德龙表示,会好好工作并照顾好父亲,将来有机会回报社会。> 根据新闻素材讲述赵德龙"带父亲上大学"的事迹

简单点评：赵德龙带父亲上大学的事迹令人动容，他的身上体现着自强不息的奋斗精神与中华民族传统的孝道美德。除了个人的努力外，学校和社会各界的帮助和支持同样在其成长的道路上发挥了重要的作用。

（素材来源：弯文奎《儿子带瘫痪父亲上大学，如今一起毕业"领证"一起工作》，《河南商报》2018年7月12日）

例二：《菜场现"土味"防疫标语》

（图片来源：人民网）

【评述】

解读照片，引出话题：照片中所呈现的是菜场中某个摊位的场景，但比起摊位上任人挑选的新鲜蔬菜，一旁写着"青菜白菜和香菜，戴好口罩你最乖"的防疫标语似乎更加抓人眼球。

这句防疫标语出自江苏省张家港市杨舍镇七里庙菜场的某个蔬菜摊位，因其轻快诙谐同时又略带"土味"的语言引发了人们的关注与讨论。

　　事实上，类似的标语在这家菜场可谓随处可见，不同的摊位前摆放的标语也与所卖产品相呼应。比如，蛋类产品旁边的是"鸡蛋鸭蛋鹌鹑蛋，戴好口罩别怠慢"，菌菇类产品旁边是"香菇蘑菇金针菇，接种疫苗莫含糊"等，内容主要是提醒大家戴口罩、亮绿码、做核酸，提高防疫意识。一位前来买菜的居民表示，自己不自觉地就跟着标语念了一遍，觉得这些标语读起来很顺口，也非常有趣，读完也会马上检查一下自己的口罩有没有戴好。摊主王阿姨则说，这些顺口溜的宣传效果不错，不少顾客买菜之余还拍照发到网上，让防疫知识更加深入人心。

> 结合新闻材料，说明菜场设置"土味标语"的原因及其影响

　　菜场摊位上的"土味"防疫标语不仅为商贩吸引了顾客，还使防疫的观念融入买菜这件居民们的日常小事之中，使其更加深入人心，可以说是防疫宣传工作的一次新尝试。

> 简短评价

　　（素材来源：《江苏张家港：菜场现"土味"防疫标语》，人民网2022年3月23日；胡海涛《朗朗上口又"上头"！张家港菜市场的防疫标语火了》，《苏州日报》2022年3月25日）

例三:《国庆长假现无人值守"一元午餐" 引上千游客排队品尝》

(图片作者:王中举)

【评述】

描述照片内容,引出话题

　　这张照片拍摄于2018年国庆假期的第一天,5A级景区河南洛阳老君山推出无人值守的"一元午餐",一位游客正在自觉投币取用。

　　国庆期间,景区推出的"一元午餐"收获现场游客的大量好评,甚至吸引了上千人排长龙品尝。同时,其仅售一元的价格以及"无人值守,自觉投币"的销售模式也引发了网友的热烈讨论。

　　据景区负责人介绍,这份定价为一元的午餐,是由一碗当地的特色糁汤面,外加一根炸香肠组成。交费处无人值守,收款箱顶部完全敞开,方便人们自助找钱。投币全凭自觉,即使不投币也无人知晓,一样可以取饭。景区副总经理高红表示,老君山山高林密,气候多变,游客在山上用餐不便,她看到一些游客出游带着干粮、就着凉水下肚,心里不是滋味。国庆黄金周人多拥挤,所以他们尝试着推出了"一元午餐"。家常饭取材都在当地,成本也低,所以只收一元钱,而且无人值守、自觉投币,让大家能够体面地在山上吃上一顿热乎饭,也是设个门槛,让不需要的人别来凑热闹,避免浪费。没想到,一推出就颇受欢迎,游客也很文明自觉,经最后盘点,当日共卖出1200碗午餐,收入为1275元。"一元午餐"的推出,令现场游客纷纷称赞,他们品尝过后都说这饭超值。现场还有一些游客吃过饭之后,又转回钱箱处,再次往里面投钱,问其原因,他们说吃过之后感觉这个价格真的是太值了,想为这种精神和行为点赞,不想让他们吃亏。

> 引用景区负责人的话,说明投放"一元午餐"的初衷,并描述游客对此的反响

  景区提供的"一元午餐"体现了他们对游客的人文关怀,游客的自觉与热烈反响又回报了景区的信任,这种人与人之间的和谐关系未尝不是一道亮丽的风景。

> 三言两语精当点评

  (素材来源:杨彦宇《国庆长假现无人值守"一元午餐" 引上千游客排队品尝》,中国新闻网2018年10月2日)

二、练习提示

(一)《"放生"还是"杀生"》

(图片来源:新浪网)

【思路提示】

1.通过图片所提供的新闻事实引入评述的话题:到底是"放生"还是"杀生"?

2.围绕拟定好的主题进行深入分析和讨论,本来是善举的放生何故造成活鱼死亡。

3.最后概括总结,同时理性地引导舆论。

【内容提示】

1.描述图片,引入话题。据中国之声《央广新闻》报道,近日,有市民反映,有人将500斤的活鱼放生在北京一条水质污染严重的河道内,许多鱼入水不久便死去。事情发生在24号,在场市民拍摄的视频显示,当天上午十点多,两辆金杯车跟着几辆私家车,出现在通州潮白河东岸友谊大桥下。随后,十几个人抬着鱼筐,沿着河堤下到河边,并将整筐活鱼倒入水中。整个放生活动持续近十分钟,全程有人在旁边诵经祈福,个别放生者对着镜头亲吻活鱼后才将鱼放生。

2.客观分析,深入探讨。通州潮白河管理所的相关人员表示,潮白河没有达到放生水质标准,养殖鱼放进来注定会死,这种放生不仅是一种杀生,而且还违反河湖管理的相关规定。目前,潮白河通州段杜绝了这种放生行为,但潮白河属于北京和河北的界河,部分河段仍是管辖监控地带。通州水政人员表示,从以前的经验来看,放生鱼的存活率很低,而且极易造成水体污染。有市民放生巴西龟、巴西鲶鱼等外来物种,本地鱼被它们咬伤后,会得传染病,随后出现大量死亡。虽然市民放生是为了积德行善,但从动物保护、水体保养的实际情况来看,这样的做法的确适得其反。

3.概括总结。据在场市民统计,放生者共放生十余筐活鱼,总量应该有500斤左右。不过,由于这片水域近年来污染严重,而且周边新建小区将生活污水排放至此,还未得到有效整治,许多鱼在刚放生不久,便相继死去。

(素材来源:秦季维《北京数十人臭水中放生500斤活鱼 鱼入水即翻肚死亡》,央广网2016年4月27日)

(二)《高空"逼婚"为哪般》

(图片来源:新浪网)

【思路提示】

1.结合新闻事实,描述照片中女子"逼婚"的场景。

2.根据新闻报道,说明女子做出这一举动的原因以及事件的后续发展。

3.概括总结,分析男女双方的心理并进行客观的评价。

【内容提示】

1.结合新闻事实描述图片内容。在新密市一座高空玻璃环廊上,一女子穿着婚纱,表情严肃,她的身旁停放着一辆豪华电动汽车,汽车引擎盖上放着一个装满百万现金的箱子。在玻璃廊桥上还挂着一个醒目的条幅,上面写着:你敢走完全程我就嫁给你。

2.进一步分析。小静是父母的独生女,更是父母的掌上明珠,她的父母为了早点抱上外孙,一直在催婚。小静决定考验一下男友小宇,找了一个惊险刺激的高空项目。然而,当众人簇拥着小宇到桥口时,小宇却露出了惊恐的神情,不敢往前走。最后小宇有些生气地离开了人群。

3.概括总结。小静"逼婚"的举动是为了给男友一个考验,然而或多或少地忽视了男友本人的意愿。小静家境殷实,小宇的父母只是普通农民,两人的家庭状况大相径庭。除了令人望而生畏的高空项目以外,也许作为"激励"的豪车与百万现金也是让男方愤而离开的原因之一。

（素材来源：周坤锋《尴尬！河南95后姑娘高空备豪车和百万现金"逼婚"，男友临阵退缩》，《河南商报》2018年8月15日）

（三）《无路可走》

（图片作者：赵彬）

【思路提示】

1.结合新闻报道,简要描述照片所反映的现象。

2.根据新闻事实分析导致这一现象的原因。

3.对新闻事件进行概括总结。

【内容提示】

1.结合新闻事实描述照片内容。近日,有市民反映西安市健康西路路北人行道上停满了共享单车,严重影响了行人的通行,给城市形象带来很不好的影响。记者在现场看到,健康西路是一条双向三车道的东西道路,路北的人行道宽约6米,但因为共享单车的乱停乱放,行人根本无法行走。整条道路长600多米,路北人行道从东到西至罗家寨村口约400米几乎都被侵占。这些共享单车被随意地堆放在一起,车身肮脏,有的上面还沾满了垃圾。

2.分析原因。相关工作人员称,由于这条路相对偏僻,行人车辆都比较少,所以他们将此处作为临时中转调度点,将需要维修的车辆临时停放在这里,随后再拉到仓库进行维修。城管执法人员则表示,共享单车将这里私设成自己的临时调度站并没有经过城管部门的同意,他们每次前来执法都会联系共享单车相关管理人员,令其及时清理,但是情况并不乐观。

3.概括总结。共享单车乱停乱放影响行人通行,既有相关单位违规操作的原因,也在很大程度上受到了执法部门监管不力、处罚力度不足的影响。

(素材来源:赵瑞利《西安这条街道共享单车堆积如山 把行人都逼到机动车道去了》,《华商报》2018年7月8日)

(四)《千年遗迹成"告白墙"》

(图片来源:中国新闻网)

【思路提示】

1. 结合新闻报道，描述照片所反映的问题。

2. 通过调查分析，指出这一现象出现的原因。

3. 说明博物馆应对此采取怎样的对策，才能从根本上杜绝此类现象再次发生。

【内容提示】

1. 描述照片内容。近日，有网友发文称，开馆仅10余天的陕西考古博物馆内，有多处展陈装置被游客破坏。从网友发布的图片中可以看到，陕西考古博物馆一楼展厅内陈列着一些切成立方体的土块，土块上存在明显的缺角、开裂以及人为划痕。另一件西汉时期的彩绘漆箱复原品上，也有触摸后留下的指纹印。更荒唐的是，馆内的千年地裂喷砂遗迹，竟然成了某些人的"告白墙"，上面满是爱心之类的涂划痕迹。

据该馆讲解员介绍，这种破坏是不可逆的。

2. 调查分析。陕西考古博物馆工作人员证实，陈列和互动设备已有十余处受损，有一处地裂喷砂的遗迹，历史约有千年，也遭到游客的触摸，上面被涂抹了很多爱心符号，成了一个"表白墙"。造成损坏的主要是原始生土块、夯土以及地震裂隙遗迹等，由于其化学性质的原因暂时没有放置玻璃罩。馆内其他文物真迹都在展示柜中，基本没有受到影响。

工作人员还表示，博物馆目前有安保人员进行巡查、劝阻，但因为游客较多，除了露在外面的土块外，还有很多互动设施也遭到严重破坏。

3. 提出解决方案。从实用的视角来看，尽快加强展品安保工作，阻止同类现象再度发生，无疑是陕西考古博物馆的当务之急；而在宏观层面上，如何切实提高游客群体观展素质，向大众普及尊重历史、爱护文物的文博理念，同样是值得广大文博人认真思考的问题。面对令人心痛的现状,我们既要化解眼前的危机,也要从根本上解决问题。前者治标,后者治本,标本兼治,方为良策。

(素材来源:《陕西千年遗迹成"告白墙" 讲解员称"破坏不可逆"》,中国新闻网2022年5月12日)

(五)《如此解压》

(图片来源:视觉中国)

【思路提示】

1.根据新闻报道与照片所呈现的内容对"解压馆"进行简单介绍。

2.通过调查,分析"解压馆"受年轻人追捧的原因以及大众对其的看法。

3.概括总结人们对"解压馆"的态度。

【内容提示】

1.描述照片内容。西安北郊一家解压体验馆里,将自己包裹得严严实实的男性顾客在封闭的房间里挥舞棒球棍,将放在铁皮油桶上的啤酒瓶一个个击得粉碎,以此释放压力。这家解压体验馆的合伙人王新表示,顾客进发泄屋砸酒瓶、砸电视、电脑等旧电器,必须穿着防护服、戴头盔和橡胶手套,这样可以防止飞溅的玻璃碎片伤着身体。在暴力发泄屋里,被砸的最多的是啤酒瓶。一名顾客则在"发泄"结束后表示"感觉特别轻松"。

  2.调查分析。解压馆的前身可追溯到2008年全球金融危机期间圣地亚哥出现的"莎拉摔盘小屋"。类似"发泄屋"近年来也开始在国内一线城市出现。来解压馆消费的大多是90后甚至00后年轻人,以情侣、闺蜜、年轻白领、学生以及亲子为主。王新也表示,选择把解压馆开在西安是因为"西安是网红城市,年轻人对新鲜行业接受快"。

  在受到年轻人追捧的同时,解压馆也面临着一些反对的声音。"想要释放压力,一定要去砸碎东西吗?"有网友评论,大部分年轻人可能把这当成嬉笑玩闹,但不排除这样的发泄会助长少数人暴力倾向,尤其心智还不成熟的小孩子,容易在这样的场景中形成压力大就摔东西的认知误区。一名投资人士则表示,"对于投资行业来说,我们更多需要思考,鼓励年轻人去打砸陶碗、酒瓶、键盘是否合适,这一新兴消费是否有更多可持续的正能量场景?"

  3.概括总结。解压馆的出现迎合了眼下年轻人因生活压力而产生的"发泄"需求以及追求新鲜事物的心理,因而占有一定的市场。但同时也有观点认为,通过打砸物品进行解压的行为不仅暗中助长暴力倾向,也造成对物资的浪费。

  (素材来源:《西安:90后男孩合伙开解压馆 顾客砸酒瓶释放压力》,新浪网2019年6月12日;袁璐《摔碗、扔酒瓶、砸电脑键盘 解压馆里藏了多少负能量?》,《北京日报》2021年10月23日)

三、训练题库

（一）《袁隆平铜像长沙揭幕》

（图片作者：杨华峰）

【评述提示】

1. 解读图片。照片所展现的是"杂交水稻之父"、中国工程院院士、"共和国勋章"获得者袁隆平的铜像。2022年4月2日，该铜像在湖南省农业科学院院内稻圣广场揭幕。铜像展现袁隆平院士中年时的形象，安放的位置正好面向他的实验田。铜像底座上镌刻着袁隆平的手迹"愿天下人有饱饭吃"几个大字。

铜像揭幕后，在家人的搀扶下，袁隆平院士夫人邓则以及袁隆平院士生前同事、学生等，向铜像献花，并绕铜像一周。"我们永远铭记袁隆平先生禾下乘凉梦、杂交水稻覆盖全球梦和愿天下人都有饱饭吃的宏愿，为国家种业科技自立自强和种源自主可控，为国家粮食安全及弘扬袁隆平先生科学精神赓续前行、不懈奋斗。"湖南省农业科学院党委副书记余应弘说。

2. 简单介绍袁隆平院士的成就与社会各界对其的追思。袁隆平是世界上第一位将水稻的杂交优势成功地应用于生产的科学家，几十年来致力于杂交水稻技术的研究、应用与推广，为中国粮食安全、农业科学发展和世界粮食供给做出了巨大贡献。去年5月22日，袁隆平因病医治无效在长沙逝世，享年91岁。同年11月15日，袁隆平院士追思会暨灵骨安放仪式在长沙市唐人万寿园陵墓举行。

3.概述事件影响。唐人万寿园陵墓工作人员范政表示，平日前来祭拜袁老的人不断，有很多水稻科研者经常来汇报工作进展。袁老牵挂的杂交水稻事业也仍在向前。"袁院士生前关心的三大主要研究任务是：超高产水稻、第三代杂交水稻和耐盐碱水稻。袁老去世后，这三块都在稳步推进。目前，杂交水稻已实现双季周年亩产3000斤，第三代杂交水稻新近品种'叁优一号'双季晚稻产量也很高。" 袁隆平院士的秘书杨耀松说。

(二)《面具破解人脸识别？》

（图片来源：看看新闻）

【评述提示】

1.描述图片内容。照片中一名男子正举着一张"人脸"面具，通过对比不难发现，这张面具从外观上和男子本人的脸可以说高度相似。近日，美国一家人工智能企业耐能（Kneron）宣称自己能够用面具完成微信支付、支付宝、铁路刷脸进站等的人脸识别，这引发了人们的关注与议论。

2.调查分析。针对这一消息，支付宝团队回应，此前试图联系这家企业获取详细信息，但是对方将该新闻及视频下架，没有提供更多信息。微信方面称，目前已采用多项技术，可以有效抵御视频、纸片、面具等攻击。两家支付企业均表示，如果出现刷脸支付导致盗刷也可以申请全额赔付。专家表示，以目前的技术，基于活体识别的人脸识别确实仍有一定概率会被面具破解。专家介绍，在网上公开自己的高清照片，确实有可能被3D建模，制作出高精度的面具，最好的办法还是保护好个人生物信息。

3.概括总结。人脸识别作为一项尚未发展完善的新技术，在为人们的生活带来便捷的同时也存在一些安全隐患，"人脸"面具的出现一定程度上使这种风险从假设变成了现实。人脸面具对人脸识别技术的发展与推广无疑是一次考验，对消费者则是一种警示，在科技水平高速发展的当下，我们务必保护好个人的信息安全。

（素材来源：陈俊杰《面具破解人脸识别？支付宝、微信：如有盗刷可赔付》，看看新闻2019年12月17日）

（三）《如此摆拍》

（图片来源：平安北京）

【评述提示】

1.描述图片内容。在照片中，一名男子正站在一辆停在马路中间的吉普车上，手舞足蹈地进行短视频的拍摄。男子在摆拍的同时，车辆两侧还有其他车辆驶过，其危险程度不言而喻。

2.调查分析。该视频在网络平台流传引起了网民的自发举报，北京警方根据网民提供的线索立即展开调查。经查，4月12日下午，视频中的蓝色吉普车使用人刘某，与视频中的男子张某等朋友在朝阳某小区相约见面。刘某驾车到达后，将车停在东坝中路北向南方向车道中间。张某看到车外观漂亮，为了增加其在某视频平台上的粉丝数和点击量，便提出"站在刘某车上摆拍"的想法。刘某同意并为其拍摄了多段视频。事后,张某将其中一段视频上传某短视频平台,近日被转发至微博平台并引发关注。

5月22日,警方传唤张某和刘某,两人对自己的违法行为感到后悔,对造成的不良影响表示歉意。目前,两人因扰乱公共场所秩序被朝阳公安分局依法行政拘留。

3.客观评价。在短视频大受追捧的当下,数以万计的"网红"或视频拍摄者为吸引眼球绞尽脑汁。追求流量本无可厚非,但采用的手段应当合理合法。在有车辆行驶的马路中央进行摆拍的行为严重扰乱了公共秩序,也造成了不良的社会影响。这一事件的发生折射出视频拍摄者在法律与公共安全意识上的严重不足,也在一定程度上反映了某些短视频平台在作品内容审核方面存在的漏洞与不规范。

(素材来源:李季《北京一男子站在停靠路中间车上摆拍 已被行政拘留》,中国新闻网2020年5月24日)

(四)《脱单便利店》

(图片来源:中国新闻网)

【评述提示】

1.解读图片。照片中所呈现的是成都市一家"脱单便利店"中的景象,一名女子正面对一面陈列着"脱单胶囊"的展示墙挑选"商品"。据店内工作人员介绍,蓝色瓶子是男生信息,粉色瓶子是女生信息,花29.9元投放服务费就可以将自己的信息存放在胶囊中,花3元就可以拆开胶囊获取别人的信息和联系方式。店内共有三面胶囊墙,分别为00后、90后、80后的胶囊信息。胶囊外部写着工作地点、出生日期、理想型配偶等简单的信息,购买后便可看到里面的详细信息。

老板施先生表示,便利店生意非常火爆,开店接近一个月,店内已经有1000多条信息,平均每天都有近百人来"买"信息,周末更是爆满,全都是来找对象的。

2.调查分析。当代年轻人拒绝父母带简历去人民公园,转头却花钱把个人信息留在"脱单便利店",这家店,究竟卖的是什么?

对于"脱单胶囊",不同的人群显然有不同的观点:有人为了找对象而来,也有人是出于好奇想了解其运作模式;有人认为有趣、好玩,也有人表达了担忧:脱单胶囊交换个人信息,算违法吗?是否会侵犯个人隐私?或是涉及贩卖信息的问题?

对于这些问题,律师表示:"本新闻中所描述的脱单胶囊系本人自愿交纳近30元给店主供其信息投放,应为自愿许可。而该店经营者将他人同意披露的脱单个人信息,以收取3元费用的形式提供给他人,应该属于类似婚介公司所收取的中介费用。"但律师提醒,如果没有按照明示的方式处理信息或者处理信息违反法律、行政法规的规定和双方的约定,则可能构成侵犯隐私权。

3.概括总结。"脱单便利店"在满足当下年轻人情感需求的同时,以其有别于传统婚恋产业的新颖模式吸引了大量的关注,同时也引发了一些讨论。作为一种新兴产业,"脱单便利店"在自身发展的同时应严格遵守相关的法律规定,避免出现侵权行为。

(素材来源:彭惊《3元就能"买"爱情 脱单便利店卖的究竟是什么》,《成都商报》2021年9月12日)

(五)《"楼顶驾校"》

(图片来源:《人民日报》)

【评述提示】

1.解读图片。日前,一段关于重庆市康桥汽车驾驶培训有限公司在7楼楼顶练车的视频,在各大视频平台流传。从视频中可以看到,在重庆某处建筑物的楼顶天台上,驾校在地面画了白线,让学员练习停车入库、拐弯等项目。紧接着,画面一转,只见楼顶驾校的周边全是楼房。在视频中,一名钱姓教练表示,驾校在7楼,离地面约有20米,面积有6000多平方米,可容纳10台车同时练习,周边不光有护栏,还用钢筋搭了几层,安全措施肯定要做到位。

对此,有网友调侃称"这么练车通过率肯定100%",还有网友表示了担心,万一有学员错将油门当刹车,从楼顶冲出去,后果不堪设想。有网友以驾校学员的身份表示,练习场地周围的墙壁没有任何围挡设施。

2.调查分析。楼顶能否作为驾校的训练场呢?据相关媒体报道,此前在武汉、深圳等地,有驾校开在楼顶,供住在附近的学员练车。经媒体曝光后,当地交通部门均进行了查处。2014年6月1日正式施行的《机动车驾驶员培训教练场技术要求》显示，小型车辆驾驶员培训场地面积最低限度为1万平方米，而康桥驾校楼顶训练场约有6000多平方米，不符合规定。同时，康桥驾校在网上公布的资料显示，该公司成立于2012年11月，是经运管部门许可的二类驾校，驾校拥有主城区面积最大的标准化训练场地。不过，该场地在九龙坡区华福路。

"驾校的场地没有进行备案，我们在今天下午3点多的时候约谈了驾校负责人。"一名交管所的工作人员表示，楼顶练车是否违规，自己还在查询相关法律法规，最后会给出一个明确的说法。"相关问题还在处理，我们已告知驾校停止使用场地。"

3.概括总结。驾校将学员练车的场地设置在楼顶的行为存在巨大的安全隐患，在程序上明显不符合当地交管部门的相关规定，"楼顶驾校"的出现暴露出该驾校安全意识与法律意识的淡薄，也在一定程度上说明了有关部门的监管不力。对此类行为理应及时叫停，方可保证驾校学员与周边居民的生命财产安全。

（素材来源：曲鸿瑞、宋剑《重庆"楼顶驾校"走红　相关部门：无备案　已要求停用》，《重庆晨报》2020年11月20日）

（六）《录取通知书夹带"烧脑题"》

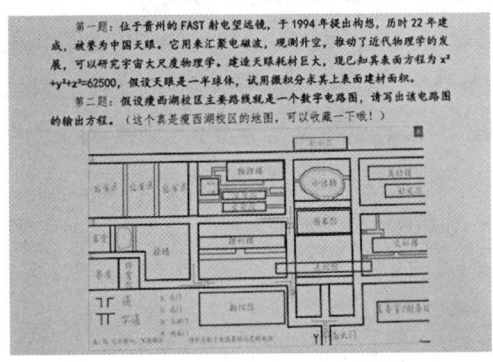

（图片来源：澎湃新闻）

【评述提示】

1.描述图片内容。照片中呈现的是一道需用微积分知识解答的数学题,以及一道根据扬州大学瘦西湖校区地图设计的数字电路图题,这两道题目正是扬州大学物理学院随录取通知书一并寄给2018级新生的一份特殊"礼物"。

2.调查分析。扬州大学招生办一位工作人员表示,根据学院特色设计"入学礼物"随录取通知书一起寄给新生是学校多年的传统,这也是一种为新生进行提前专业教育的方式。该工作人员向澎湃新闻介绍,扬州大学共有28个学院,校方并未要求各个学院随录取通知书寄出"入学礼物",但各学院都会"各显神通"。今年,除了物理学院别出心裁的题目外,该校农学院设计的草制书签配手写"土味情话"、机械学院制作的带有学生姓名的3D打印齿轮都收获不少好评。

电路图题目的设计者、扬州大学物理学院大三学生刘江岚表示,"图中的A、B、C代表了同学、老师和自己,四个门电路也就代表了大学四年,四年我们互相交融、合作、学习,最终才能顺利地不留遗憾地走出学校大门。"说起设计理念,刘江岚介绍,题目难度其实并不高,"我想通过这道题告诉学弟学妹们,大学也并不是同学们初高中所憧憬的舒适放松的大学,而是指引我们走向广阔光明大道的指路灯塔,我们需要更加努力。"

3.概括总结。扬州大学随录取通知书寄给新生的两道题目引发了网友的热议,有人认为很有新意,但也有新生吐槽题目"烧脑"。对此校方表示,这既是培养准大学生们对未知学科与专业的兴趣,也是表现学校对他们的一种欢迎与祝福。

(素材来源:胡芮默《录取通知书夹带"烧脑题" 扬大:培养新生学科兴趣》,澎湃新闻2018年7月27日)

(七)《歌声与特产"齐飞"》

(图片作者:范丽芳)

【评述提示】

1.解读图片。照片中两位正在直播"带货"的主播是革命老区山西临县以售卖当地特产为主的店铺老板。为了向采访团展示地方文化在网络上的魅力,薛二兵着一身蓝色长袍坐定,一边弹拨三弦一边唱,他演奏的是山西省级非物质文化遗产保护项目"临县三弦书"。成功"转型"的电商问荣浩也表示,自己经常邀请临县有特色的主播,每天晚上定点直播,聊天、唱歌,尤其是当地的伞头秧歌,网友很喜欢,销售额也跟着上来了。

2.调查分析。临县地处晋陕黄河峡谷中部、吕梁山西侧,革命战争年代,中央后委机关、中共中央西北局、陕甘宁边区政府均曾驻扎于此。同时,因交通不便、土地贫瘠,临县也曾是山西深度贫困县。在决战决胜脱贫攻坚过程中,临县因地制宜,成立电商扶贫创业园。

临县加快电子商务向农村特别是贫困村的覆盖,借助京东、苏宁、天猫等电商平台下乡战略,让临县农特产品搭上电商快车,同时吸引了大批热爱家乡的青年返乡创业。一边传播地方文化,一边直播售卖红枣、核桃、蜂蜜、小米、小杂粮、枣木香菇等临县特产,曾经的国家级贫困县,电商生意做得风生水起。

"有的曾经是贫困户,从事电商以后不仅脱贫还致富了;有的店铺销售量大增以后,直接或间接带动脱贫的效果明显。"临县电子商务管理中心主任高利明坦言,近年,越来越多的人进入直播带货领域,电商压力剧增,"要可持续发展,就必须让团队规范、相互协作,保证产品质量,保持学习和交流热情"。

3.概括总结。临县虽因地域原因长期贫困,却在决战决胜脱贫攻坚的关键时期抓住了电商直播的重要机遇,因地制宜地成立电商扶贫创业园,不仅成功增加了乡民的收入,提高了其生活水平,还在售卖当地土特产的同时向全国输出了其富有特色的地方文化，可谓是一次十分成功的转型尝试。

（素材来源：范丽芳、李昊《直播间的革命老区山西临县：歌声与特产"齐飞"》，中国新闻网2021年4月30日）

(八)《"反广场舞神器"能解决噪音问题吗?》

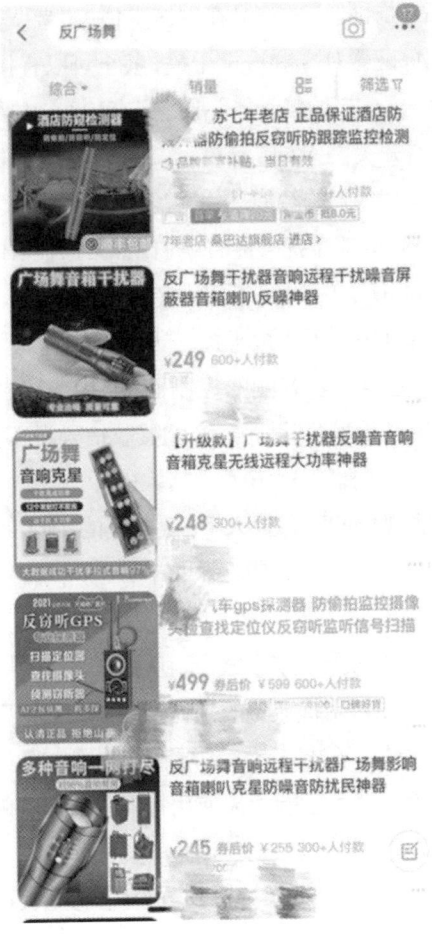

（图片来源：中国新闻网）

【评述提示】

1.解读图片。图片中所展示的是某网络购物平台的商品页面，在搜索栏输入关键词"反广场舞"后出现的商品列表，"多种音响一网打尽""广场舞克星""专业反噪，还你清静"等宣传标语扑面而来。

2.调查分析。为了反击广场舞的高分贝大喇叭，近日一款名为"反广场舞音响神器"的商品在网络走俏，记者调查发现，这款"神器"通过屏蔽器对音响进行干扰，甚至可以直接暂停播放设备。小巧便携的"反广场舞神器"重量只有128g，内置锂电池和智能芯片，尾部有开关。一位店家表示，"反广场舞神器"的原理是红外智能解码，用内置的智能芯片干扰音响。所以，这就意味着，"反广场舞神器"只能干扰智能音响，比如带遥控器的音响、蓝牙音响、插卡音响、U盘音响等，而室内音箱、桌面音响、室内KTV、高音喇叭、收音机等则不能被干扰。"反广场舞神器"用起来也是有要求的。"一定要对着音响的控制面板，因为控制面板上有个接收器，我们通过神器发射信号，音响接收信号才可以被干扰。所以，没接收器的音响也干扰不了。"店家告诉记者，神器需要去现场操作，不能去现场的不建议入手。像这样的"反广场舞神器"单价在150元—400元，线上售卖店铺非常多。某拼购平台上，最高销量超10万件。

那么，这样的"反广场舞神器"能从根本上解决噪音问题吗？对此，有网友表示："困扰多年的烦恼，被神器解决了。"同时也有反对的声音认为"总不能一直拿着屏蔽器守着大妈们吧，这样也打乱了自己生活。""不可能天天使用神器去暂停音响，也无法从根本上解决问题。"

3.概括总结。"反广场舞神器"透露了很多居民的无奈，但这一做法是否可取有待商榷。居民需要安静的休息环境，老年人需要锻炼与交际的场所，这两方面的需求本身都无可厚非，如何在二者之间找到一个双方都能接受的平衡点，需要我们进行更多的尝试。

（素材来源：姜婧仪《"反广场舞神器"走俏 能从根本上解决噪音问题吗？》，《扬子晚报》2021年10月9日）

（九）《副处长体验送外卖12小时赚41元：这钱太不好挣》

（图片来源：北京日报微信公众号）

【评述提示】

1.解读图片。近日，北京卫视系列纪录片《我为群众办实事之局处长走流程》播出。在该纪录片中，北京市人社局劳动关系处副处长王林拜师外卖小哥，体验了一天送外卖的感觉。出发前，王林订下了当天要挣一百块钱的"小目标"。接单后的王林，遭遇了"离送餐时间还有14分钟，但导航显示还有24分钟才能到"、送餐电动车被夹在机动车之间难以前行等种种"难题"，最终在12小时竭尽全力只完成5单送餐，赚了41元。体验完快递小哥的生活后，王林累瘫了，坐在马路边感叹："真的太不容易了，我觉得很委屈，今天跑了那么长时间，就挣这么点钱，离我的100块钱的目标，差那么多。"

2.调查分析。节目播出后,引发众多热议。网友纷纷留言感叹:"挺心酸也挺真实,只有体验过,才知道不容易,才懂得委屈。"网友对干部深入基层体验生活表示赞扬:"从人民中来,到人民中去。""希望各个领导都下基层体验一下生活。"

对外卖、网约车这种新业态职业的实际体验,让王林对以后的工作有了更多的想法。"通过'走流程'这次体验,我们对这两个行业从业者的身份有了一些具体的感受,主要的感受就是原来我们可能在政策制定的时候会有一些纠结的问题,比如说确定他们之间的义务关系等,但是通过这次'走流程'活动,我感觉更多的就像我的师父说的,千万不要一刀切。我们的政策是给劳动者和平台来制定的,不应该坐在办公室里空想,应该充分体现出他们的诉求,这样才是为群众办实事。"

3.概括总结。长期以来,政策落地难始终困扰基层施政,有的基层干部曾抱怨"政策制定者不懂政策",不懂问题所在,出台的看上去好的政策到头来也难以解决问题。为群众办实事,就应该多迈开腿,用脚步丈量一线。与只坐在办公室拟政策相比,带着问题下基层,走到货车司机、外卖小哥、离退休老人等群体身边倾听他们的心声,在一线调查核实,出来的政策才更接地气。

这样的体验最终会不会沦为作秀,关键要看能否真真切切解决实际问题。希望"走流程"的体验不要水过地皮湿,而要透地三尺,进一步研究建立台账、解决问题,并形成长效机制,将为群众办实事进行到底。

(素材来源:《副处长体验送外卖12小时赚41元:这钱太不好挣》,《华西都市报》2021年4月29日)

第二部分
模拟主持

第四章　新闻节目模拟主持
第五章　社教节目模拟主持
第六章　文体节目模拟主持

概 述

模拟主持是口语表达训练的重要内容之一。

模拟主持就是在虚拟的情境下进行节目主持,并非正式播出的节目主持,而是模拟真实节目主持过程的语言表达训练。

模拟主持一般根据既定选题或节目素材,改编成一档短小的、适合广播电视媒体播出的完整节目或节目片段。模拟主持的内容和形式多种多样,既可以模拟现有的节目,也可以在虚拟情况下自行设计新的节目。模拟主持的节目大致有新闻类、社教类、文体类等,基本上涵盖了目前主流媒体的大部分节目类型。

模拟主持不仅是播音与主持艺术专业训练的有效途径,也常常被用作选拔播音主持人才的重要手段。模拟主持训练可以加强语言的驾驭能力、节目的把控能力,对播音主持业务综合能力的提高也具有切实有效的辅助作用。

模拟主持具有如下特点。

一、素材依据的真实性

进行模拟主持训练的素材依据必须具有真实性。无论哪种类型节目的模拟主持素材,都必须是真实有效和有据可查的文字资料或影像资料。只有真实的素材依据才具有典型性和代表性，能够反映一定的社会现象和社会问题，同时也具有一定的说服力。

二、表达语境的虚拟性

模拟主持的语境是虚拟的，但是创作主体的创作状态力求真实，通过想象和假设演播环境以及媒体受众来进行模拟的节目传播。在某些情况下，模拟主持的语境与真实节目录制的语境完全相同，只是后者属于正式播出，而前者注重实验效果。

三、语言运用的生动性

因为模拟主持的目的在于语言表达技能的训练及人才的选拔，所以在模拟主持当中同样注重语言运用的技能技巧，从而达到语言生动、形象、具有感染力的艺术效果。

四、节目片段的完整性

模拟主持往往受时间限制而呈现为短小的节目主持或一档节目中的片段。无论是完整的节目主持还是节目主持的片段，都应具备完整性，或者说相对的完整性。

模拟主持的表达实践由于节目类型的不同而有所不同，本部分将根据节目类型划分章节，分别阐释不同类型节目的表达特点以及模拟主持的具体实践要领。

第四章

新闻节目模拟主持

一、节目表达特点

(一) 评论为主

新闻消息类节目以播报为主,有些可以主持,只是用简短的串联词和一两句评论来起到承上启下的作用。新闻节目模拟主持的训练主要以新闻评论为主,尤其是对新闻事件本身以及相关问题的评述,这既是新闻节目模拟主持的重点,也是难点。

(二) 叙述为辅

叙述为辅主要是指新闻评论中包含对新闻事实的描述,对新闻事件的来龙去脉和关键细节要有简短的描述,这是阐发评论的基础。

(三) 思路清晰

新闻节目的模拟主持一定要逻辑严密、论证充分、言之有物，而思路清晰则是完成好这几点的保证。

在节目的开始和结尾，主持人要说开始语和结束语。开始语一般是对受众的问候、自我简短介绍和抛出新闻由头；结束语一般是对新闻事件的总结和对结论的概括、升华，以及对受众收听收看的感谢和礼貌的道别。

二、具体实践要领

(一) 理清脉络

拿到新闻稿件首先要仔细阅读，弄清楚新闻事件的来龙去脉，这个步骤很必要。通常阅读是发现问题的关键环节。

(二) 提炼观点

能够在新闻事实中寻找问题、发现问题并提炼出客观公正的观点，这是新闻评论的重中之重。提炼观点一定要立场坚定、态度鲜明，有些问题可以从多个角度去审视，我们应该站在一定高度，要与主流媒体的观点相一致。

(三) 辩证评述

辩证的思维在新闻评论中要贯穿始终，任何新闻事件的发生都有其偶然性和必然性。评论要言之有理、言之有物，思考问题要变换角度全方位判断，客观、辩证的评价才会让人信服。

(四) 深入浅出

我们在对某一新闻事件进行评论的时候应该考虑到受众的接受能力，而且说理也要讲究技巧。很少有人愿意听长篇大论的说教，因此我们在评论时深入浅出地从小处着眼，在高处点题，会达到不错的效果。

新闻节目模拟主持有的时候需要先对新闻素材进行播读或者复述，所以在新闻节目模拟主持中，播报能力和描述复述能力都能得到综合的锻炼和体现。

本章根据内容和方式的区别，分为两节，分别是新闻节目的"观念评析"模拟主持和"意见评析"模拟主持。

第一节 观念评析

观念，通俗地讲，就是人们在长期的生活和生产实践当中形成的对事物的总体的综合的认识。它反映了客观事物的不同属性，同时又加上了主观理解的色彩。人们自身认识的历史性和阶段性，决定了人们的认识会因时间的变迁而与时俱进地发生变化。

观念评析模拟主持是对一个特定话题的简短分析和阐述，通过主持人个性化的语言来表达社会群体中的主流意识。

一、示例分析

例一：雷锋精神永不过时

【模拟主持】

> 设计好开始语，用两个问答巧妙地引入话题

您好，观众朋友，欢迎收看《每日话题》。

1963年3月5日，毛泽东题词："向雷锋同志学习。"从此以后，每年的3月5日都成为全国人民纪念和学习雷锋的日子。近50年来，面对经济社会生活的巨变，今天的人们还有没有必要学习雷锋精神？雷锋精神会不会过时呢？答案是雷锋没有过时，时代需要雷锋精神！

> 在现今社会当中仍然需要雷锋精神，并通过举例子来对此加以阐释

雷锋作为一位伟大的共产主义战士、全心全意为人民服务的楷模，曾经鼓舞了一代又一代青年人。今天的社会虽然在物质层面取得巨大进步，但在精神层面仍需要雷锋精神。

今天，依然有许多"活雷锋"。见义勇为、扶贫济困等雷锋精神的优良传统，在社会中继续得到发扬。结人梯救助落水儿童的大学生、机智阻拦飞车抢匪的"抢车男"，以及每年评选的"感动中国人物"等，这些人没有什么豪言壮语，在生活中也普普通通，但在他人有难之时，他们敢于站出来，以自己的行动，实实在在地诠释着雷锋精神。

2022年北京冬奥会期间，有超过1.9万名赛会志愿者和20余万人次的城市志愿者参与志愿服务，他们是温暖这个冬天的雪花，他们把自己的志愿化成一道冬日的光，凝聚成温暖世界的力量。热

心公益、善待他人、奉献社会，这些雷锋精神的代名词，在志愿者精神中得到全面体现。

"人的生命是有限的，可是为人民服务是无限的，我要把有限的生命，投入到无限的为人民服务之中去。"雷锋的这句朴实话语，在这些新时代的"雷锋"身上得到了充分体现。

"活雷锋"虽然有很多，但是还不够。许多丑恶社会现象依然在提醒人们，社会需要更多的"雷锋"。七旬老人摔倒街头无人扶，孕妇公交车上无人让座突然昏厥，以及一些党员干部中饱私囊等社会丑陋现象，让人痛感雷锋精神的缺失。"雷锋同志没户口，三月来了四月走"等顺口溜，也暴露出一些人在学雷锋时过分强调形式、不注重实质的问题。

> 一个转折，从现实中雷锋精神的缺失来进一步说明社会需要"雷锋"

一个社会的正常运转，离不开法律法规等硬性规范，同样离不开道德的约束。从这个角度来讲，越是在经济发展、社会进步的关键时期，我们越有必要理直气壮地弘扬雷锋精神，越有必要让雷锋精神深入人心。

> 呼吁全社会弘扬雷锋精神，并恰当结束模拟主持

好，感谢收看今天的《每日话题》，明天见！

（素材来源：任俊明《雷锋精神永不过时》，新华网2010年3月5日）

例二：和"伪幸福"说再见

【模拟主持】

观众朋友，您好，我们一起来关注《世间百态》。

不久前一份《中产家庭幸福白皮书》发布调查结果：经济发达的深圳、北京、上海、浙江幸福指数最低，成为中产家庭心中"不够幸福"的城市，或者称为"伪幸福"城市。据说一群"80后"的北京"小白领"，在自办的春节联欢晚会上自编自演情景剧，戏说每月刚领工资立刻成了"卡奴""房奴""车奴""衣奴""礼奴"等，结果发现工资白领了。这正是都市白领"伪幸福"生活状态的一种体现。然而现实中，有人愿意继续"伪幸福"，而有人则追求"真幸福"，和"伪幸福"说再见。我们今天的《世间百态》就和您一起来思考都市白领的"幸福在哪里"。

2010年春天，中国一线城市里暗涌一股"白领返乡潮"，越来越多的白领开始审视自己的处境，欲离开曾经梦想的一线城市，和"伪幸福"说再见。统计显示，在中国一线城市，萌生离开念头的白领人士有近八成，具体比例为76.2%。

许多年来，经济发达的一线城市用它独特的魅力吸引了大批年轻人。他们十八九岁怀揣年轻的理想挤进一线城市上大学，梦想着毕业后成为都市白领一员，拿着高薪感受大城市的繁华，且拥有优越的社会地位。可是，工作数年后，城市的

- 设计好开始语，从一份调查结果引入话题

- 深入剖析中国一线城市中"白领返乡"现象，从生活现状等方面来分析这一现象

现实告诉他们，留下来不等于实现梦想。他们日复一日地"蜗居"，挤公车、地铁，早出晚归，疲惫和压力让他们喘不过气，青春被城市划伤。这时，他们发现幸福感和归属感是他们的真正梦想。在快节奏、高压力的工作和生活中，他们一般感到不幸福，没有优越感，更没有归属感。据统计，76%的中国一线城市白领处于亚健康状态，近六成处于过劳状态。

他们见识了梦想都市的灯红酒绿，优越感淡去，伪幸福来袭。这群白领开始羡慕回家发展的老同学。从前的老同学在二三线城市的家乡发展，有的已事业小成，有的已结婚生子，享受着平静的小幸福。而自己，挣扎在一线城市，前路茫茫，整日为工作而焦虑、担心。

"幸福在哪里？"白领群体开始审视自己未来的出路。他们在感到身心俱疲之时，就开始质疑自己的梦想和生活，在一线城市为生计奔波的同时，张望二三线城市的幸福和希望。

他们没有陪伴，没有依靠，没有幸福。在一线城市的高压工作下，他们转变职业发展的理想，回乡工作。这不仅是白领的一种理智选择，更是中国经济飞速向前带给人们的思考。一线城市白领的"返乡"，表层是高房价对他们的"挤出效应"，背后隐藏的却是白领阶层对幸福人生的翘首以盼以及对"伪幸福"说再见的勇气。

> 概括总结，分析结果，揭示本质，并恰当地结束模拟主持

好，今天的《世间百态》就到这里，下期节目见！

（素材来源：张乾铄《一线城市白领和"伪幸福"说再见的背后》，中新网2010年5月10日）

二、练习提示

(一) 端午是"假",更是"节"

【思路提示】

1.根据话题设定节目名称,设计开始语,引入话题。

2.从题目可以看出"假"和"节"在这里是递进关系,明确话题重点。

3.话题主持更应侧重其所蕴含的历史和文化价值。

4.最后结束话题,结束语与开始语相呼应。

【内容提示】

1.端午节是个传统节日,有很多中华民族代代相传的节日习俗,如吃粽子、赛龙舟、挂艾叶、喝雄黄酒、佩香囊、悬钟馗像等。

2.关于端午的由来有诸多传说,但纪念伟大民族诗人屈原是流传最广的说法。屈原坚持自己的政治主张,决不随波逐流,以自己的生命谱写了一曲壮丽的爱国主义乐章;他奉行"路漫漫其修远兮,吾将上下而求索"的追求真理的精神;他践行"苟余心之端直兮,虽僻远其何伤"的执着斗争精神……他的忠贞不渝,赢得了广大人民的尊重和怀念,后人在他投江的这一天通过各种方式纪念他,寄托对这位伟大爱国诗人的无限崇敬。

"何处招魂,香草还生三户地;当年呵壁,湘流应识九歌心。""旨远辞高,同风雅并举;行廉志洁,与日月争光。"历代以来,我国的文人骚客、志士仁人对屈原的赞颂可谓不吝笔墨,这一次次的解读化作我们这个生生不息的民族对爱国情操、理想信念的不懈追求,积淀成推动中华民族在逆境中前行、在危难中搏击的精神动力。

3.正是由于端午节蕴含的丰富内容和深刻内涵,它便具有独特的文化魅力和辐射力。它不仅在我国大江南北广泛流传,历久弥新,还流传到韩国、朝鲜、日本、缅甸、越南、马来西亚等国,成为当地有影响的节日。我国之所以将端午节设为法定假日,也正是为了彰显和弘扬端午节的深厚底蕴。

端午不仅是"假",更是"节"。我们过端午节,不应将其仅仅看作游玩的假期,更应关注它所蕴含的历史和文化价值。文化部门可以通过音像制品、影视节目或者读书活动,加深人们对端午的认识;旅游部门可以组织端午主题的旅游、民俗活动以传承端午文化;商品市场也应使我们感受到浓浓的端午"粽香",体验到传统节日的文化内涵和现代生活的深度契合。让古老的节日永葆生命力,让粽叶散发的清香承载民族的过去,散发韵味十足的魅力,飘向世界民族文化交流的大舞台。

(素材来源:何耀伟《端午是"假",更是"节"》,新华网2009年5月27日)

(二)朋友圈"三天可见"应予以尊重

近来,越来越多的人启用了朋友圈"三天可见"功能。中国青年报社社会调查中心对2006名受访者进行的一项调查显示,63.9%的受访者朋友圈设置了三天可见,62.8%的受访者觉得使用此功能省去了不必要的麻烦,51.5%的受访者觉得能更好地保护自己。微信有关部门在2019年称,"朋友圈三天可见"功能使用数已经破亿。

(素材来源:《中国青年报》2020年8月27日)

【思路提示】

1.根据话题设定节目名称,设计开始语并引入话题。

2.从提供的新闻素材入手,直接提出主要观点和态度。

3.对话题涉及的现象进行条分缕析的深入剖析,找到问题关键和本质所在。

4.概括总结,呼吁该怎么做为好。

5.用简短的结束语结束话题。

【内容提示】

1.许多人可能注意到,微信朋友圈"三天可见"成为越来越多人的选择,他们启用了朋友圈"三天可见"功能,仅让朋友了解自己三天的状况。

2.这种情况可以说是正常现象。个人有隐私,社交有距离。朋友圈是网络社交的空间,但同时也是个人的隐私空间。朋友圈里记录着每个人的日常生活、喜怒哀乐、兴趣爱好等诸多个人信息,可以说是每一个人的"树洞"。这个"树洞"的开放程度从某种意义上讲取决于个人的喜好与职业等众多因素。比如微商,他们的朋友圈可能全部开放。

3.实际上,"三天可见"被越来越多的人认为和朋友圈的乱象有很大的关系。朋友圈本应是个人的空间,或是朋友间信息交流的空间。但现在不少朋友圈变成了"工作圈",不少企业借员工的朋友圈推销商品、打广告。一些做微商的朋友更是每天推送商品信息,让朋友们不胜其扰。除此之外,有的明星的朋友圈甚至被粉丝攻陷,粉丝们将明星们的行程、喜好等隐私大白于天下。正因如此,"三天可见"既可以减少别人的骚扰,也可以保护自己的隐私,何乐而不为呢?所以"三天可见"也可以视为一种抗争。

4.人与人之间需要保持一定的距离。任何人都需要一个自己能够把握的自我空间,这个空间的大小会因不同的文化背景、环境、行业、个性等而不同。朋友圈"三天可见"是一种理性的选择,同时也是一种个人保护,对此我们应该给予尊重。

(素材来源:刘少华《朋友圈"三天可见"应予以尊重》,《北京青年报》2020年8月28日)

三、训练题库

(一) 垃圾分类,使"蛮劲儿"也使"巧劲儿"

【主持提示】

1. 新版《北京市生活垃圾管理条例》施行已逾百天,截至7月底,北京市家庭厨余垃圾日均分出量1764吨。然而,社区间落实水平参差不齐的情况依然存在,居民分类意识薄弱、个别社区改善不明显等现象依然存在。为此,北京将全面铺开"盯桶战术",动员七类人员下沉社区参加桶前值守。如何让"盯桶战术"既盯得住居民行动,又让分类意识"钉入"居民内心,需要基层各级单位更多思考和创新。

2. 由专人值守垃圾桶,帮助指导并监督居民正确投放垃圾,倒逼居民提前在家做好垃圾分类,看似"笨方法",却是最有效、最直接的好办法。垃圾分类对居民设置家庭垃圾桶、垃圾类型识别、分类包装投放等环节提出了细致具体的要求。环节、工作量的增多,垃圾分类的烦琐刚开始必然会给居民带来不便和不适。如果全凭居民自觉投放,一些居民可能会出于习惯和贪图方便随意投放,垃圾分类的目标达成将难以保障。垃圾分类成果和居民意识养成,离不开居民每一次具体准确的行动,而"盯桶战术"恰恰是保证每一次投放正确的关键。

政策执行的细枝末节直接影响到政策执行效果。要想改变居民长期以来形成的习惯,不仅政府要执行更加严格复杂的措施,居民也需要克服巨大的内心惯性和行为惯性。有效克服这些惯性需要社区更多地站在居民的角度提供贴心服务。例如,垃圾分拣可能因为不卫生而遭到居民抵制,社区可提供洗手液,便于居民分拣后清洁双手;上班族早出晚归,垃圾投放时间可根据社区居民作息时间适当调整;垃圾分类看似简单但种类繁多难以界定,社区应提供耐心详细的说明和辅导……时至今日,垃圾分类的重要性已深入人心,垃圾分类的施行可谓恰逢其时,只有化解细节上的不便,工作才能打开局面,顺利进行。

正向激励更能培养行动自觉。处罚容易形成抵触情绪,一旦脱离有效监管可能死灰复燃。如果能辅之以正向激励的机制,或许更能让居民感受到行为的价值,并形成行动自觉。过去三个月的实施过程中,一些社区通过积分奖励、换购商品等措施,培养起居民垃圾分类的习惯,激发大家的分类热情。对正向激励的投入低于维持监督的人力成本,还能收获高于监督处罚产生的效果。各个社区宜充分发挥才智,针对社区居民的特点推出正向激励政策,让居民积极参与到垃圾分类的激励机制中去。

3.垃圾分类再难,巧妙推动就不难;垃圾分类再繁,习惯了就不繁。万事开头难,要扭转居民长期以来的习惯,使"蛮劲儿"也得使"巧劲儿",多一些换位思考、多一些正向激励,才能培养起居民的行动自觉。

(素材来源:伏特《垃圾分类,使"蛮劲儿"也使"巧劲儿"》,人民网2020年8月12日)

(二) 公共场所是公德教育最好的学校

"每次博物馆里只要来熊孩子,就好不了,破坏力很强。"前日,科普大V"@国家动物博物馆员工"发微博抱怨来参观的中小学生缺乏基本礼仪,并点名批评北京一所小学,还以当日该校学生离开博物馆后垃圾遍地的照片为证。此文一出引发哗然。被点名的小学昨天公开道歉,并给学生召开主题教育活动。

北青报记者了解到,发此微博的"@国家动物博物馆员工"是中科院动物研究所高级工程师、动物博物馆科普策划人张劲硕。5日中午,他在微博上贴出4张照片,显示博物馆休息区的椅子上、地面上遍布饮料瓶、食品包装等垃圾,并附文:"这是刚刚学生们离开动物博物馆的现场,满地垃圾,一片狼藉。每次博物馆里只要来熊孩子,就好不了,他们破坏力很强,不仅扔垃圾,甚至还有学生把大便排泄在小便池里。尽管进馆前我们说明了注意事项,但学校老师、家长不告诉孩子如何参观博物馆。博物馆成了游乐场,孩子进来追跑打闹,大声喧哗。我们的博物馆教育做得还差得很远。"

北青报记者看到,截至目前,这篇博文的阅读量已经超过百万,转发近5000次,评论近3000条。很多网友对下一代的如此行为表示痛心疾首,并举出更多在公共场合大声喧哗、乱扔垃圾、加塞儿等"熊孩子"行径,很多网友还对他们的家长、老师不加干预的做法表示质疑。张劲硕和自然博物馆官微都呼吁,博物馆不是旅游景点,而是公众终生学习的课堂。博物馆整洁环境和宝贵展品来之不易,需要公众温柔相待,孩子们也应该在这里学会和表现出文明礼仪。

针对微博中曝出的乱扔垃圾的情况,学校相关负责人表示,确有部分学生有此类行为,学校已经了解此事,并对全体学生进行了沟通和教育。该老师介绍,本次活动是学校统一组织的外出实践课,在午饭时间,几位同学未能按照学校的要求在规定区域就餐,并且出现了遗留垃圾的情况,责任主要应由学校承担,老师也存在监管不力的情况。对于部分学生的这一行为,该校不仅在学校的微博平台第一时间做出回应,表示道歉和接受社会监督,昨天下午还在全校范围内召开了主题教育活动,希望全校学生做文明的小学生。

(素材来源:雷嘉、张昆龙《动物博物馆发微博抱怨"熊孩子"》,《北京青年报》2016年5月7日)

【主持提示】

1.近日,中科院动物研究所高级工程师、动物博物馆科普策划人张劲硕发微博抱怨来博物馆参观的中小学生缺乏基本礼仪,并点名批评北京一所小学，还以当日该校学生离开博物馆后垃圾遍地的照片为证。该条微博在网上引发很大反响，被点名的小学公开道歉，并对学生召开主题教育活动。

2.子不教，父之过；教不严，师之惰。孩子世界是成人世界的镜像，他们的行为更多的是社会秩序的投射。公德示范的问题不能置换为道德滑坡，梁启超说："吾中国道德之发达，不可谓不早。虽然，偏于私德，而公德殆阙如。"有"私德"而无"公德"，才是问题所在。孟子说："羞恶之心，人皆有之。"如何引导羞恶之心成为"公德"，或许是一个教育思路转换的关键。

可能在多年以后，闹出风波的孩子们早已不记得在博物馆看到了什么，但这场公德教育课是不会忘记的。没有比公共场所更好的公德教育学校了，公共场所是孩子们体会群己边界最直观的场合。试想我们置换场合，孩子们在自己的房间里乱丢垃圾，可能是一个"不讲卫生"的私德评价；随地方便的孩子，如果事发突然恰又在荒郊野外，甚至不会有道德评价。可见，没有一个规则明确的公共场所，公德教育也就无从谈起了。

笔者以为，当前的关键，是给公共场所赋权，让公共场所具备更明确的规则，具有更多对公德行为进行裁量的空间。以博物馆为例，除了微博声讨这种不道德行为，有没有其他约束机制，比如对团体、个人采取黑名单制度，限制甚至禁止他们的来访参观。

从某种程度上来说，公德规范是社会治理的"奢侈品"，解决好法律、权利、公平等重大课题之后，公德教育的紧迫性才会凸显出来。落实公德教育，法律法规要找到可操作的落脚点，个人的道德约束要找到可以契合的标准。

3.随着社会的发展，各类公德要求更严苛的场所会越来越多。以博物馆为例，据统计，目前我国博物馆有4510家左右，年均接待观众超6亿人次，这些数据近些年还在快速增长。这些公共场所既是文化载体，也是公德教育的学校。场所建立起来了，公德规范的形成还需要更多的讨论,以及更多严肃的教育,而且受教育的不仅仅是孩子。

(素材来源:王子墨《公共场所是公德教育最好的学校》,《光明日报》2016年5月10日)

(三) 智慧城市让生活更美好

当前,5G、物联网、工业互联网等新一代信息技术的广泛应用,正引领智慧城市相关综合解决方案朝着走深向实、协同布局、社会与生态共赢的方向发展,智慧城市建设也将步入一个崭新阶段。步入社区,智能车牌识别系统、车辆管理无人值守设备、智能安防系统"各司其职";线上办事,社会保障、医疗健康、安全缴费、电子证明等事项"一站式办理"……如今,智慧城市建设成果斐然、前景广阔。

(素材来源:《人民日报》2022年4月1日)

【主持提示】

1.智慧城市是通过综合运用现代科学技术、整合信息资源、统筹业务应用系统,加强城市规划、建设和管理的新模式。小到衣食住行,大到决策运行,城市有多"聪明",人们的生活就有多便利。

2.某种程度上,城市的智能化程度是城市发展水平与核心竞争力的重要体现。广东深圳实现"一图全面感知、一号走遍深圳、一键可知全局、一体运行联动、一站创新创业、一屏智享生活",数据的有效连接与智能交互打破了不同部门、领域之间的壁垒,破解了治理碎片化难题;上海徐汇区推动"一云汇数据、一屏观徐汇、一网治全城、一人通全岗",跨部门、跨层级、跨区域的城市运营管理推动数据联通、服务联结、治理联动。实践充分证明,一个能看、能用、能思考的智慧城市运行和指挥中枢,既连接起经济、生态、交通、公共安全、城市治理等信息数据，也能打通司法、安监、消防、环保等业务系统，方便了人们的生活，提升了城市治理现代化水平。

城市是人们工作生活的栖息地，也是展示发展成果的全景图。"十四五"规划和2035年远景目标纲要提出"推进新型城市建设"，其中一个重要方面就是"提升城市智慧化水平，推行城市楼宇、公共空间、地下管网等'一张图'数字化管理和城市运行一网统管。"从数字化到智能化再到智慧化的发展要求，不仅包括更前沿技术、更先进设备的投入，让城市更智慧更聪明，也意味着城市治理科学化、精细化、智能化水平的提升，更精准高效满足群众需求。

在智慧城市建设如火如荼之时，我们也必须冷静思考、周密部署。一段时间里，受到极端自然灾害的影响，有的城市遭受不小考验。当基础设施供应不足或者受到损坏时，移动支付无法使用，新能源设备应对不足，数字生活容易"寸步难行"。这无疑是一种启示：既要关注城市"中枢大脑"的建设，也要留意"神经末梢"的需求；不仅要有技术进步的"面子"，更要有民生保障的"里子"，这是智慧城市建设的应有之义。

3.一座能感知、会思考、可进化、有温度的智慧城市，必然是能为居民提供主动、精准、智能、高效服务的城市。立足科技进步，兼以人文关怀，智慧城市必将让生活更美好。

(素材来源：于石《智慧城市让生活更美好》，人民网2022年4月1日)

(四) 当冬奥会遇见中国文化

冬奥盛会遇见中国文化。从开幕式上惊艳全场的"二十四节气倒计时""黄河之水天上来"等中华文化展示，到颁奖典礼上穿戴"瑞雪祥云""鸿运山水""唐花飞雪"服饰的礼仪人员；从造型中融入传统文化元素、美轮美奂的"雪如意""冰玉环"等场馆,到灵感来自古代同心圆玉璧的奖牌……一系列中国元素讲述着匠心独运的"东方故事",呈现着中国文化和冰雪文化、奥运文化的完美融合。北京冬奥会不仅是一场体育盛会,也是一场文化盛宴,彰显着中国风采,传递出中国自信。

(素材来源:人民网2022年2月17日)

【主持提示】

1.北京冬奥会不仅是一场体育盛会,也是一场文化盛宴,讲述着中国故事,彰显着中国风采,传递出中国自信。北京在为世界呈现了一届无与伦比的夏季奥运会之后,又为世人呈上一届精彩、非凡、卓越的冬季奥运会。100多年前的1908年,当欧洲举办奥运会的消息传到中国,人们发出痛心疾首的"奥运三问":中国何时才能派一位胜利的选手参加奥运会?中国何时才能派一支胜利的队伍参加奥运会?中国何时才能举办奥运会?从"奥运三问"到"双奥之城",本身就是百年沧桑巨变的缩影,也是中国共产党带领中国人民迈向中华民族伟大复兴的生动注脚。北京冬奥会的成功举办,向世界展现了阳光、富强、开放、充满希望的国家形象。

2.透过北京冬奥会这扇窗口,世人能看到中国五千多年文明的深厚积淀,也能一览当代中国日新月异的发展面貌。奥运史上首次实现场馆绿色电力全覆盖,"冰丝带"首次采用碳排放趋近于零的制冰技术,国家游泳中心成为全球首个完成"水冰转换"的场馆,开幕式使用超大的8K超高清地面显示系统,5G信号覆盖竞赛场馆……科技、智慧、绿色、节俭成为北京冬奥会的鲜明特色,也是新发展理念的生动呈现。无论参赛选手还是外国记者,不仅能感受到中国人民的热情好客、朝气蓬勃,更能直接触摸到中国强劲的发展脉搏,体会到中国智慧、中国方案为奥运、为世界注入的强劲动能。

习近平主席在北京2022年冬奥会欢迎宴会上的致辞中指出："自古以来，奥林匹克运动承载着人类对和平、团结、进步的美好追求。"以冬奥之名齐聚五环旗下，为共同的目标奋斗，北京冬奥会生动诠释了"更快、更高、更强——更团结"的奥林匹克格言。作为新冠肺炎疫情发生以来全球首次如期举办的综合性体育盛会，北京冬奥会彰显的"中国范儿"，不仅是器物层面的，更是价值、理念层面的，必将对未来产生深远影响。从申办报告提出"以运动员为中心、可持续发展、节俭办赛"三大理念，到把绿色、共享、开放、廉洁的办奥理念贯穿筹办工作全过程，再到喊出"一起向未来"的主题口号，北京冬奥会见证了中国人民的饱满热情和不懈努力，也为当下的全球发展提供新的思路，创造新的契机。

3.成功举办的北京冬奥会启示人们，世界上没有两片一样的雪花，不同的雪花却在漫天飞舞中，共同构成了美丽的冬日图景。今天，每个民族、每个国家的前途命运都紧紧联系在一起，各国唯有团结合作，一起向未来，才能共同建设和谐合作的国际大家庭，把世界各国人民对美好生活的向往变成现实。

（素材来源：彭飞《当冬奥会遇见中国文化》，人民网2022年2月17日）

（五）通过阅读涵养我们的精神世界

1995年，联合国教科文组织把每年的4月23日定为"世界读书日"。

2006年，中宣部、原国家新闻出版总署会同相关部门组织发起了全国范围的全民阅读活动。

2012年11月，"开展全民阅读活动"被写入党的十八大报告，成为建设社会主义文化强国的一项重要举措。

2014年至2016年，"倡导全民阅读"连续3年写入政府工作报告。

2016年3月17日,"十三五"规划纲要全文发布,首次提到"推动全民阅读",实现了全民阅读工作在国家规划中的历史性突破。

十年来,书香馥郁,硕果累累。各地各部门开展了内容丰富、形式多样的全民阅读活动,特别是党的十八大以来,全民阅读活动不断深入,"爱读书、读好书、善读书"的阅读氛围愈发浓厚,文化生态得到充分涵养。

今年4月23日"世界读书日"前后,全国各地开展了丰富多彩的纪念活动,再次将全民阅读推向高潮……

(素材来源:《书香馥郁满神州——2016年世界读书日各地阅读活动掠影》,新华网2016年4月25日)

【主持提示】

1.日渐长,风正暖,春天正是读书好时节。伴随着校园里的琅琅书声、大街小巷的多彩阅读活动,我们即将迎来第二十七个世界读书日。一年一度,这个氤氲着浓浓书香的日子,既是一次阅读的提醒,提醒步履匆匆的人们勿忘在大好时光与阅读相伴,也是一次读书的导引,导引人们思考如何通过阅读涵养我们的精神世界。

2.有报告显示,2020年,中国数字阅读产业规模达351.6亿元,数字阅读用户规模达到4.94亿。在数字化阅读日益普及的当下,有人习惯于手不释卷,独爱翰墨书香,在纸质书卷中感受阅读的魅力;有人钟情于视听兼备,喜欢声画共赏,在数字化世界里享受读书的乐趣。当白纸黑字化为虚拟数字、实体书籍变身数码屏幕,当新媒介、新场景改变了阅读习惯,碎片化、轻量化日益成为阅读的新特点,我们该怎样实现阅读的意义,又该怎样继续传递书香?

阅读的目的在于求知。从"读书"到"读屏",阅读习惯的改变,也是阅读方式的丰富。数码产品的更新换代,纸质书籍的电子化,让获取知识更为便捷;融合多重形态的视听内容,让阅读由平面式的"纸上得来"升级为立体式的"视通万里"。从"一卷在手"到"一屏万卷",数字化打通了书籍之间的"链接",让人们能在跳转来源、聚合推荐等方式里,实现知识的触类旁通、由点及面、串珠成链。可以说,数字化拓展了求知的渠道、丰富了学习的体验。无论是"读书"还是"读屏",都有益于知识的增长,而关键在于阅读的内容本身是否有意义。

阅读更重要的意义在于思考。无论哪种阅读方式,沉潜往复都是必不可少的阅读过程。文字留白处的掩卷沉思、声画落幕后的品味咀嚼,都是在一次次的思接千载、心游万仞中,丰富了读者的精神家园。同时,阅读本身就是一种提升修养的方式。读一本好书,如同攀一座高峰,人到半山,固然能欣赏到风景,但唯有不断向上攀爬,才能领略"会当凌绝顶,一览众山小"的无限风光。以思考在信息浪潮中保持专注与笃定,在笔墨世界中涵养情怀与气质,同样是阅读之于我们的意义。

3.开卷有益。无论什么时候,唯有获得真知灼见、收获精神启迪的阅读,才是真正有益的阅读。无论何种阅读方式,重要的是阅读的内容有分量、阅读之后有所思考。正因如此,我们不必纠结于阅读形态上"有形之书"与"无形之书",而应把关注点聚焦在阅读的深度和厚度。让阅读成为一种必不可少的生活方式,以沉潜阅读持续丰盈自我的精神世界,恰恰是世界读书日之于我们的启示。

(素材来源:李忱阳《通过阅读涵养我们的精神世界》,人民网2022年4月22日)

第二节 意见评析

意见的本意是人们对事物的看法或想法。现代社会新生事物层出不穷，我们在工作和生活中经常会遇到一些新的情况和问题，如果原有规定不够明确或与现实不相适应，就需要对原有规定进行调整，以提出见解、措施来规范和引导人们的行为。

意见评析模拟主持是通过对事物的辨析，提出切合实际的可行性建议，发挥参谋和指导作用。其见解中的态度是诚恳的，"意见"必须以"知无不言，言无不尽"的态度，充分发挥舆论作用。意见评析中个人所阐发的"意见"并非强制性的"决定"。意见评析既是人们相互间提出见解和建议的渠道，又是集思广益的途径，能够较好地引导舆论并有助于问题的有效解决。

一、示例分析

例一：产假已延长 配套需跟上

自今年8月十三届全国人大常委会通过关于修改人口与计划生育法的决定以来，各地相继启动地方人口与计划生育条例修改工作，密集出台鼓励生育措施。据不完全统计，截至11月28日，已有20多个省份完成修法或启动修法，其中延长产假、增设育儿假、发补贴成为高频词。

根据国务院制定的《女职工劳动保护特别规定》，女职工产假为98天。记者梳理发现，相较于"全面二孩"时期，此轮修改的条例中绝大部分地区都注明进一步延长了产假，多数地区为增加60天。

（素材来源：新华社2021年11月30日）

【模拟主持】

您好,欢迎收看《有一说一》。

延长女性产假、生育假,增设男性陪产假、护理假,设立父母育儿假……最近一段时间,全国多地修订人口与计划生育条例,延长生育假期,加码生育福利。这些消息出来后,在社会上引起热议。

> 设定好栏目名称,直接引入话题

从目前已经公布的新政来看,不少地区将生育假由过去的30天延长到60天,加上国家规定的98天基础产假,女性产假增至158天。这不仅意味着孕产期女性有了更多恢复身心的时间,也有助于让新生宝宝得到更长期、全面的呵护,有利于减轻家庭的生育负担。

与此同时,也有不少担忧的声音——延长生育假期,是否会导致用人单位更加不愿意招录女员工,加重隐形性别歧视、提高女性就业门槛?

这种担忧不无道理。虽然中国相关法律法规对保障女性平等就业权利、不得实施就业性别歧视进行了明确规定,但在现实中,生育导致的带薪休产假让女性被一些用人单位视为昂贵劳动力,导致其在就业市场上处于劣势地位。对本身在职的女性而言,即使具备生育二孩、三孩的条件,也往往会面临是"生育"还是"升职"的两难抉择。

> 列举延长产假的利弊

为此,一些地方自主探索、先行先试。比如有的省份明确规定给予夫妻双方每年相同天数的育儿假,以期共同分担育儿责任;有的省份出台的新规中,女性产假没增多,男性陪产假变长了。

从现实来看，孩子的成长、家庭的幸福，离不开父母的共同付出。让男性更多地参与到育儿中来，了解育儿的艰辛与烦琐，不仅能让其更加理解和体谅妻子的不易，从而更好地承担同等的家庭责任，也有助于更好平衡两性生育成本，降低生育对女性职业发展的负面影响，推动社会观念转变，扫除隐形性别歧视，更好保障女性的生育权、就业权。

好政策要想切实落地，有一个无法回避的问题——育儿假带来的成本，应该由谁来买单？显然，由用人单位完全承担这些成本并不现实，也难以长久。解决生育假与用人单位成本上升的矛盾，需要构建一套合理的休假成本共担机制，比如通过税收优惠、保险、政策支持等合理分摊用人单位的成本，尽可能减少其损失，避免出现"政策请客，用人单位买单"情况，才能引导用人单位积极主动参与到保障女性生育权益中来，推动父母育儿假早日从纸面走向现实。

> 在理性地分析之后，提出合理的解决方案

还要看到，孩子是家庭的，也是社会的。让万千适龄家庭"放心生娃"是一项系统工程，涉及财政、税收、保险、就业、儿童服务等领域，这些领域的政策要配套衔接，保障配套支持措施落实见效，比如完善生育保险制度，加强税收、住房等支持政策，发展普惠托育服务体系，推动建设一批方便可及、价格可接受、质量有保障的托育服务机构……只有一体化降低生育、养育、教育成本，才能真正解除适龄夫妇生育的后顾之忧。

> 最后强调总的观点,并恰切地结束话题

政策托举越有力,适龄家庭的生育意愿才会越强。在政策托举上出实招、见实效,才有更多人想生、敢生,促进人口长期均衡发展。

(素材来源:话枚《产假已延长,配套需跟上》,人民网2021年12月3日)

例二:"禁止老师先跑"该明文规定吗

新制订的湖北高校教师"十倡导十禁止"师德行为规范中,在自然灾害、事故灾难和社会安全事件中不顾学生安危抢先逃生等十种行为被明文禁止。(2010年9月16日《现代快报》)

正方观点:师德应有之义并非苛求

就个体而言,每个人都有趋利避害的条件反射,有在环境允许的情况下尽快逃离危险地带的主观意愿。但是,作为高级动物的人,不能完全被私欲本能所支配,还应有理性判断和感性觉悟的综合考量。

禁止抢先逃生,并非对师德的过度苛求。道应有德,每个职业都有自身的行为规范。《教师法》就明确规定,教师有"关心、爱护全体学生,制止有害于学生的行为或者其他侵犯学生合法权益的行为"的义务。

禁止抢先逃生,亦非对教师安危的漠视。每个生命都是珍贵的,要求"学生先走、老师殿后"不是在宣扬"生贵师贱"的不平等,不是拿"师命"换"生命"的赌博交易,恰恰是为了争取事故代价的最小化。毕竟,在突发灾难面前,心智尚未成熟的学生往往会比较慌乱,手足无措,容易造成群体性挤压踩踏等次生灾害。这时,需要老师站出来判断形势,镇定指挥,为逃生创造有利条件,组织学生有秩序地疏散撤离。

湖北省将"禁止抢先逃生"写入师德规范，能否对更多地区起到导向和示范作用，值得期待。但更值得期待的是，这样的师德规范，何时不再只是有关部门的一纸规定，而真正内化为每一名教师的信仰觉悟。

反方观点：突发灾难不要仅死盯着教师的"脚"

仅仅强调教师不能先跑，死盯住教师的"脚"，显然是远远不够的。

教师不先跑，让谁先跑？最初的想法自然是让学生先跑，但在事实上，恐怕学生却未必"安全"。一种可能是让领导先跑，这已经有先例。克拉玛依那场大火中，就有人高喊："学生们不要动，让领导先走。"在325名死者中，有288名中小学生。在现场的40多名教师中，有36名为掩护学生而殉职。在场的克拉玛依市副处级以上官员有20多个，当时他们的位置离火源最近，离逃生门最远，竟"奇迹般"地无一人伤亡，而且走出剧场门口时还个个衣冠楚楚。

另一种情况可能是，让学生先跑也跑不掉。比如发生地震，房子一晃就倒了。教师和学生连跑的机会都没有。

教师可以不先跑，但要把校舍建造成紧急避难所；教师可以不先跑，但应加强学生避难能力的培养……教师的生命也是生命，我们希望的是教师也要和学生一样拥有"安全"。

(素材来源：郭文斌《"禁止老师先跑"该明文规定吗？》，《山东商报》2010年9月17日)

【模拟主持】

您好，观众朋友，欢迎走进今天的《正方反方》。

近来有这样一则消息引起了公众的热议：湖北省教育厅新制订的湖北高校教师"十倡导十禁止"师德行为规范中，在自然灾害、事故灾难和社会安全事件中不顾学生安危抢先逃生等十种行为被明文禁止。

> 拟好开始语，简要概括素材中的重要信息，自然引入下面的话题评述主持

有人认为：首先，作为高级动物的人，应该有理性判断和感性觉悟；其次，教师有"关心、爱护全体学生，制止有害于学生的行为或者其他侵犯学生合法权益的行为"的义务；最后，"禁止老师先跑"不是在宣扬不平等，而是为了争取事故代价的最小化。也有人认为：首先，教师不先跑，初衷是让学生先跑，但恐怕学生未必"安全"；其次，教师可以不先跑，但要把校舍建造成紧急避难所；最后，教师可以不先跑，但应加强学生避难的能力。

> 从新闻素材的概括引出本次模拟主持的中心话题：不仅要禁"范跑跑"，更要禁"官跑跑"。通过真实的案例加以论述

提起"禁止老师先跑"的话题，很容易让人联想到在汶川震灾中一跑成名的"范跑跑"。身为教师，理应将学生的利益放在第一位，师德行为规范中作出如此规定我认为是合理的。由此我还想到了另一个群体——"官跑跑"。由此，我们不仅要禁"范跑跑"，更要禁"官跑跑"。

在遇到突发灾难时，有些"官跑跑"跑得比"范跑跑"还快。同样在汶川地震中，就有某些官员因临阵脱逃而被免职。

"范跑跑"可恶,"官跑跑"更可恶。"范跑跑"的行为更多地出自人的求生本能,他虽然自私自利,却没有挡住别人的求生之路。"官跑跑"则不然,他们是在用公权力争取比别人更多的生存机会。除了众所周知的克拉玛依大火带给人们深思的惨痛教训,还听说云南某学校举行地震演习,楼上的学生从2个楼梯蜂拥而下,10分钟才完成转移。而另有6个楼梯空旷畅通,学校领导陪同上级领导在其中说笑。学生怀疑空出的楼梯乃"领导专用通道",非学生"逃生"所用。随后有人解释称"只是在演习时开辟了领导专用通道,便于领导视察和观看实习"。如此解释更令人生疑:演习尚且如此,真到了生死关头又会怎样?

我们不仅要禁"范跑跑",更要禁"官跑跑"。我们应该重视校舍建设监管,更应该加强师生逃生培训教育,这才是实实在在的有效措施。

好,感谢您收看今天的《正方反方》,明天见!

(素材来源:乔志峰《不仅要禁"范跑跑"更要禁"官跑跑"》,新华网2010年9月17日)

> 重申并强调主要观点,提出合理论述并恰切地结束模拟主持

二、练习提示

(一)状元秀充斥功利文化之耻

十年寒窗苦读,一朝金榜题名。对高考状元,适度的祝贺、关爱和宣传是必要的,但是如果变成对状元潮涌式的不当追捧,甚至把

"状元秀"变为有利可图的"商业秀",高考文化的正面意义则流失殆尽,取而代之的是功利浮躁的文化之耻。

在全国各地的状元秀炒作中,商家更是争做"状元秀",希望大赚一笔。商家利用高考的商机赚钱并不为过,但把状元当成赚钱诱饵,就不那么光彩了。全国中小学生加起来近1.8亿人。"状元"们代言的产品,对亿万学生和家长所起的消费诱惑作用该是多么大。将"状元秀"变成"商品秀",炒作的是概念,激发的是人们最不理性的盲目消费观,再加上夸大其词的营销语言,结果"状元"们不仅成为被商家利用的摇钱树,弄不好还当了假冒伪劣商品的帮凶。一个初出校门、还未成年或刚刚成年的青涩高中生,因为当了状元而成为商家利用的代言者,看似表面风光,实则很可能掉入了商家的陷阱,赔上一生的信用也难说。

即使状元是好商品的代言者,"状元秀"也不宜成为"商业秀"。心智并未成熟的高中毕业生,被成人世界这么一忽悠,其价值观很可能被引入一种浅薄功利的思维模式:原来人是可以一夜成就功名利禄的。这样急功近利又图慕虚名的意识,对"状元"们未来的人生之路又有何益?事实证明,那些曾被商家绑架的"状元秀"主角们,不少人走进大学校园,在身心和情志等诸多方面难以适应大学生活。高考状元的光环所带来的虚名,反而成为学子们沉重的负担。

(素材来源:张敬伟《状元秀充斥功利文化之耻》,《羊城晚报》2010年6月27日)

【思路提示】

1.根据素材设定节目名称和开始语,从已知或者积累的信息引入话题。

2.从"状元秀"这一社会现象入手,挖掘出问题的本质。

3.概括总结意见和评析结果,结束话题主持。

【内容提示】

1.据说中国历史上总计可考的文武状元为777人,其中大部分人一生并不能大展拳脚,有所作为。但不管怎么说,"十年寒窗无人问,一举成名天下知",利禄有望,前程可期,光宗耀祖,风光无限,这一切都得益于科举考试。自从高考取消了全国一张卷,由各省自主命题,现在各省的"状元",大致只相当于古代省级考试的第一名"解元"了。每年高考放榜,"状元"花落谁家肯定是新闻。于是高校抢、政府奖、企业助、商家让状元代言,一系列"状元大餐"成了公众娱乐的一部分。

2.广东省日前公布普通高考成绩,省教育考试院院长杨开乔说:"今年一律不再公布高考状元名单。"高考状元不是什么国家机密,"封"得住吗?去年江苏省这么做了,结果出来了几个"疑似"高考状元,照样炒作不休。

不可否认,教育部门这样做对遏制爆炒高考状元的不良之风是有一定作用的。但一方面,"爆炒"不行,文火慢"炖"总是允许的吧;另一方面,不公布状元又可能少了监督。举个例子,要是去年没公布重庆市文科高考状元的身份,其少数民族身份造假的事情也许就蒙混过关了。说到底,状元公布与否并不能从根上扼制"状元经济"的蓬勃发展。国内多家高校推出诱人的"状元"奖学金,比如广东外语外贸大学最高奖学金为12万元,希望可以"揽得状元归"。一方面不公布高考状元,一方面又大肆招揽全国各地的状元,这让人看不懂的同时,更让人担忧我们的高校是在为"面子"而办、为营利而办,还是在为培育人才而办?

3.只要高考状元这件华丽的袍子上还落着面子、金子、位子这些"虱子",我们的教育就还有待改进。高考状元不可能一定是事业状元、人生状元,状元崇拜的本质就是分数崇拜。

(素材来源:洪信良《分数不冷"状元"怎能不热》,《钱江晚报》2010年6月27日)

（二）灾难面前，莫为了流量丧失良知

2022年3月21日14时38分许，东方航空公司MU5735航班执行昆明－广州任务时，在广西梧州市上空失联并坠毁。机上载有乘客123人、机组人员9人。

东航客机坠毁事故发生后，民航局立即启动应急机制，派出工作组。工作组已于21日晚上抵达梧州，并迅速开展工作，指导协助当地现场救援、善后处置等。然而，事故一发生就有人蹭流量，有人假借"专业人士"之名不负责任地乱喷，有人拿出陈旧视频煞有介事地乱扯，还有人丧心病狂地借此打广告……

（素材来源：新华网2022年3月22日）

【思路提示】

1. 依据素材内容，设置节目名称，并设计开始语。

2. 从新闻事件言简意赅地引入话题，多角度、多层次地理性分析。

3. 概括总结，阐发个人见解，结束话题，结束语可与开始语呼应。

【内容提示】

1. 东航客机坠毁事件，举世关注。机上132人生死未卜，更是让人揪心。昨晚就有网友感慨："今天是世界睡眠日，但今晚又是多少人的无眠夜。"然而，事故一发生就有人蹭流量，有人假借"专业人士"之名不负责任地乱喷，有人拿出陈旧视频煞有介事地乱扯，还有人丧心病狂地借此打广告……目前，网络上对此事件有很多解读文章，试图分析该起事故发生的原因，并借机关联炒作。除了各种分析文章，视频平台上还出现了各种飞机坠毁的视频，但

很多视频最终被认定是虚假的。这些人对此灾难性事件的态度如此轻佻,令人惊愕。请问这些人的道德素养在哪里?悲悯之心在哪里?人性底线在哪里?

2.针对蹭流量,发布不实信息等问题,微博、抖音、B站等平台都发布公告,严肃处理各种不当言论,并提醒广大用户,在平台发布相关信息、内容要遵守真实、客观原则,不借助热点事件蹭热、玩梗。

基于以往发生的事件,每当有热点事件发生,必有各路网红出没在各大网络平台。为了流量,他们无所不用其极,千方百计潜入现场,处心积虑打探消息,乃至不顾一切地消费灾难,这样的网红是可怕的,也是可恶的。

其实,对当事人缺乏尊重、乱蹭热度,这些网红哪怕有了流量,这种流量也是有害、有毒的流量;哪怕涨了人气、提升了知名度,也会被"反噬"。原因很简单,乱蹭热度,只能蹭一鼻子灰,乃至蹭得身败名裂。

空难是谁也不愿意看到的悲剧,会对遇难者家属造成严重的心理创伤,在所有类别的新闻中,有关空难的新闻总是"最严肃的"。我们必须抵制那些对空难进行猎奇的乃至娱乐的"猜想"与"创作",相信权威调查的结果。

3.当前,救援工作仍在争分夺秒地进行。那些蹭热度者应少一些利益至上的畸形心理,多一些尊重和真诚,在灾难和悲剧面前,请守住人性底线,莫要消费灾难,不要为了那点流量就把良知拍卖掉,否则将被众人唾弃。

(素材来源:秦川《灾难面前,莫为了流量丧失良知》,人民网2022年3月22日)

(三) 地名岂容任性改

近日,浙江全面启动地名文化保护和不规范地名清理整治行动,预计明年6月完成,那些"大、洋、怪、重"的地名将被"拉黑"。据浙江省民政厅有关部门负责人介绍,此次清理整治的重点是居民区、大型建筑物、街巷、道路、桥梁等处存在的"大、洋、怪、重"(刻意夸大、崇洋媚外、怪异难懂、重名同音)等不规范地名。

(素材来源:《浙江清理"任性"地名》,《京华时报》2016年5月18日)

【思路提示】

1.根据新闻素材确定节目名称,设计好开始语并恰切引入话题。

2.从现象入手来分析和探讨"地名"频频更换的原因。

3.积极地呼吁倡导社会各方一起讨论和参与实践。

【内容提示】

1.近年来,一些地方在城镇开发建设、乡镇区划调整或村规模调整过程中,随意更改古镇名、古村名或古街名。此次浙江省开展的专项整治工作,就是要保护地名文化,清理不规范地名,留住体现中华文化"根"与"魂"的地名。一些地方为了追逐利益,任性地乱改地名,不惜将延续数百年乃至上千年的古老地名改掉,这不仅招致人们的质疑和不解,而且割裂了地域文化的传承。

从主观上讲,不少地方任性地更改地名,主要原因之一是畸形的政绩观,一些地方官员为了追逐GDP而故意改地名,只为博人眼球。但从客观上来说,地方频频"任性"改地名,还因当地对更改地名缺乏刚性约束,任何人都不必为任性改地名行为承担责任和后果,这使得地方政府特别是个别主要官员在改地名上拥有很大的权力,想怎么改就怎么改,完全看个人想法,根本不考虑地域文化的传承和人民的意见。

2.地名的更改,需要慎重,也需要规范。遏制"任性"改地名的行为，需要多一些硬性约束。第一，通过法律与制度加强对地名的保护，对各地方政府随意改地名的行为进行管束，并要建立全国统一的地名更改标准，实行地名更改的申报、论证、批准制度，完善并严格执行地名命名专家论证制度，把地方任性改地名的权力关进制度的笼子里。第二，对于任性改地名的行为要追究责任，既要追究地方政府决策者的责任，还要追究审批部门的责任。第三，清理整治不规范地名，百姓最有发言权，要充分尊重民意，放开地名变更的公益诉讼、行政诉讼，允许市民就任性改地名行为提起诉讼，依靠司法制止当地政府任性改地名。只有让制度的刚性约束显出威力来，"任性地名"的现象才能得到遏制。

(素材来源：袁浩《地名岂容任性改》，《北京晨报》2016年5月19日)

三、训练题库

（一）共享充电宝为何从"小甜甜"变成"牛夫人"？

你家有多少个"被迫"买下的共享充电宝？

价格贵、归还难、服务差。2017年横空出世的共享充电宝，在近年来受到越来越多消费者吐槽。曾经的"小甜甜"为何变成了"牛夫人"，共享充电宝到底出了什么问题？

从用户角度看，第一个最直观的感受是充电宝的租金涨了。多个共享充电宝品牌，租金由最初的每小时1元上涨至4—6元，在景区、酒吧等热门场所，每小时租金甚至可以达到两位数。不少网友感叹自己"快租不起充电宝了"。

价格的涨跌，本是市场正常现象，但问题的关键在于，商家涨价行为是否缘于其在市场上的垄断。从行业全局来看，整个共享充电宝行业的竞争格局呈现出几家独大的趋势。据相关研究机构调查的数据显示，2021上半年点位数最多的充电宝租赁品牌排名前三的是竹芒科技、怪兽充电和小电科技。这种市场格局让商家几乎"想涨价就涨价"。

那么，在涨价的大背景下，用户享受的服务变好了吗？共享充电宝是否用时即有、借还是否方便，是用户体验最核心的两项。影响前者的是点位铺设的多少，影响后者的是每个站点的运维水平。目前的情况是，共享充电宝商家们在扩张点位上不遗余力，但每个点位的运维情况却难尽人意。一边是"摊大饼""跑马圈地"——数据显示三家头部企业各自的点位数都已在百万上下；另一边却是用户频频曝出"还不上""没空位"的现象。商家在解决"充不充分"的问题上花了大力气，可在"均不均衡"的问题上，显然还没做到位。

然而，均衡问题其实是共享经济发展的大问题。需求随着人流走，在共享经济领域，用户需求的"潮汐现象"非常明显。就像共享充电宝的"师兄"共享单车一样，上班时，城郊住宅区的共享单车少，城郊地铁站口的共享单车多，下班则反之。

这个道理对共享充电宝来说是一样的。商家是否应该想办法，主动利用大数据技术，对充电宝的使用充分分析、提前预判、留出空间，从而更好地调控点位，努力做到供求的相对均衡呢？或者至少能在用户遇到类似困难的时候，能向人工客服进行求助。这不仅是出于改善服务质量的要求，更因为共享充电宝特殊的产品管理体系和风控方式，一旦处理不好充电宝的借还问题，就有可能侵害用户权益。

常用共享充电宝的人都知道，除了支付每小时的租金，用户还可能面临其他两种支付场景：租赁超过24小时以封顶价格支付，以及以买断价格购买该充电宝。一旦用户想还而还不上充电宝，因为有事又不能始终等在一旁时，大概率要把充电宝带回家，并为此以24小时封顶价格支付租金，租金通常在30元/天左右。更极端的场景是，有网友透露自己在赶火车前借了一个共享充电宝，但到达外地后，却因难寻归还点,最终只得支付199元买下该充电宝。买断价格本是风险控制的方式之一,用来防止"共享产品"被私占,但如果由于站点本身的运维的问题,导致用户"被迫买断"充电宝,这无疑是对用户权益的侵害,也是对企业信誉的损害。这种不合理的问题,企业应当想办法解决。

共享充电宝,本是为了缓解人们的"充电焦虑"而生。但其目前暴露出的一系列问题,给使用者带来了一份焦虑。人们要为是否还得上,会不会多扣钱而忧心。这多少背离了产品的初衷。就像网友的吐槽:"如果租用共享充电宝这么麻烦,还这么贵,我为啥不自己买一个充电宝呢?"

在自购充电宝成本大幅降低的今天,在手机厂商纷纷推出"超级快充"的当下,共享充电宝该如何找到自身优势,继续屹立不倒?或许,优化服务、提升用户体验才是王道。

(素材来源:《共享充电宝为何从"小甜甜"变成"牛夫人"?》,人民网2022年3月25日)

【主持提示】

1. 根据素材所反映的问题确定节目名称,设计开始语并引入话题。

2. 从素材中所反映的问题,准确把握符合主流价值观的观点。

3. 多方面、多角度地深入剖析主要问题及其原因。

4. 呼吁和倡导社会各方积极参与讨论和解决问题,同时再次点题并与前呼应。

(二) 管理好学生作业,要先保障好教师教学自主权

有媒体援引教育部官方消息称,2021年春季学期,各地强化对中小学学生的作业管理。任课教师要认真批改作业,及时做好向学生的

反馈、讲解、答疑等工作。不得给家长布置或者变相布置作业，不得要求家长检查和批改作业。

去年底，教育部关于坚决杜绝将"学生作业变成家长作业"的表态就曾引起社会热议。时隔不久，教育部再提加强学生做作业管理一事，其对该事件的重视程度可见一斑。而要切实做好这项工作，笔者认为，关键在于把教育教学事务交给教师，减少行政力量对教学事务的干扰，减轻教师身上的非教学工作压力和负担，让教师能遵循教育规律，全身心投入教书育人。

给学生布置作业，说到底是教育事务，理应由教师负责，包括设计个性化作业、批改作业、反馈讲解、答疑辅导等。但现实中却存在"一刀切"布置作业、增大作业量、把学生作业变为家长作业、要求家长批改作业等问题，引起家长的不满和舆论的质疑。为何出现这种情况？究其根源，本属于教育事务的学生作业，并非就由教师说了算，学校和教师均没有充分的教育教学自主权，而且教师的精力被很多非教学事务所分散。有调研指出，一些中小学围着行政部门下达的办学指标办学，教师也疲于应付完成各种非教学任务。

做好作业设计和管理，要求学校重视校本教研工作，由本校老师结合本校学生的具体情况开发、设计作业。但在现实中，由于上级部门就用考试成绩和升学率评价学校办学和教师教育教学，有的中小学并不重视校本教研，理由倒也"直白"：学生最终要考同一张试卷，提高成绩就得搞"题海战术"，教师们不得不"一刀切"地多布置作业；搞作业创新，如果不能提高学生的成绩，是枉费工夫，还有可能吃力不讨好。

开展校本研究，进行个性化作业设计，是需要教师投入精力的。调查显示，我国八成以上的教师认为工作压力很大，而这些压力主要来自非教学任务。近年来，教育主管部门一直推动"给教师减负"，但效果并不理想。

如何保证学校和教师的教育教学自主权？相关文件已给出答案：

充分发挥教师课堂教学改革主体的作用,鼓励教师大胆创新,改进教育教学方法;大力精简、严格规范各类"进校园"专题教育活动,有效排除对学校正常教育教学秩序的干扰。现在看来,这些要求仍具有很强的针对性。总而言之,只有保证学校和教师的教育教学自主权,才能激发中小学的办学活力,做好中小学学生作业管理才顺理成章。

(素材来源:艾萍娇《管理好学生作业,要先保障好教师教学自主权》,《光明日报》2021年2月24日)

【主持提示】

1.根据内容设定节目名称,设计好开始语,开门见山地引入话题。

2.根据近期相关新闻事件提炼出总的态度和观点。

3.分析和讨论老师管理学生的权利以及历史沿袭,多层次多角度剖析关键所在。

4.概括总结,用一连串的问题来突出问题的重要性,以期发人深省,引起关注。

5.结尾可用简短凝练的结束语。

(三)网络直播打赏的"虚火"该降温了

在网络直播的相关讨论中,未成年人保护一直是反映强烈的话题。近日,中央文明办、文化和旅游部、国家广播电视总局、国家互联网信息办公室四部门联合发布《关于规范网络直播打赏加强未成年人保护的意见》(以下简称《意见》),剑指网络直播打赏的不良倾向、违规乱象,为营造未成年人健康成长的良好环境、促进网络直播行业规范有序发展画出了底线红线。

关于网络直播打赏的讨论由来已久。一方面,作为新兴的网络娱乐活动,直播打赏为观众提供了一种支持心仪主播的方式,吸引更多普通人在网络上分享生活、展示才艺，促进了直播经济的繁荣发展。另一方面，网络直播中主播行为失规、打赏行为失范、平台责任失位等乱象多发频发，尤其是未成年人心智发育尚不成熟，自控能力还不足，由巨额打赏滋生的不劳而获、一夜暴富等观念，极易引起人们跟风、攀比的行为，让幼小的心灵受到侵蚀和毒害。

事实上，直播打赏的套路并不复杂：观众通过直播平台购买货币或道具，再将它们兑换成虚拟礼物赠送给主播，最后平台折算礼物的价值与主播分成。不难发现，在直播平台"一本万利"的生意经里，主播和平台都能稳赚，只有观众才是被盯上的"香饽饽"。不仅如此，同直播带货相比，靠观众刷礼物、刷榜单的成本更低、来钱更快，一些违规主播不惜通过"言语刺激""情感暗示"等软色情的方式，引诱观众消费。长此以往，网络空间藏污纳垢，直播生态乌烟瘴气，必然导致越来越多的人误入歧途。

正因如此，网络直播打赏的"虚火"该降温了。此次《意见》可以说是利剑出鞘、重拳出击，对网络直播中损害未成年人健康成长的行为采取了从严从重的监管措施。比如，在"禁止未成年人参与直播打赏"上，禁止为未成年人提供现金充值、"礼物"购买、在线支付等各类打赏服务；在"严控未成年人从事主播"上，要求不得为未满16周岁的未成年人提供网络主播服务；在"规范重点功能应用"上，禁止以打赏额度为唯一依据对网络主播排名、引流、推荐，禁止以打赏额度为标准对用户进行排名，等等。措施之严格、态度之坚决，可见一斑。

治理网络直播打赏乱象既要靠"堵"，也要靠"疏"。一些未成年人沉溺网络、参与打赏，这与父母监管缺失、家庭情感缺憾密不可分。从某种程度上说，筑牢守护未成年人健康成长的"篱笆"，一块木板也不能缺，一块木板也不能短。既要在政策上加码，持续提高违法违规成本，让违背公序良俗的乱象不敢发生；也要在情感上加分，不断提升懂网用网能力，让影响身心健康的因素不起作用，如此才能构筑强有力的全流程全链条未成年人保护体系。

未成年人朝气蓬勃,直播经济方兴未艾,对两者提供更加完善的规范引导势在必行。

(素材来源:岚山《网络直播打赏的"虚火"该降温了》,人民网2022年5月8日)

【主持提示】

1. 根据内容设定节目名称,设计开始语并引入话题。
2. 直接从新闻消息本身切入,从"网络直播""未成年人""堵""疏"等几个关键词入手深入进行分析。
3. 旁征博引,用大家耳熟能详的名人名言和影视歌曲加以恰当的概括总结。
4. 最后言简意赅地结束话题。
5. 结尾可用简短凝练的结束语。

(四) 推进快递包装"绿色革命"

近年来,我国快递业务量稳居世界第一,快递包装问题也给环境保护带来一定压力。2020年,我国快递包装废物总量已超1000万吨。2021年,我国快递年业务量首次超过1000亿件,快递包装废弃物还将持续增加。进一步推动快递包装绿色化,变得更加紧迫。

面对这种形势,我国对快递包装的绿色治理也在不断深入。从快递运单电子化到包装减量化,从推广可循环包装产品到加强可循环快递包装基础设施建设等,我国快递包装标准化、绿色化、循环化水平明显提升,正在积极探索规模化取代传统包装的路径。2020年,国务院办公厅转发国家发展改革委、国家邮政局等八部门《关于加快推进快递包装绿色转型的意见》,提出推进快递包装"绿色革命",明确了2022年和2025年可循环快递包装应用的量化目标。不久前,国家发展改革委、商务部和国家邮政局联合下发通知,决定于2022年1月至2023年12月组织开展可循环快递包装规模化应用试点。

实现可循环快递包装的规模化应用，确实是当务之急。还原到消费场景中就会发现，在海量快递中难觅可循环包装的身影，主动使用可循环快递包装的商家仍为少数。有调查报告显示，67.1%的消费者表示未接触过可循环快递包装，不了解也未见过专门的回收网点，一些可循环包装甚至被作为生活垃圾直接丢弃。

围绕包装如何"绿起来"，快递行业已探索出一套技术路径。只不过，无论是回收利用，还是使用环保材料代替，都存在不易克服的成本问题。据统计，如果全部改用可生物降解塑料包装袋、环保胶带，按照2020年业务量计算，全行业将增加187.9亿元成本，占全国快递服务企业业务收入的2.1%左右。有分析认为，使用快递循环箱暂时也没有成本优势，还有附加的社会成本：快递小哥来去匆匆，缺乏时间和意愿承担回收任务，消费者认知水平不同，配合度参差不齐。

推动快递包装绿色转型，需要全链条发力，从各个环节降本增效。比如，引导快递企业围绕绿色包装等重点领域加强科技创新，从源头上降低成本；也可以在减少回收难度上下功夫，比如，国家邮政局正探索构建邮件快件包装物回收"逆向物流"模式。还应加强政策引导，对绿色包装生产、绿色快递物流和配送体系建设、专业化智能化回收设施建设等项目，在资金、信贷、债券等方面给予支持，促进包装减量和绿色循环的新模式、新业态发展。

此外，要注重激发公众的环保意识，让绿色消费成为生活习惯。例如用激励手段：一家邮政快递企业联合电商平台新铺设1.3万个绿色回收箱，2021年"双11"期间每天准备了50万个新鲜鸡蛋，送给参与快递箱回收的消费者。再如唤醒价值认同：在网购下单时，可以增加付费使用绿色包装的选项，相信有不少消费者愿意为环保出一分力。

我们倡导的绿色生活方式，有时候不见得是社会成本更低的生活方式，但肯定是更值得追求的生活方式。快递包装的绿色转型，需要做好生产、使用、回收、处置全链条治理，还需要多个环节的商家、行业乃至不同城市、区域之间的协调配合。这不是轻轻松松就能实现的，需要广泛凝聚社会共识。我们为此付出的每一分努力,不仅是在成就一种更有责任感的生活,更是在塑造美好环境、建设美丽中国。

(素材来源:叶琦《推进快递包装"绿色革命"》,人民网2022年1月17日)

【主持提示】

1.根据内容设定节目名称,设计开始语并引入话题。

2.直接从新闻消息本身切入,从快递业发展的客观事实入手,探讨快递包装的现实问题。

3.用具体事例来说明人们对待快递当中的过度包装的态度。

4.最后用积极正面的呼吁和倡导来结束话题。

5.结尾可用简短凝练的结束语。

(五)让防治走在网络诈骗前面

"群众能减少损失,我们打多少个预警电话、发送多少个预警短信都乐意",在一位民警心声的背后,是2021年国家反诈中心APP累计向群众预警2.3亿次的务实行动,"未知链接不点击,陌生来电不轻信,个人信息不透露,转账汇款多核实",在警示宣传的背后,是全民参与、全社会反诈的强大声势;2021年共破获电信网络诈骗案件44.1万余起,在数字的背后,是公安干警的不辞辛劳、不畏艰险。经过持续努力,打击整治电信网络诈骗的网络越织越密,有效保障着人民群众的获得感、幸福感、安全感。

电信网络诈骗是人民群众深恶痛绝的新型网络犯罪。习近平总书记对打击治理电信网络诈骗犯罪工作作出重要指示强调,"坚决遏制此类犯罪多发高发态势,为建设更高水平的平安中国、法治中国做出新的更大的贡献"。近年来,除了公安机关不断加大打击电信网络诈骗力度之外,工信部部署开展"断卡2.0"专项行动,清理涉诈电话卡;人民银行开展行动,清理整治涉诈银行账户;中央网信办全力加强网络技术反制,封堵涉诈网址;各地党委政府切实加强源头治理,严防形成诈骗窝点,各地区各部门贯彻党中央决策部署,持续开展电信网络诈骗犯罪打击治理,取得了阶段性成效。

实践证明,打击治理电信网络诈骗犯罪不能止于见招拆招,必须让防治走在网络诈骗前面。这些年来,骗术套路在不断进化。而且,电信网络诈骗背后隐藏着一条庞大的利益链条。上游非法收集办理电话卡、银行卡,提供公民个人信息、诈骗剧本,搭建技术平台,中游通过引诱、恐吓等办法将目标引入圈套,下游为诈骗集团转赃现。尤其许多诈骗分子藏匿在境外,不同国家对电诈的监管力度、法律规则存在差异,造成我国警方取证难、遣返难、打击难。这些都是诈骗犯罪打击治理工作任务艰巨繁重之所在,更加需要强化系统观念、法治思维,注重源头治理、综合治理,坚持齐抓共管、群防群治。

然而,困难再大,大不过决心。目前,从国务院部级联席会议机制的制度设计到反电信网络诈骗法草案的法治支撑,从公安、金融、通信、互联网等相关各方守土尽责的工作责任闭环到广大人民群众识骗防骗能力显著提升,我们业已形成上下联动、相互支撑的全国一体化打击诈骗犯罪新格局,构建起全民反诈防骗新格局,为守护好群众"钱袋子"夯实了基础。只要坚持以人民为中心,全面落实打防管控各项措施,不断提高反诈防骗的科技含量、智慧含量、创新含量,我们就能提升社会综合治理水平。

再高明的网络诈骗技术,也是利用人性弱点。我们在紧盯诈骗犯罪手法新变化、创新打击之策的同时,还要着力营造诚实守信、勤劳致富的良好风气,引导全社会关注关爱触网较少的老人、涉世未深的年轻人。唯有如此,才能铲除滋生电信网络诈骗犯罪的土壤。

(素材来源:张天培《让防治走在网络诈骗前面》,人民网2022年3月31日)

【主持提示】

1.根据内容设定节目名称,设计开始语并从相关新闻素材直接引入话题。

2.事实胜于雄辩,引用一系列客观翔实的数据,让话题的阐述更有说服力。

3.深度剖析要有理有据,探讨如何更好地解决问题。

4.最后用积极正面的呼吁和倡导来结束话题。

5.结尾可用简短凝练的结束语。

第五章

社教节目模拟主持

一、节目表达特点

(一) 形式生活化

社教节目涉及生活的方方面面,受众的层次也是千差万别。但是它们有一点是相同的,就是它们所有的受众都希望在轻松愉悦的状态下收听收看广播电视节目,接受一些有用的信息,所以生活化的节目形式具有接近性,也更容易使受众产生亲切感。

(二) 语言口语化

生活化的节目形式,应该使用生活化的语言。节目当中使用的语言应该接近于日常生活的口语,但是这种口语又不完全等同于日常说话，而是经过一定的艺术加工、源于生活又高于生活的口语。

(三) 表现多样化

社教节目内容丰富，表现形式多种多样，既可以一人主持，也可以两人、三人或多人主持，还可以请嘉宾和现场观众共同完成节目。同时社教类节目除了"我说你听"的单向传播，也可以是"一起参与"的互动游戏形式或共同座谈、联欢的形式。总之，社教类节目并无定式，受众喜闻乐见并符合广播电视传播规律的节目样式都可能实现。

二、具体实践要领

(一) 确定对象感

社教节目的受众人数众多，层次复杂，他们的理解能力和接受能力有所差异。因此，在主持社教类节目时要有一个明确的定位，确定节目受众群体的主要特征，这样才能够相对准确地把握受众心理，达到比较好的传播效果。对象感的确定需要我们对受众有一个合理分析和想象，分析得越准确、想象得越具体，对象感也就越强烈。

(二) 加强交流感

社教节目主要是以反映社会、服务百姓的内容居多，主持人和受众的交流目的很明确。在"传"和"受"之间，交流就显得尤为重要。交流感的好坏可以直接影响节目的传播效果。交流感的核心是主持人心里要装着受众。

(三) 表达生动性

没有受众愿意坐在电视机前或守在收音机旁听别人麻木机械地对自己说教,大家都希望和主持人之间进行平等、友好和生动的交流。主持人语言表达应该生动形象,分析问题的时候循循善诱,评说观点的时候以理服人,传播信息的时候简洁明了,分享欢乐的时候开朗畅快。但是语言表达生动与否,并不是添加了一些"水词儿"就生动了,那些无谓的"嗯""啊""吧""呢""啦"只会让人产生厌恶,语言的表达一定要生动且得体。

(四) 体现互动性

社教节目重在关注受众、关心受众和服务受众,想受众所想、急受众所急,这些都把节目和受众以及主持人和受众紧紧地联系在了一起。节目在内容上有很多互动,比方说播读受众来信、反馈受众信息等,主持人也可以在节目中和受众互动交流,这样不但能增强节目的趣味性,也能提升节目的传播效果。

第一节 贴心服务

贴心服务是社教节目最大的特点。人们在日常生活中总会遇到各种各样的问题,有些时候大家不能够正确地看待,或者掌握的解决方法不一定合理,所以社教节目通过推荐一些好的方法和建议,或者对社会生活中一些生活常识以及生活窍门的讲解,帮助受众解决困惑。此类节目在内容和表现形式上贴近生活,在具体语言样式上,"述"的成分多,"评"的成分少。

一、示例分析

例一：电脑族如何保健抗疲劳

■长时间面对电脑，使颈椎处于向前屈的劳累状态，颈后肌处于强直状态，导致颈肌慢性劳损，从而发展成为颈椎病。

对策：颈部由前向后、再由后向前做绕环动作，顺时针和逆时针交替，然后交替做上下点头、左右摇头的动作。每隔1至2小时重复几遍。注意动作要缓慢、柔和。

功效：对颈椎病可起到预防、缓解的效果。

■长时间使用键盘、鼠标，使肩部肌肉处于紧张状态，压迫血管，导致血液供给不足。

对策：自然站立或坐姿。左肩先向前环绕，重复10次左右；右肩同样动作，重复10次左右。左臂向对侧平举，右臂弯曲勾住左肘，尽量将左臂向身体方向牵拉。然后再换右臂向对侧平举，方法与左臂相同，如此交替进行5次左右。

功效：通过对肩部韧带的拉伸，改善肩部及两臂的血液循环，从而缓解肩部的疲劳。

■长时间保持坐姿，背部肌肉得不到必要的活动，腰椎骨盆长时间承受全身的重量，会导致椎间盘组织弹性减退和脊椎骨质增生。

对策：坐姿，两脚尖抵一固定的物体，两手置于脑后，放在对侧肩膀上。先慢慢后仰至最大限度，然后还原，进行10次左右。双手撑腰，从左向右转动腰部，然后从右向左转动，交替进行10次左右。或者双手向上伸展，做伸懒腰的动作。隔20分钟做一次。

功效：增进腰部肌肉的柔韧性，还可缓解腰部的疲劳。可以加速血液循环，舒展全身肌肉，消除腰部肌肉过度紧张，纠正脊柱过度向前弯曲。

■坐的时间过久，下肢持续弯曲，缺少活动，腿部肌肉的张力和收缩力就会下降,造成静脉血液回流不畅。

对策:坐姿,足尖着地,足跟上抬,然后放下,如此反复进行30至50次。

功效:可以促进下肢静脉血液回流,预防下肢静脉曲张。

以上是一些局部针对性的锻炼方法。建议电脑一族还是应该抽时间进行一些全身性的有氧运动,以改善电脑综合征。

(素材来源:中国导医网)

拟好开始语,恰当地引入话题	**【模拟主持】** 您好,观众朋友,欢迎收看《健康生活》节目。 如今,电脑方便了我们的生活,我们不出家门就能知晓天下事,还能跟五湖四海的朋友交流,但我们的身体长时间地固定在电脑前,颈椎病、腰椎病等"电脑病"随之而来。今天我要提醒电脑一族,别忘了适当运动,养护自己的身体。
结合素材提供的信息,重新编排组合成适合主持人语言的表述形式,有条理并清楚地加以说明。可适当地添加一些自己积累的相关知识	其一,长时间面对电脑,会导致颈椎病。针对这一问题,我们可以让颈部做绕环动作,顺时针和逆时针交替。然后做点头、摇头的动作。每隔一两个小时重复几遍。动作要缓慢、柔和。这样对颈椎病可起到预防、缓解的效果。 其二,长时间使用键盘、鼠标,会导致肩部血液供给不足。我们可以自然站立或保持坐姿,双肩向前环绕,重复10次左右。左臂向右平举,右臂弯曲勾住左肘,尽量将左臂向身体方向牵拉。然后再换右臂,如此交替进行5次。这样可改善肩部及两臂的血液循环,从而缓解肩部的疲劳。 其三,长时间保持坐姿,会导致椎间盘组织弹性减退和脊椎骨质增生。我们可以这样做:

采取坐姿，两脚尖抵住一个固定的物体，两手置于脑后，放在对侧肩膀上。先慢慢后仰至最大限度，然后还原，进行10次左右。然后双手撑腰，从左右交替转动腰部10次左右。或者做伸懒腰的动作，隔20分钟做一次。这样做可以增进腰部肌肉的柔韧性，缓解腰部疲劳，还可以加速血液循环，纠正脊柱过度向前弯曲。

其四，坐的时间过久，下肢持续弯曲，缺少活动，容易造成静脉血液回流不畅。我们可以采取坐姿，足尖着地，足跟上抬，然后放下，反复进行30至50次。这样经常做可以促进下肢静脉血液回流，预防下肢静脉曲张。

当然了，"电脑综合征"对身心带来的伤害是"累积性"的，进行有效预防应从生活点滴做起。比方说操作电脑时要保持良好的姿势，调整好电脑显示器和座椅的相对高度，当人的视线与向地心垂线的夹角为115°左右时，人的颈部肌肉最放松。另外，要注意保持室内空气流通。间歇性地眺望远处，使眼睛充分放松。电脑辐射会产生静电，不妨在脸部涂上乳液形成"隔离膜"。此外，还可以通过调整饮食结构、加强体育锻炼来预防"电脑综合征"。平时应多吃些富含维生素A和蛋白质的食物。茶叶中含有茶多酚等活性物质，多饮茶可增强电脑射线抵抗能力。平时加强体育锻炼，以放松紧张的身体和神经，并保持旺盛精力。

通过今天的节目，我们希望您的工作既高效又科学，生活既健康又合理。好了，今天的节目就是这样，明天再见！

> 用简洁的语言结束模拟主持

例二：握手礼仪

握手是在相见、离别、恭贺或致谢时相互表示情谊、相互致意的一种礼节，双方往往是先打招呼，后握手致意。

■握手的顺序：主人、长辈、上司、女士主动伸出手，客人、晚辈、下属、男士再相迎握手。

■握手的方法：

☆一定要用右手握手。

☆要紧握双方的手，时间一般以1~3秒为宜。当然，过紧地握手，或是只用手指部分漫不经心地接触对方的手都是不礼貌的。

☆被介绍之后，最好不要立即主动伸手。年轻者、职务低者被介绍给年长者、职务高者时，应根据年长者、职务高者的反应行事，即当年长者、职务高者用点头致意代替握手时，年轻者、职务低者也应随之点头致意。和年轻女性或异国女性握手，一般男士不要先伸手。

☆握手时，年轻者对年长者、职务低者对职务高者都应稍稍欠身相握。有时为表示特别尊敬，可用双手迎握。男士与女士握手时，一般只宜轻轻握女士手指部位。男士握手时应脱帽，切忌戴手套握手。

☆握手时双目应注视对方，微笑致意或问好，多人同时握手时应按照顺序进行，切忌交叉握手。

☆在任何情况下拒绝对方主动要求握手的举动都是无礼的，但手上有水或不干净时，应谢绝握手，同时必须解释并致歉。

【模拟主持】

拟好开始语，并直接引入节目的主题

大家好，欢迎收看《生活指南》。

握手，是人与人交际的一个部分。握手的力量、姿势与时间的长短往往能够表达出不同礼遇与态度，显露自己的个性，给人留下不同的印象，也可通过握手了解对方的个性，从而赢得交际的主动。美国著名盲聋女作家海伦·凯勒曾写道：手能拒人千里之外；也可充满阳光，让你感到很温暖……事实也确实如此，因为握手是一种语言，是一种无声的动作语言。

在握手这个礼节当中应该注意些什么呢？我们就先从握手的顺序说起。

一般来说，主人、长辈、上司、女士主动伸出手，客人、晚辈、下属、男士再握手相迎。

在长辈与晚辈之间，长辈伸手后，晚辈才能伸手相握；上下级之间，上级伸手后，下级才能接握；主人与客人之间，主人宜主动伸手；男女之间，女方伸出手后，男方才能伸手相握。但无论什么人，如果他忽略了握手礼的先后次序而首先伸出手，对方都应不迟疑地回握。

> 清晰明了地讲解握手的顺序、注意事项

我们再来说说握手的方法。

第一点，一定要用右手握手。

第二点，要紧握对方的手1~3秒为宜。当然，太过用力或是只用手指漫不经心地接触对方的手都是不礼貌的。

第三点要注意的是，被介绍之后最好不要立即主动伸手。年轻者、职务低者被介绍给年长者、职务高者时，应根据年长者、职务高者的反应行事。如果年长者、职务高者用点头致意代替握手时，年轻者、职务低者也应随之点头致意。和年轻女性或异国女性握手，一般男士不要先伸手。

第四点要注意，握手时，年轻者对年长者、职务低者对职务高者都应稍稍欠身相握。有时为表

> 握手的方法是重点，需要详细地讲述。在模拟主持中，可以辅以握手的示范来加强节目效果

示特别尊敬，可用双手迎握。男士与女士握手时，一般只宜轻轻握女士手指部位。男士握手时应脱帽，切忌戴手套握手。

　　第五点要注意的是，握手时双目应注视对方，微笑致意或问好，多人同时握手时应按照顺序进行，切忌交叉握手。

　　最后我们强调一下，在任何情况下拒绝对方主动要求握手的举动都是无礼的，但手上有水或不干净时，应谢绝握手，同时必须解释并致歉。

> 根据总结握手礼仪的重要性，并恰切地结束模拟主持

　　如今，在许多国家，握手已成为一种礼节。与人初次见面，熟人久别重逢，均以握手表示自己的善意，因为这是最常见的一种见面礼和告别礼。有时在一些特殊场合，如向人表示祝贺、感谢或慰问时，双方交谈中出现了令人满意的共同点时，或双方原先的矛盾出现了某种良好的转机或彻底和解时，习惯上也行握手礼。

　　我们也希望您能够恰当使用握手礼仪，既可以向别人表现自己的真诚与自信，也能够更好地赢得他人的信任。

　　好，感谢收看今天的《生活指南》，我们下次再见！

二、练习提示

（一）西餐进餐礼仪

1. 餐具使用礼仪

吃西餐，必须注意餐桌上餐具的排列和置放位置，不可随意乱

取乱拿。正规宴会上,每一道食物、菜肴即配一套相应的餐具(刀、叉、匙),并以上菜的先后顺序由外向内排列。进餐时,应先取左右两侧最外边的一套刀叉。每吃完一道菜,将刀叉合拢并排置于碟中,表示此道菜已用完,服务员便会主动上前撤去这套餐具。如尚未用完或暂时停顿,应将刀叉呈八字形左右分架或交叉摆在餐碟上,刀刃向内,意思是告诉服务员,我还没吃完,请不要把餐具拿走。

使用刀叉时,尽量不使其碰撞,以免发出大的声音,更不可挥动刀叉与别人讲话。

2.进餐的顺序

一套内容齐全的西餐一般有七八道菜,主要由这样几部分构成:

第一,饮料(果汁)、水果或冷盆,又称开胃菜,目的是增进食欲。

第二,汤类(即头菜)。需用汤匙,此时一般配有黄油、面包。

第三,蔬菜、冷菜或鱼(也称副菜)。可使用垫盘两侧相应的刀叉。

第四,主菜(肉食或熟菜)。肉食主菜一般配有熟蔬菜,此时要用刀叉分切后放餐盘内取食。如有色拉,需要色拉匙、色拉叉等餐具。

第五,餐后食物。一般为甜品(点心)、水果、冰激淋等,最后为咖啡,喝咖啡应使用咖啡匙、长柄匙。

3.面包等可用手取食

进餐时,除用刀、叉、匙取送食物外,有时还可用手取。如吃鸡、龙虾时,经主人示意,可以用手撕着吃。吃饼干、薯片或小粒水果,可以用手取食。面包则一律用手取,注意取自己左手前面的面包,不可取错。取面包时,左手拿取,右手撕开,再把奶油涂上去,一小块一小块撕着吃。不可用面包蘸汤吃,也不可一整块咬着吃。

4.用汤匙舀着喝汤

喝汤时,切不可以汤盘就口,必须用汤匙舀着喝。姿势是:用左手扶着盘沿,右手用匙舀,不可端盘喝汤,不要发出吱吱的声响,也不可频率太快。如果汤太烫,应待其自然降温后再喝。

5.不可整块肉直接咬

吃肉或鱼的时候,要特别小心。用叉按好后,慢慢用刀切,切好后用叉子进食,千万不可用叉子将其整个叉起来,送到嘴里咬。这类菜盘里一般有些生菜,往往是用于点缀和增加食欲的,吃不吃由你,不要为了面子强吃下去。

6.需要服务请侍者

餐桌上的佐料,通常已经备好,放在桌上。如果距离太远,可以请侍者或麻烦别人递过来,不能自己站起来伸手去拿。

7.吃东西不要发出很大声响

吃西餐时,相互交谈是很正常的现象,但切不可大声喧哗或放声大笑,也不可抽烟,尤其在吃东西时应细嚼慢咽,嘴里不要发出很大的声响,更不能把刀叉伸进嘴里,也不能拿着刀叉在别人面前挥舞。

8.坐姿要端正

吃西餐还应注意坐姿。坐姿要正,身体要直,脊背不可紧靠椅背,一般坐于座椅的四分之三即可。不可伸腿,不能跷起二郎腿,也不要将胳臂肘放到桌面上。

9.酒杯不斟满,喝酒不劝酒

饮酒时,不要把酒杯斟得太满,也不要劝酒。如刚吃完油腻食物,最好先擦一下嘴再去喝酒,免得让嘴上的油渍将杯子弄得油乎乎的。干杯时,即使不喝,也应将酒杯在嘴唇边碰一下,以示礼貌。

10.餐位的安排

原则上男主宾坐在女主人右边,女主宾坐在男主人右边,而且多半是男女相间而坐,夫妇不坐在一起,以免各自聊家常而忽略与其他宾客间的交际。

(素材来源:《西餐礼仪知识》,《浙江日报》2006年5月18日)

【思路提示】

1.设定节目名称，此内容适合生活服务类节目，设计好开始语和结束语。

2.从生活品位或者礼仪修养角度入手，恰当地引入本期节目的话题。

3.此类话题涉及的知识点比较多，所以要注意从中找到重点，尽量删繁就简地进行概括性的讲解，同时要结合自己积累的经验和知识。

4.可以适当地运用身体语言示范动作，或者使用辅助道具来讲解和阐释。

【内容提示】

1.座次安排。西餐一般使用方桌，主人在客人出席宴会之前就已安排好席次。席次的安排有以下几种：

（1）英式坐法（最常用）：男女主人分坐在长方桌的两端，男女主宾分别坐在女主人和男主人的右手边，其他客人应男女相隔。在西方人眼里，宴会是结交朋友的最好方法之一，所以应当避免让熟人坐在一起。入座时，男士应帮女士入座，即轻轻拉开右手边的椅子，在女士坐下的一瞬间再将椅子轻轻推回。

（2）法式坐法：男女主人坐在餐桌的正中，其他人坐餐桌两端。

（3）口形餐桌："口"字形餐桌适用于客人众多的宴会，此时，男女主人坐在餐桌的正中，其他方面同英式坐法。

2.餐巾的使用。当主人把餐巾拿起来后，客人才可以把面前的餐巾打开，平放在大腿上。如果餐巾过大，可将其对折，折口朝外放置。餐巾可用于在交谈前擦去嘴上的油渍。女士在吃饭之前可先用餐巾轻拭嘴唇，以免将口红沾在餐具上。但注意不应用餐巾擦脸、擦手等。如果在用餐中要暂时离席，应当把餐巾放在椅子上，表示未吃完；宴会结束时，应把餐巾大致对折后放在餐桌上。

3.餐具的使用。西餐最常用的餐具就是刀和叉。正确使用餐具的方法是：英式用法是保持左手持叉、右手持刀，切一块吃一块；美式用法是将食物全部切好后，将刀放在碟子上，将左手的叉换到右手再叉东西吃，无论使用哪种方法都要注意以下几点：

（1）切食物时，要把食物叉稳，不要让食物飞出去。

（2）切食物时，应把双肘紧贴身体，切忌发出声音。

（3）切好后，一次只应叉一块，并将其全部送入嘴中。

（4）如果暂时不用刀叉，应将刀叉摆成八字形，刀刃向里，叉齿朝下。在用完餐后，应将刀叉并列摆在餐盘的一角，刀刃向里，叉齿朝上。注意不要把刀叉摆成十字形。

4.西餐的菜序。西餐的菜序为：面包和黄油、汤、鱼、肉、沙拉、甜品、咖啡或茶，吃不同的菜要使用不同的餐具，所以餐桌上摆放多副叉刀，分别放在餐盘的左右两边。

餐盘的最右边放着喝汤用的勺子，勺子的左边是吃鱼用的刀（对应着餐盘左边的第一个叉子），鱼刀的左边是肉刀（对应着餐盘左边的第二个叉子），餐盘正前方摆放着甜品叉和勺子，餐盘的左斜前方放着面包碟和面包刀。使用餐具的原则是由外向内地使用。

西餐每道菜的食用方法为：

（1）面包。将面包盘内的面包用手撕成小块，抹上黄油，整块放入口中。

（2）汤。身子坐直头微低，右手持汤勺，由内向外地舀汤喝。若汤所剩无几，可用左手微托起汤盘，使其外倾，再用汤勺舀。喝汤时切忌发出声音。

（3）鱼。首先将鱼头切下，然后用鱼刀沿着鱼背割下鱼肉，将剩下的鱼骨放入专门盛放鱼骨的碟子里，再把鱼肉切成小块食用；若是去掉鱼骨的鱼块，可以直接用刀将其切成小块食用。如果鱼肉太腥，可挤上柠檬汁后再吃。

（4）肉。西餐的肉菜往往是牛排。吃牛排时，应从左往右食用。若吃带骨头的肉，可以用手拿起来啃。

（5）沙拉。沙拉一般直接用吃肉的餐叉食用，只有遇到一口吃不下的食物才用刀切后食用。

（6）甜品。西餐的甜食一般有饼干、蛋糕、三明治、奶酪、布丁、通心粉、冰激淋等。吃饼干、蛋糕或三明治时，应用右手持之，一口一口咬着吃；吃奶酪时，应用刀切成小片后，用手拿着吃；吃布丁或冰激淋时，应用叉或勺舀着吃；吃通心粉时，一般用右手持叉，在左手所持汤勺的帮助下，把通心粉缠绕在餐叉上送入口中。

（7）咖啡或红茶。用完餐后，侍者往往会送上一杯咖啡或红茶，客人可根据自己的喜好加入牛奶和糖，再用小勺轻轻搅拌，搅拌之后，把小勺放在杯碟上，再用右手握杯把饮用。

5.配酒。在西餐中，酒是主角，菜是配角，菜要配合酒来选择。西餐宴会中的酒水一共分为以下三种：

（1）餐前酒。通常是具有强烈辣味的酒，如鸡尾酒、香槟酒、苏格兰威士忌、雪利酒等。

（2）佐餐酒。指在正式用餐时饮用的酒，一般为葡萄酒。西餐在配酒方面的原则是"白酒配白肉，红酒配红肉"，即吃白肉（海鲜、鸡肉等）用白葡萄酒搭配，吃红肉用红葡萄酒搭配。但鱼的味道过浓时，就用红酒搭配。

（3）餐后酒。通常选用白兰地或香槟酒等。

6.礼仪精髓：吃西餐时，主张所谓的"一口"主义，每一口不能吃太多，更不能嘴里一部分，嘴外一部分，要闭嘴咀嚼，不能边吃边说话。吃西餐时，每一道菜都要食用一点，不喜欢吃的也要至少取一点。如果某种食物与你距离较远，可请别人帮你传递，切不可站起来伸胳膊去取。

（素材来源：《每天学点礼仪学——中西餐进餐礼仪》，中华文明网2010年7月16日）

(二) 吃火锅要讲究搭配

■ 吃火锅前先喝果汁

吃火锅的顺序很有讲究，最好吃前先喝小半杯新鲜果汁，接着吃蔬菜，然后是肉。这样，才可以合理利用食物的营养，减少胃肠负担，达到健康饮食的目的。

■ 多放蔬菜

蔬菜性多偏寒凉，补充维生素，还有清凉、解毒、去火的作用，但放入的蔬菜不要久煮，避免破坏其中的营养物质。

■ 放些豆腐

豆腐是一种含有石膏的豆制品，在火锅内适当放入豆腐，不仅能促进多种微量元素的摄入，还可发挥石膏的清热泻火、除烦、止渴的作用。

■ 加些白莲

白莲不仅富含多种营养素，也是人体调补的良药。火锅内适当加入白莲，这种荤素结合有助于均衡营养，有益健康，加入的白莲最好不要抽掉莲子心，因为莲子心有清心泻火的作用。

■ 放点生姜

生姜能调味、抗寒。火锅内可放点不去皮的生姜，因姜皮辛凉，有散火除热的作用。

■ 饮杯清茶

吃火锅后饮杯清茶不仅可解腻清口，还有清火作用，但在吃过大鱼大肉的火锅后，不宜马上饮茶，以防茶中鞣酸与蛋白质结合，影响营养物质的吸收。

(素材来源:《吃火锅要讲究搭配 教你如何健康饮食》，养生网2010年7月10日)

【思路提示】

1.设定节目名称,此内容适合生活服务类节目,拟好开始语和结束语。

2.可以用生活中身边的具体例子来巧妙引入话题,从而引出本期节目的主旨。

3.针对大量的信息,理出逻辑脉络,比如哪些先说,哪些后说,这其中又有哪些是重点,同时还要说得形象生动。

4.模拟主持中可以适当运用身体语言和小道具,增加节目的服务性和生动性。

【内容提示】

天气变冷,火锅成为冬季人气最旺的美食。

吃火锅的人们会有些顾虑,怕增加脂肪,怕升高血脂,怕刻意节食的成果一晚丧失殆尽。其实,只要搭配得当,吃火锅也能吃得健康。

1.火锅里的肉类

肉类是火锅重要的食材。肥牛片和肥羊片都是高脂肪的食物,脂肪含量可达30%以上,比猪油、鸡油更容易升高血脂。血脂、血糖、血压比较高的朋友,更要小心美味肉片带来的麻烦。

相比之下,鸭血的热量就要低得多。血脂偏高的朋友应少吃牛羊肉,多选择鸡肉、海鲜、血片、百叶等低脂肪的食物。体弱怕冷的朋友多选牛羊肉,以达到祛寒滋补的效果。容易过敏的朋友尽量避免吃海鲜。减肥的朋友多吃海鲜和血片,尽量用白豆腐来代替肉类。

2.火锅里的蔬菜

几乎所有的蔬菜都可以与火锅和谐相处,但其中对身体最为有益的当属绿叶蔬菜。绿叶蔬菜可以供应维生素C和胡萝卜素,也能部分消除大量吃肉带来的种种不健康的影响。蔬菜中的纤维素可帮助打扫肠道中黏附的脂肪和蛋白质废物，还能减少脂肪和胆固醇的吸收。按照膳食平衡的原则，吃1份肉类，至少需要2份蔬菜与之搭配，而且最好边吃肉边吃菜。

白菜、生菜清爽可口，有清火去腻的功效；冬瓜、黄瓜具有减肥消脂的作用；油菜、油麦菜、茼蒿、豆苗等都是营养价值极高的绿叶蔬菜，可以帮助人体在吃肉后保持体液的酸碱平衡，还能提供大量维生素C和维生素B2。绿叶菜中的胡萝卜素在肉汤中脂肪的作用下，可以被人体充分吸收，对抵抗衰老十分有益。

3.调味料的选择

火锅中常常放一些滋补原料，如大枣、枸杞、人参、天麻之类，还可能有大量的生姜和辣椒，不妨按照自己的体质来挑选。容易上火的朋友应当注意避免"滋补"效用过强的火锅底料，也不要选择鸳鸯锅中漂浮一层辣椒油的红锅，身体虚寒的朋友则比较适合这类锅底，葱姜、辣椒可以温暖身体。

减肥的朋友一定要控制蘸料的食用量，不论麻酱、韭花料还是香油蒜汁料，脂肪的含量都很多。担心皮肤生痘的朋友，应当减少蘸料中的葱花、香菜和辣椒油。此外，血压、血脂、血糖较高的朋友要控制蘸料中的盐含量，因为过多的盐分对心脏和肾脏十分有害。

4.火锅与主食

我们吃火锅时往往会忘记吃主食，或者在肉残汤浓的时候才下一点面条、饺子或年糕片。这种做法的结果就是肉与淀粉搭配不均衡，容易在人体内产生大量废物。正确的做法是在吃肉时搭配吃少量淀粉类食物，一则帮助控制食量，二则保护胃肠健康，同时有益于营养平衡。

相比之下，不含脂肪的小馒头、面条等更为健康。但如果在涮肉时放了马铃薯、甘薯、粉丝等配料，我们就已经获得了足够的淀粉，就不一定要吃主食了。

5.火锅食材的颜色

我们要注意食材的颜色。肉类涮熟之后如果仍然保持红色,则表明肉片已经被染色,有合成色素或亚硝酸盐。过于筋道的鸡血、鸭血可能加入了甲醛,韧性大大提高;涮后依然保持红色的鸡血、鸭血,我们也应高度警惕。过于洁白的粉丝可能经过漂白,过于金黄的豆腐皮可能被染色,过于翠绿的海带也未必是天然的颜色。

(素材来源:范志红《吃火锅讲究搭配得当 选择正确健康口福尽收》,《羊城晚报》2009年12月7日)

(三) 家庭失火注意事项

家庭火灾普遍是由于人们疏忽大意造成的,常常事发突然,令人猝不及防,后果严重。

应急要点

■炒菜油锅着火时,应迅速盖上锅盖灭火。如没有锅盖,可将切好的蔬菜倒入锅内灭火。切忌用水浇,以防燃着的油溅出来,引燃厨房中的其他可燃物。

■电器起火时,先切断电源,再用湿棉被或湿衣物将火压灭。电视机起火,灭火时要特别留意从侧面靠近电视机,以防显像管爆炸伤人。

■酒精火锅添加酒精时忽然起火,千万不能用嘴吹,可用茶杯盖或小菜碟等盖在酒精罐上灭火。

■液化气罐着火,除可用浸湿的被褥、衣物等捂压外,还可将干粉或苏打粉撒向火焰根部,在火熄灭的同时关闭阀门。

■逃生时,应用湿毛巾捂住口鼻,背向烟火方向迅速离开。

■逃生通道被切断、短时间内无人救援时,应关紧迎火门窗,用湿毛巾、湿布堵塞门缝,用水淋透房门,避免烟火侵入。

专家提示

■家中无人时,应切断电源、关闭燃气阀门。

■不要卧床吸烟,乱扔烟头。

■不要围观火场,以免阻碍救援工作,或因爆炸等受到伤害。

■家庭应备火灾逃生"四件宝":家用灭火器、应急逃生绳、简易防烟面具、手电筒。将它们放在随手可取的位置,危急关头便能派上大用场。

【思路提示】

1.从内容上来看,该节目可以设定为科普知识的节目,拟好开始语和结束语。

2.最好从一个真实的家庭火灾自救成功的例子引入话题,告诉大家了解消防知识的重要性。

3.理清脉络,先分析家庭火灾的原因,然后介绍如何应急以及解决方案。

4.必要时可以使用肢体语言和辅助道具,力求讲解清晰明了、简单易懂。

【内容提示】

1.在家庭火灾中,电气原因引起的火灾屡屡发生。因此,我们应当了解一些常见的引发用电失火的原因,注意防范。

(1)导线的截面积选择不正确。导线截面积和负荷的电流值不相适应,导线中流过的电流量超过了安全电流值,使电线超负荷引发火灾。

(2)擅自增加电气设备。在线路中过多地接入大功率的用电设备,超过了线路的负荷能力。

(3)导线绝缘层损坏造成短路,引燃周围可燃物而发生火灾。

（4）导线连接处松动，产生电火花或电弧而引燃周围可燃物发生火灾。

（5）开关安装不当。熔断器或开关安装在可燃物上，保险丝熔断时炽热的金属粒溅落，使下方可燃物燃烧造成火灾。

（6）家中使用的煤气、液化气、天然气等可燃气体泄漏，与空气混合后达到爆炸极限时，开、关电器开关，就有可能产生火花，引起火灾或爆炸。

（7）插头损坏，不及时更换，用裸线头代替插头使用，也会造成短路或打火，引起可燃物起火。

2.火灾固然可怕，但学习消防知识，在家庭生活中安全用火用电，火灾还是可以预防的。日常生活中，我们掌握一些灭火常识和逃生技能是必要的，在发生火灾时应保持冷静，通过掌握的消防知识并利用有效的逃生方法进行自救，便能化险为夷。

（1）被烟火围困、暂时无法逃离的人员，应尽量站到阳台、窗口等易被发现和能避免烟火接近身体的地方。白天可以向窗外晃动鲜艳的衣物，或外抛轻型晃眼的东西。

（2）自制器材，滑绳自救。你可以迅速利用身边的绳索或床单、窗帘、衣服等逃生。

（3）不贪财物，迅速撤离。发生火灾时最重要的是尽快脱险，而不要过多顾及财产。

（4）火已及身，切勿惊跑拍打。当身上衣服着火时，可用湿被子盖灭火苗。

尤其要注意的是：受到火势威胁时，要当机立断披上浸湿的衣物、被褥等向安全出口方向跑。如果您住的是高层住宅，遇火灾不可乘坐电梯，要向安全出口方向逃生。室外着火，且门已发烫的话，千万不要开门，要用浸湿的被褥、衣物等堵塞门窗缝，并泼水降温。

若所在逃生线路被大火封锁，要立即退回室内，用打手电筒、挥舞衣物、呼叫等方式向窗外发送求救信号。实在逃不出去，尽量躲到厕所里等待救援，因为厕所里一般有水，有条件降温。

(素材来源：《家庭火灾逃生注意事项》，本质安全网2010年8月17日)

三、训练题库

(一) 地震自救

地震时如被埋压在废墟下，四周一片漆黑，只有极小的空间，你一定不要惊慌，要冷静，树立生存的信心，坚信会有人来救你，要想方设法保护自己。

地震后，常常有余震发生，你的处境可能继续恶化，为了免遭新的伤害，要尽量改善本人所处环境。此时，假如应急包在身旁，将对你的脱险起很大作用。

在这种极不利的环境下，首先要维持呼吸畅通，挪开头部、胸部的杂物，闻到煤气、毒气时，用湿衣服等物捂住口、鼻；避开身体上方不坚固的倒塌物和其他容易掉落的物体；扩展和稳定生存空间，用砖块、木棍等支撑残垣断壁，以防余震发生后，环境进一步恶化。

设法脱离险境。假如找不到脱离险境的通道，尽量保持体力，用石块敲击能发出声响的物体，向外发出呼救信号，不要哭喊，这样会耗费大量精力和体力，尽可能控制本人的心情或闭目休息，等候救援人员到来。假如受伤，要想办法包扎，防止流血过多而休克。

维持生命。假如被埋在废墟下的时间比较长，救援人员未到或者没有听到呼救信号，你就要想办法维持生存，防震包里的水和食品一定要节约，尽量寻觅食品和饮用水，必要时本人的尿液也能起到解渴作用。

目前，地震固然是人类无法防止和控制的，但只要我们掌握一些技巧，也是能够在灾难中将伤害降到最低的。

1. 为了您和家人的安全，请躲在桌子等坚固家具的下面。
2. 摇晃时立即关火，失火时立即灭火。
3. 不要慌张地向户外跑。
4. 将门打开，确保出口。
5. 户外的场合，要保护好头部，避开危险之处。
6. 在百货公司、剧场时，按照工作人员的指示行动。
7. 汽车靠路边停车，管制区域禁止行驶。
8. 务必留意山崩、断崖落石或海啸。
9. 避难时要徒步，携带物品应在最少限度。
10. 不要听信谣言，不要轻举妄动。

【主持提示】

1. 设计节目名称。从内容来看，该节目应该属于生活常识一类的服务节目。我们为节目拟好开始语和结束语。

2. 从近些年来国内外发生的地震灾害引入话题，告诫人们具备地震自救知识的重要性和必要性。

3. 根据地震发生后的不同环境和状况，根据材料提供的素材以及自己积累的相关知识告诉大家应该如何应对紧急情况。罗列注意事项时，既要言简意赅、重点突出，又要简洁明了、易于掌握。

4. 语气要恰当，还可辅以副语言和图片、字板等小道具。

(二) 挑选涉外礼品四原则

挑选送给外国友人的礼品时，一般恪守以下四个基本原则：

其一，要突出礼品的纪念性。在涉外交往中，送礼依然要讲究"礼轻情意重"。因为很多国家不时兴赠送过于贵重的礼品。反之，则很可能让受礼者产生受贿之感。

其二，要体现礼品的民族性。中国人司空见惯的风筝、二胡、笛子、剪纸、筷子、图章、书画、茶叶等，往往受到外国朋友的青睐。

其三，要明确礼品的针对性。挑选礼品时要因人而异，因事而异。选择礼品时，务必充分了解受礼人的性格、爱好、修养与品位，尽量使礼品受到受礼人的欢迎。此外，还应考虑在不同情况下，向受礼人赠送的礼品应当有所不同。比如，在国务活动中，宜向国宾赠送鲜花、艺术品。出席家宴时，宜向女主人赠送鲜花、土特产和工艺品，或是向主人的孩子赠送糖果、玩具等。

其四，要重视礼品的差异性。向外国友人赠送礼品，是绝对不能有悖于对方的风俗习惯的。要解决这一问题，就要了解受礼人所在国家的风俗习惯。在挑选礼品时，主动回避对方可能存在的与礼品品种、图案、形状、数目、包装等有关的禁忌。

(素材来源：赵鑫《挑选涉外礼品四原则》，《北京日报》2007年9月5日)

【主持提示】

1.首先设计好节目名称。根据素材内容，该节目可以设计为生活百事通一类的服务节目。为节目拟好开始语和结束语。

2.随着大家与外籍人士交往的日益频繁，挑选涉外礼品的知识和礼仪就显得比较重要，由此巧妙地引入话题。

3.对素材中所说的"四原则"，要条理清楚地加以阐释，尽量做到形象生动，可以添加一些自己积累的知识，最好能够举一些实例，让话题听起来更具体且有说服力。

4.此内容的主持节奏不宜太快，目的是让人听清楚。尽量使用一些通俗易懂的语句，做到层次分明、有主有次。当然，必要的话可以恰当使用副语言和便捷的小道具，增加模拟主持的生动性和可看性。

（三）七种食物帮女人吃出精致小V脸

想要吃出精致小V脸的你，可不要错过以下食材及瘦脸健康食谱！

菠菜：菠菜含有丰富的钾及维生素A和维生素C，但是必须注意烹调方式，否则营养很容易流失。此外，菠菜还含有大量的β-胡萝卜素和铁，也是维生素B6、叶酸、铁和钾的极佳来源，能使人面色红润、光彩照人，因此菠菜被推崇为养颜佳品。

豆苗：绿油油的豆苗含有利于消除水肿的钾，而且豆苗可以强化咀嚼效果。还可以试一下将豆苗磨碎后涂在皮肤上，既可去掉肌肤上的油脂，又可防止夏季晒黑。

胡萝卜：蜂蜜胡萝卜汁养颜又美容。胡萝卜可刺激皮肤的新陈代谢，增进血液循环，从而使皮肤细嫩光滑，肤色红润。同时，胡萝卜也能改善皮肤干燥、粗糙等肌肤问题。

芹菜：芹菜具有营养价值及促进口腔活动的功能。芹菜含铁量较高，能补充妇女损失的气血，能避免皮肤苍白、干燥、面色无华，而且可使人目光有神，头发黑亮。

纳豆：纳豆含有丰富的钾。大豆的蛋白质具有不溶解性，而做成纳豆后，变得可溶并产生氨基酸，帮助肠胃消化吸收。

鱼干：鱼干含有优质的钾。因此，在蒸、煮、炒或做汤时，加些小鱼干，美味又营养。

柿饼：柿饼是兼具营养价值及促进口腔活动的健康食品，性甘湿无毒，可以润心肺、止咳化痰、清热解渴、健脾润肠。

（素材来源：《七种食物吃出精致小V脸》，新浪健康博客2013年8月9日）

【主持提示】

1.从素材来看，此内容更适合女性节目或时尚节目。我们要设计好节目名称，拟好开始语和结束语。

2.可以从当前潮流或者身边实例入手,巧妙地引入话题,明确此次节目的主旨。

3.针对素材中所列举的一系列美容食品,如何归并或者划分显得很有必要,否则一长串的蔬菜和食品很难让人记住。还可以用自己积累的相关知识来补充和丰富所讲内容,让人加深印象。

4.充分利用小道具在这个节目中就很有必要了,红红绿绿的果蔬道具不但让画面好看,更能够加深观众的印象,同时辅以恰当的体态语,让主持生动活泼,与内容相辅相成。

(四) 旅游六要素

按照"吃、住、行、游、购、娱"旅游六要素安排和进行旅游,要注意什么呢?

■吃:只有吃得好,才能玩得好,所以一定要吃饱、吃好、吃干净。请大家注意:

1.不要过多地改变自己的饮食习惯,注意荤素搭配,多食水果。

2.各地名吃一定要品尝,但不可暴饮暴食。

3.各地都有风味小吃、特产瓜果,大家吃时勿忘考虑水土不服的情况。

■住:选择干净、舒适的居住环境即可。另要注意:

1.只有睡眠充足,才能确保第二天旅游时精力充沛。

2.如果因换环境不能入睡,那么睡前洗个热水澡会有助于睡眠。

3.床具要干净,注意个人卫生。

■行:选择合适的游览目的地,一定要注意该处进得去,也出得来。特别注意:

1. 先买好返程票。

2. 乘坐交通工具注意安全。

3. 购买一份当地地图,以防迷路。

■游:游是核心。一定同导游配合好,可感受到更多的乐趣,学习到更多的知识。注意:

1. 去游览景点之前,找些有关介绍读一读,把读书和游览结合起来。

2. 因旅游交通费是主要开支,最好能将目的地附近的景点顺便一游。

3. 不要只游览,也顺便考察一下当地和自己行业有关的状况,则会受到启发,使旅游具有更大的意义。

■购:在异地购物也是乐趣之一,但应注意:

1. 只购当地独有的。

2. 理性消费,尽量控制旅游费用的开支。

3. 千万别购太重的物品,防止行李超重。

■娱:娱乐乃人之常情,但注意:

1. 不要入迷,适可而止。

2. 玩一些当地特有的娱乐项目。

3. 注意安全,保存体力。

【主持提示】

1. 可以设计为一档旅游节目中的子栏目,拟好开始语和结束语。

2. 和旅游相关的话题很多,因此也很容易和本期节目的内容联系起来,找到合适的切入点就可以引入本期节目的主旨。

3. 从素材来看,有关旅游的六大要素都已经归纳得很明确了,在主持时需要把每一点都表述清楚,具体要点还可以列举实例来阐释。

4.适当地运用体态语有助于内容的表述,另外此节目中可以适当使用一些小道具,比方说图片、图标或者字板等。

(五)食疗助眠:学生喝营养粥可缓解考前失眠

高考将近,有的考生由于情绪高度紧张而导致夜间失眠,建议广大考生晚上喝点"安神粥"帮助睡眠。

小米粥:小米适量加水煮粥,晚餐或睡前用。小米可健脾胃、安神,其色氨酸及淀粉含量很高,食用后可促进胰岛素分泌,提高进入脑内色氨酸的数量,故能起到使人安眠的效果。

牛奶粥:大米粥将熟时加入一杯牛奶。脑细胞分泌物血清素可抑制大脑思维活动,从而使大脑进入酣睡状态。色氨酸是人体制造血清素的原料,牛奶中含有这种令人体产生困意的物质。

大枣粥:大枣10~15个,粳米60克,煮粥热服。大枣具有健脾安神之功效。

蜂蜜粥:蜂蜜适量,和粳米50~100克煮成稀粥。蜂蜜粥有润肠通便、养心安神之功效。

百合粥:百合30克,先用清水浸泡半日,去其苦味,再加大米50克,共煮至米熟有清香气味,加冰糖适量即可食用。

莲子粥:莲子30克,粳米250克,共煮粥,加少许糖渍桂花即可。莲子粥有补中益气、健脾养胃、宁心安神之效。

(素材来源:连淑兰《食疗助眠:学生喝营养粥可缓解考前失眠》,《当代健康报》2010年5月21日)

【主持提示】

1.从素材来看,这可以是一档和保健有关的节目,还可以是和饮食有关的节目。选定一个方向,设计好节目名称,拟好开始语和结束语。

2.根据选定的节目方向,巧妙引入话题。饮食和保健相辅相成,相得益彰,科学合理的饮食必然能起到很好的保健效果。

3.素材中所列举的几款粥都具有安神助眠的作用,可以适当地加以比较,比如从材料价格上比较、从制作方法上比较、从口感上比较、从功效上比较,这样表述起来条理清楚,且便于让观众进行选择。

4.体态语必不可少,道具可有可无,视情况而定。

第二节　理性引导

理性引导是社教节目的另一大特点。在社会生活中,教育、科技、法律、医药卫生等问题都需要理性的引导,相应的教学节目、科普节目、法律节目、医药卫生节目等都属于社教节目。另外,社教节目按照受众群体划分,可以分为青少年节目、老年节目、妇女节目等。这些节目或多或少都会有对社会生活中的问题进行理性分析的内容,从而对受众进行正确的劝解和引导。此类节目在语言表述上以"评"为主。

一、示例分析

例一:"非名牌大学不上"未必理性

在我省2010年高考成绩公布之前,预估自己考630多分的大庆考生李洋(化名)走进了大庆实验中学咨询报名复读班。630分,对于满分750分的高考成绩来说,绝对称得上是高分,也是许多考生梦寐以求的分数。为何这么高的分数还要选择复读？李洋在高考志愿填报书上只填报了一个志愿，那就是清华大学。"我和班主任老师商量过了，今年我的这个分数上一些重点大学没问题，但是上清华这样的名牌大学机会不大。我的目标是清华，如果今年考不上，我就复读。"李洋的态度非常坚决。

省招考办日前公布的数字显示，今年高考我省共有19.5万人报名，省内外1000多所高校在我省共计划招生17.7万人，录取比例为1.1∶1，为历年来录取比例最高的一年。教育学者、社会学家纷纷发表言论认为，"高等教育正进入大众化时代"。但是，就在目前这种高等教育大众化的时代背景下，一些考生和家长却抱着"非名牌大学不上"的态度走上了"高分复读"之路。近日，一些高考复读班就迎来一批估分600分以上的高分复读生。

（素材来源：李波《估了600分为何还复读　复读生：非北大清华不去》，《黑龙江晨报》2010年6月25日）

【模拟主持】

> 拟好开始语，从素材入手直接引入模拟主持的主旨

您好，观众朋友，欢迎收看今天的《教育论坛》节目。

很多考生都和李洋同学一样，高考志愿就填报一所大学，表现出相当的自信。然而在我看来，高分考生复读冲击名牌大学，追求大好前途的勇气与决心固然令人钦佩，但是，无论从国家教育大局，还是从个人成长的角度考虑，大批高分考生"非名牌大学不上"，主动"落榜"，其弊端也显而易见。高分考生和家长在作出复读决定时，需三思而行，不必盲目跟风。

其一，复读尽管是又一个机遇，但是也有风险与压力。高考充满很多不确定因素，每年的考试从风格到题型变化都较大，新课程高考改革地区尤其如此，复读生尤其是高分考生，自身心理负担本来就比较重，而且还要面临社会、家庭、周围人群等方方面面的压力，生怕自己稍有闪失，考砸了。而恰恰是这种高压心理，反而可能导致学生在考场上发挥失常。在现实生活中，高分复读失败的例子并不鲜见。

其二，复读增加了家庭经济负担，也不利于学生个人的成长。有报道说，复读一年的费用约需2万元，如果早一年上大学，可以提早就业，减轻父母经济压力。尽管有报道说，两年内高校学费不上涨，但是两年以后呢？通胀压力显现，生活成本也会不断增加。如果家庭经济条件不允许，考生也要站在父母的角度思考问题。

其三，虽然推迟上大学有可能避开就业高峰，但目前的就业形势并非一朝一夕能够改变的。大学扩招还在继续，由于产业结构升级和产业梯级转移的滞后，推迟上大学面临的就业竞争可能更加激烈。现在的用人单位大多注重工作经验的积累与实际动手能力，是否出身名校并非衡量毕业生的唯一指标。学生及时毕业，参与社会竞争，能多积累工作经验，尽快适应社会。

> 分别从复读的机遇和风险、家庭经济负担、未来就业压力等几个方面来深入剖析高考复读现象

换个角度来看，如果大批学生放弃上大学的机会，特别是高分考生再次踏上高考战车，客观上会挤占应届毕业生的升学机会，无形中加剧了高考竞争，这对其他考生不公平，也许还会产生新一批

换个角度来看问题，发现实质，提升认识，并结束模拟主持	高分复读生。长此以往，可能形成高分复读恶性循环，浪费教育资源和社会资源，这并非当前教育的初衷。 总而言之，"非名牌大学不上"未必理性！ 好，感谢收看今天的《教育论坛》，明天见！ （素材来源：刘凯玲《"非名牌大学不上"未必理性》，中国网2010年6月29日）

例二：耄耋老人跳水救人该不该求宣传

近日，57岁的何大妈晨练时一头栽进了荷花池，82岁的孙老伯奋不顾身跳入池中救人。大妈心存感激，打算登门道谢，却被老伯要求找电视台、报社，宣传一下他的行为。大妈的女儿得知此事，在网上发帖质疑老伯救人的目的，该帖引来网友热议。

救人者孙老伯：要求宣传为了教育旁观者！

救人的老伯姓孙，连云港灌云人，今年82岁，1944年参加新四军，1953年抗美援朝之后来杭州工作。老伯特别强调，他不是第一个跳进池中的人。"第一个跳进池中的也是一个老头，年纪比我还大，84岁了。"孙老伯告诉记者："让我寒心的是，当时在场那么多比我年龄小的人，结果还是我们两个80多岁的老头跳进池里。所以，有必要把这样的事情宣传一下，教育一下旁观的年轻人。"对于那些怀疑他救人是为财的人，孙老伯说："我是退役军人，参加过抗日战争、解放战争、抗美援朝，现在每月七七八八加起来收入过万，你说我还需要什么财？"孙老伯表示："我的经历塑造了我的世界观，我的世界观指导我的行为。我只是想通过宣传我的事情感染更多的人。我没想到这一举动引来那么多的误解。"针对当今社会好事难做、好事不做、做了好事有后顾之忧的现象，孙老伯指出，在这种氛围下，做了好人好事就更需要多报道。

被救大妈：要向组织汇报我想不通！

被救的何大妈表示，对于孙老伯所表达的弘扬见义勇为的思想，她是赞同的。但是大妈对于老伯要求上电视，并让大妈向组织汇报救人一事的做法还是想不通。何大妈表示，最近她的身体一直不是太好。"等我腿脚方便了，肯定要去谢谢他的。"

被救大妈的女儿："雷锋做好事不留名！"

何大妈的女儿韩女士，是改革开放后接受教育的第一代。谈起孙老伯求表扬的事，韩女士对此表示不满，"哪有这样来求表扬的？"虽然她承认了老伯的救人行为，表示感谢是应该的，但还是坚持"雷锋做好事不留名"的想法——"我就是不想让他曝光"。"我们只是不愿意把自己的隐私曝光。既然已经这样，要弘扬正气，就弘扬吧，就算是我们吃了个闷亏。"

（素材来源：《八旬老人勇救落水大妈 要求被救者找媒体宣传引争议》，《京华时报》2010年8月1日）

【模拟主持】

您好，观众朋友，欢迎准时收看《人间》。

据《京华时报》报道，近日，57岁的何大妈晨练时一头栽进了荷花池，82岁的孙老伯奋不顾身跳入池中救人。大妈心存感激，打算登门道谢，却被老伯要求找电视台、报社，宣传一下他的行为。大妈的女儿得知此事，在网上发帖质疑老伯救人的目的，该帖引来热议。

> 拟好开始语，从新闻素材直接引入节目

"做好事不留名"，这是一句古话。古人还有一句话："公子有德于人，愿公子忘之。"说的是同一个意思。几十年前，雷锋做好事不留名，至今为世人传诵。那么，我们做了好事到底该不该留名？

> 想想看，已是耄耋之年的老伯不顾个人安危跳入池中救人，实属不易。老人说："你们小年轻委屈我了，我提出宣传我救人，一是要教育当时在现场旁观而不救人的年轻人，二是想通过宣传感染更多的人来见义勇为。"做了好人好事就更需要多多报道，老人的做法可谓用心良苦。
>
> 当今社会好事难做、好事不做、做了好事有后顾之忧，我们经常看到这样的一幕幕：当一个人处于危难之中，无人伸出援手；当歹徒猖狂时，无人敢大喝一声"住手"……事实上，何大妈落水时，在场那么多比孙老伯年龄小的人都没去救人，却是两个80多岁的老人跳进湖里，这是多么值得思考的场景。老人的举动越伟大，那些年轻人的形象越渺小。

（从节目主题"做好事该不该留名"说起，阐发观点）

> 这个社会怎么了？乐善好施、见义勇为、助人为乐哪里去了？人们不愿帮、不想帮、不能帮，一个很显著的原因就是，在当今物质化时代，我们缺少了真诚和热情，我们信奉多一事不如少一事，我们衡量人与人之间的关系过多以利益盘算。正是基于此，孙老伯才毅然决定做好事要留名，这是无奈、是拷问，更是呼唤。他说："做了好事都不留名，谁能知道这个世上还有好人呢？"话虽朴实，道理却深刻。
>
> 由此我想到了"做人要善良、做事要做善事"的中国首善陈光标。高调慈善是陈光标的一大特点，陈光标说过这样一句话："我做好事，第二天就要让全世界知道。"每做一件好事为何非要大

（从新闻事件本身的细节来深入剖析现象背后问题的本质）

力向社会宣扬？原来陈光标的目的就是，要成为慈善的榜样，呼吁更多的人来参与慈善事业。陈光标的高调慈善一度受到人们的嘲讽，如今人们渐渐理解并支持他的高调慈善。

爱可以传递，善可以点燃，激发更多的人投入到行善之中，功莫大焉，善莫大焉。也许当做好事成为每个人的生活方式，善成为我们的信仰和行动时，就不需要留名和扬名了。

好，感谢您收看今天的《人间》，再见！

（素材来源：王石川《我力挺救人留名的孙老伯》，《京华时报》2010年8月1日）

> 将主题归结为"爱"和"善"，积极倡导主流价值观，并结束模拟主持

二、练习提示

（一）大学生"毕业季消费"要理性

眼下正值毕业季，即将离校的大学生们都肆意挥霍"最后的青春"。国内一家知名人才交流网站日前公布的一项调查报告显示，多地大学生"毕业季消费"已超过当地平均工资水平，近三成毕业生毕业季花费超万元。

（《扬子晚报》2016年6月12日）

【思路提示】

1.确定节目名称，既可以是教育类节目，也可以是伦理道德类节目。

2.根据素材所提供的信息或者结合亲身经历以及听闻的相关信息引入话题，观点既要客观理性，又要符合主流价值观。

3. 旁征博引，深入分析，以理服人。
4. 概括总结，用呼吁式的话语来作简短的收尾。

【内容提示】

大学毕业生即将离校，无论从人的情感上，还是从大学生走入社会谋发展上来说，都离不开一定的消费。只是，作为在校学生，自己没能力挣钱，反而还要花钱，这消费自然就由家长买单。

俗话说：不花自己挣来的钱不知道心痛。大学生肆意挥霍拼的是家庭经济实力，靠的是父母长辈。但是，每个家庭的经济条件不尽相同，所以，在花销上也有所区别。家庭经济状况不好的大学生往往处在两难之中，他们看见别人在高消费，即使自己家庭经济条件不允许，也盲目攀比，非得与那些高消费的同学来个大比拼。

此时，拼的并不是个人能力，拼的是没有底线的虚荣心。如果家庭没有这个经济实力，孩子恐怕得让父母东拼西凑给自己汇款。事实上，这些父母往往是在家勒紧腰带，省吃俭用供孩子消费。

一般情况下，只要孩子提出的要求还算合理，父母都会倾其所有鼎力支持。如果孩子能够理解父母苦衷，并且能为父母分忧解难，那倒还算是父母们的幸事。如果孩子对高消费习以为常，不管家庭经济条件好坏，那么家庭一旦断了其经济来源，这类孩子就有可能误入歧途。

因此，大学生的"毕业消费季"不是"烧钱季"，家长、学校和社会要对其密切关注，正确引导。大学毕业生已经是成年人了，应该有比较理性的思维和行为能力。不要盲目攀比，要自强自立；不要铺张浪费，要勤俭节约；要懂得感恩，承担家庭责任；不要在爱慕虚荣、贪图享受上荒废自己的人生。

让大学生理性对待"毕业消费季"，是应届毕业生走入社会的一门重要课程。

（素材来源：张维《大学生"毕业季消费"要理性》，人民网2016年6月13日）

(二) 理性"网购",学会辨别

现如今"网购"被认为是一种潮流的象征,如果作为大学生的你不会"网购",那么肯定会被嘲笑太"out"了。"网购"作为当今生活中一种新型的消费模式,以其便利、省时、优惠等特点受到大学生和上班族以及"宅男宅女"们的广泛青睐。

【思路提示】

1. 确定节目名称,既可以是民生类节目,也可以是法律类节目。
2. 根据素材所提供的信息或者结合亲身经历以及听闻的相关信息引入话题,观点既要客观理性,又要符合主流价值观。
3. 深入分析,以理服人,条理清晰。
4. 概括总结,用呼吁号召式的话语来作简短的收尾。

【内容提示】

"网购"的发展是一场巨大的商业革命,是传统实体店和网店的一场博弈,作为消费者的我们本以为可以获利更多,却不知我们才是"冤大头",为一些"黑心网店"买单。

随着"网购"的快速发展,其暴露出越来越多的弊病,相对应的快递业也颇受消费者的诟病。恶性竞争、假货充斥等问题成为"网购者"心中的"痛"。一位喜欢"多管闲事"的资深快递员,向记者揭示由快递公司、快递员、网上卖家、商家销售员等多个角色组成的巨大"利益共同体",让我们明白我们是怎么在这个巨大"利益共同体"下失去自己的权益的。因此,我们开始思考自己平时的"网购"真的是理性吗?我们应该怎么保护自己的权益?

"网购"到底是怎样影响我们的生活的?就拿我们身边最简单的例子来说,大学生中会"网购"的人的占比相对较高。但与大家兴高采烈地取货之后，看到自己在网上精挑细选的"宝贝"与所期待的样子完全不符，则有的人大失所望、欲哭无泪，有的咬牙切齿、骂骂咧咧。这不得不让我们思考，应该怎么避免买到假冒伪劣商品，维护自己的权益。

这位"多管闲事"的资深快递员让我们了解到其中两点是需要我们在"网购"中防备的。

第一，谨防170开头的电话。

170开头的电话，多是货到付款的商品的电话，需要我们擦亮眼睛，一定要验货后再签收。如果有问题，一定要及时拒收。因为这种电话回拨后基本是空号，不用进行实名制登记，所以极受假货卖家的青睐。记者通过检索发现，近年来，"170"号段极易被诈骗分子操作。以深圳市为例，2015年，深圳市共发生涉及170号段的诈骗案件800余宗，市民被骗超过1100万元。

第二，警惕假货地图。

以我们买衣服为例，商品从广州发货相对比较多，但有几个地点发出的衣服是需要特别注意的。其中包括：沙河大街、中大布匹市场、柯木塱，这几处发出的衣服大多属于劣质产品。这几处地点发出的"行货正品"，很有可能是小出租屋内生产的假货。

据快递员介绍，尽管快递单上有"发货人地址"一栏，但是，在实际操作的过程中，快递员不会特别要求发货人填写，而销售员、生产商也在发货时达成了一定的协议，即使是从工厂发货，也写销售员的电话及姓名。因此，几乎每个地区的快递员心中都有本地的"假货地图"，但是出于公司的利益以及个人的利益，不可能将自己从"利益共同体"中剥离。

"网购"作为一种新兴消费模式，有其优点和缺点，要想和传统实体店争得半壁天下，必然面临改革和转型。要想赢得大学生这个消费群体的青睐，"网购"商家需要提供更多物美价廉的商品。

作为消费者的我们既不可把"网购"一棒子打死,也不能对其不管不顾,盲目消费。消费者在消费时,一方面,要慎重考虑,思考消费的必要性,做到理性消费;另一方面,要擦亮眼睛,在"网购"时,通过各种渠道买正品,维护个人权益。如果遇到假冒伪劣商品,就要及时和商家协商,不能忍气吞声,不要让假冒伪劣商品的销售更加肆无忌惮。

(素材来源:昝晶萍《理性"网购",学会辨别》,人民网2016年5月23日)

(三)"养老驿站"不应是城市专属

据《新京报》报道,为了应对人口老龄化背景下老年服务需求的迅猛增长,北京市出台了《支持居家养老服务发展十条政策》的"养十条",从"养""住""用""餐"等方面服务老年人的居家养老,包括建设150家社区养老服务驿站,为5000户困难老人家庭进行免费适老化改造等。

【思路提示】

1. 确定节目的名称,既可以是老年节目,也可以是伦理道德类或法律法规类节目。

2. 根据素材所提供的信息或结合亲身经历以及听闻的相关信息引入话题,观点既要客观理性,又要符合主流价值观。

3. 旁征博引,客观分析,动之以情,晓之以理,同时语气、节奏等都需要根据节目设置进行调整。

4. 概括总结,用呼呼号召式的话语来作简短的收尾。

【内容提示】

"养老驿站"由区政府无偿提供土地及服务设施,附近老人能享受到日间照料、呼叫服务、助餐服务、健康指导、文化娱乐、心理慰藉等多种服务。为解决老年人"住"的问题，政府出资对5000户经济困难、失能、失独等特殊困难老年人的生活场所进行通行、助浴、如厕等适老化改造。从"养十条"的具体措施以及养老驿站的功能来看，这些内容既具有很强的服务性，也有很明显的兜底性。

我们必须承认，实现"老有所养"目前还是一个难题，该问题提出了很长时间，但破题依然不够迅速。"家庭养老"与"社会养老"、"靠国家"与"靠自己"的争论，反映出传统伦理与现代生活、社会流动与原有家庭结构之间的割裂，常常让我们在老龄化社会的养老问题上达成共识，问题解决的具体推进方法也依然不够清晰、不够明确。

"养十条"确立的方向也好，养老驿站提供的服务也好，都让我们看到，"老有所养"的解决，可以瞄准怎样的水平，在居家模式与社会服务上能够达到一种怎样的结合。尽管政策的效果还有待时间作答，但是我们已经认识到，居家养老未必意味着只能"靠自己"，社会养老也未必只能等同于养老院模式。跳出坐而论道的争论，跳出非此即彼的思维，我们应对老龄化问题完全可以有更多的实在行动。

养老驿站这类的服务，不应是城市的专属福利，也不应是一个"高大上"的社会服务，而应是一个城乡共有的基本配置。当下，农村留守老人也面临养老困境，对养老服务的需求一点都不比大城市少，甚至比城市更为紧迫和严峻。河南鲁山县曾经的那一场养老院大火，对"老有所养"问题是一个沉痛的提醒。从这个意义上讲，"养十条"这样的措施和"养老驿站"这样的机构，不应是一个扩大城乡差距的分离器，而应是一个弥补鸿沟、减少差距的路径。

当然，解决养老问题，未必只有养老驿站这一种模式，提供服务的形式可以多样，"驿站"可以因地制宜，但是这样的公共服务本身却不能没有。既然养老已经被定义为一个公共问题,它就不能归结为一个地方财力问题,不是一个以地方发展水平而定的选择题,而是一道体现政府公共职能、回应社会养老需求的必答题。

(素材来源:李琼《"养老驿站"不应是城市专属》,《广州日报》2016年5月23日)

三、训练题库

(一)累死"宝宝"的大学社交饭局风该刹了!

大学,是一个做什么都快乐、说什么都真诚的阶段。但也有人说大学是庞大社会的微妙缩影。近日,中国高校传媒联盟随机向460位大学生调查,29.31%的受访者聚会频率达到每周两次以上,其中本科低年级占63.52%。所有受访者中,38.08%的大学生在聚会社交方面的开销占生活费的比例超过30%。

(素材来源:《大河报》2016年5月9日)

【主持提示】

大学社交聚餐本是一种正常的活动,然而从新闻调查来看,校园内聚餐多且繁,学生苦不堪言,他们不仅身体上承受了痛苦,甚至为了聚餐而逃课,如此就成为一种违纪行为,明显背离了学校教育的本质。

学生忙于社交,学业放在哪儿了?他们疲惫地奔波于各种聚餐活动,看似"忙碌"的背后,又失去了什么呢?若学生不能安静本分地学习,学校在这上面又充当了什么角色呢?而为所有的这些行为买单的人又会是谁呢?所有这些疑问都围绕着这种非正常的聚餐行为展开,其中隐含着对教育的担忧。当大学培养出来的是这种"社交精英",而非"栋梁之才",那么大学校园的存在也就岌岌可危了。

众所周知,大学生生活费更多是来自父母的供给,学生如此忙于聚餐将给父母造成不小的负担,更何况有些困难家庭原本已经很费力,学生如果再打肿脸充胖子,最终受伤害的还不是自己的父母吗?不排除有些学生家庭环境优越,但是他们忙于社交、荒废学业,想必这也不是他们的父母愿意看到的结果。

如果学生还未走出校门,身体就已经垮了且学业无成,那么他们一旦进入社会,在激烈的竞争中,就更缺少优势,甚至会被淘汰,所以为这种累死"宝宝"的大学社交饭局最终买单的还是学生自己以及他们的父母,而这种发生在学校的不良风气,确实该好好治理一番了。

学校作为学生的管理者,对学生负有直接管理的责任,虽然学生私下的聚餐行为是他们的自由,但是这种弥漫在校园的不良风气就不单单是自由的事情了,更是关系学校声誉、学习氛围的重要事情。因此学校必须发挥"大家长"的作用,严格课堂纪律,杜绝学生逃课的行为;也要对学校存在的各种社团加强管理,完善纪律标准,避免社团活动带给学生不良影响。

学生干部作为聚餐活动的直接参与者,该自觉遵守学校纪律,约束好自己的行为。在班级管理中,班主任或教导员也不能对他们听之任之,必须给予教育引导,对行为不端的学生干部,可给予免职的处理,以儆效尤。广大学生既要作为纪律的执行者,又要作为监督者,积极向学校反馈问题,提出好的建议,充分发挥学生的主体作用,在共同努力下,把校园建设得更好。

大学生聚餐如此之多,都累死"宝宝"了,学生们是时候静下心来思考一下,我们得到了什么又失去了什么!

(素材来源:王兆才《累死"宝宝"的大学社交饭局风该刹了!》,人民网2016年5月9日)

(二) 别总"踩着别人脚步走路"

散发传统文化气息的故宫日历、印有"个性话语"的折扇、以"御花园彩石甬路"为主题的五彩耳钉……近来故宫博物院及其文创产品吸引了不少人的目光。一时间,把故宫文化"带回家",在朋友圈晒一晒"来自故宫的礼物",成为风尚。

【主持提示】

在晒景、晒娃、晒自拍居多的朋友圈,"百年文物"缘何走红?"既富有时代气息,有意思;也饱含历史厚重感,有韵味。古典基础上的点滴创新,铸就了故宫文创产品'活着的灵魂'。"一位网友的评价道出了其中的缘由。倘若原封不动地把日历、折扇搬到市场上,即便有人青睐,恐怕也很难引起广泛关注。不管是与互联网"联姻",还是接地气的创意,正是在渠道和内容上的更进一步,才让这些"高大上"的文化飞入寻常百姓家。

其实,文化最忌"炒冷饭",最讲求创新创造。从写就一篇翰墨短文,到熔铸一个城市的精神文化,无不需要贯注创新之魂。清代画家郑板桥自幼爱好书法,勤学苦练,临摹各家字帖,可总觉得自己进步不大,为此深感苦恼。他的妻子一语点破:"人各有一体,你体是你体,人体是人体,你老在别人的体上缠什么?"郑板桥猛然醒悟。此后,他力求创新,开创出了"板桥体"。"踩着别人脚步走路的人,永远不会留下自己的脚印。"一味固守,千篇一律,只会让文化丧失活力;善于推陈出新,呼吸现代新鲜的"氧气",才能不断让文化的枝叶舒展,绽放新芽。

反观当下,一些文化现象仍值得我们反思。比如,有的书籍,毫无创见不说,内容还东拼西凑,被人戏谑为"垃圾书";有的综艺节目,千篇一律地从国外引入相似模式,结果水土不服,观众不买账；还有的电影，奉行"拿来主义"，剧情场景总是"借鉴"他人作品，屡陷抄袭漩涡；等等。正如美学家朱光潜的一个批评："老是那样四平八稳，没有一点精彩，不是'庸'就是'俗'，虽是天天在弄那些玩意，却到老没有进步……一稳就定，一定就一成不变，由熟以至于滥，至于滑。"从这个意义而言，故宫"文物"的走红，既是一种警醒，更是一种启示。

"只见汪洋就以为没有大陆的人，不过是拙劣的探索者。"很多时候，我们慨叹无法抵达新的彼岸，究其缘由，与其说是因为文化创新思绪干涸，倒不如说是因为对自身挖掘得不够透彻。《南史》曾载，宋文帝时有一位名为陆澄的学士，好学博览，行、坐、食，手不释卷，时称"硕学"，可晚年想撰写一部《宋书》，却始终不成。原因在于，他书是读了很多，却一知半解。时人王俭戏称："陆公，书橱也。"囫囵吞枣，难免思绪"短路"；甘做"书橱"，何谈文化的创新性发展和创造性转化？

"有时需要离开常走的大道，潜入森林，你就肯定会发现前所未见的东西。"在文化创新这条道路上，或许有绊脚的石头，或许有挡路的枯枝，但不管怎样，一番披荆斩棘之后，我们必将发现一个更丰富、更精彩的世界。

(素材来源：陈凌《别总"踩着别人脚步走路"》，《人民日报》2016年5月30日)

(三) 我们更容易获取信息却未必能看到真相

近段时间，我们见证了太多的反转新闻，"上海女逃离江西"最终被证实子虚乌有，"女子救人被咬"最终被确定为骗捐事件，"右肾丢失"实际是肾萎缩……真相似乎永远都在路上，围观的网民似乎在坐情绪"过山车"，尽管信息铺天盖地，"事实"却永远难揭面纱。

【主持提示】

　　每一出新闻反转剧坐实之后，围观者都难掩自己的复杂情绪，被裹挟在信息洪流中，他们看似享受着信息的便捷，实则被信息流所欺骗。洪流过后，我们不免告诫自己要理性冷静。可是，下一次类似的信息洪流来袭时，依旧难以改变自己轻信的习惯。新闻一再反转，信息发布者固然有问题，信息接收者自身的素养也有待提升。今年年初，《人民日报》刊文指出，凯迪数据研究中心发布的《中国网民网络媒介素养调查报告》显示，大部分网民对网络信息批判性理解的能力偏低，影响了中国网民的整体网络媒介素养，网民整体媒介素养处于中等水平。

　　互联网时代，"媒介素养"已不仅仅是对媒体人的一种素养要求，更是网民在互联网世界的必备能力之一。"媒介素养"像一个囊括了人们综合能力的"大帐篷"，强调人们在接收信息时的信息检索、识别、组织以及利用能力。

　　网民对信息的判断能力，将直接影响他们在网络上的态度和行为。缺乏媒介素养的网民，缺乏独立的判断能力，而缺乏判断能力的网民，如果受到误导，势必产生对事实的错误认知。

　　基于对过往事实的观察，媒介素养不足的网民，往往被"刻板印象"和"标签符号"主导思维。也就是说，影响他们对事实判断的不是信息本身，而是他们的思维定式和头脑中的偏见。这样的例子不胜枚举，只要接收到的信息符合他们的情绪需要，他们便很容易选择"相信"，并且进一步制造"舆论"，推动"事实"的发酵。比如"老人碰瓷"，老人在很多网民心中已经有了"坏人"的刻板印象，那么看到"日本京都祗园中国老人碰瓷"的新闻时，他们会不假思索地炮轰"碰瓷"老人。至于信源是否权威，或者事实是否完整，这些要素统统被他们忽略。

　　客观地说，新闻反转是网络舆论场中信息不对称的一种体现。信息不对称，非围观网民之责，但是，为避免新闻反转之伤，围观者必须要提高自己对信息的研判能力。事实和真相，这是一种客观的存在，而非"因我们需要"的存在。所以，从主观认知上来讲，我们要勇于接受与自己已有认知不匹配的事实。事实就是客观证据，而非与自身道德价值观相吻合的论据。

每个网民都是信息的发布者与接收者，我们比以往更容易获取信息，却未必容易看见真相。信息获取的便捷性，某些时候和信息的有效性不成正比。如果不具备一定的媒介素养，哪怕我们24小时在线，也未必能看出信息"漏洞"。所以，尽可能提高自身媒介素养，保持独立思考的能力，做一个专业的信息捕捉者，才不会被舆论绑架，也避免自己在情绪"过山车"上颠簸。

（素材来源：陈方《我们更容易获取信息却未必能看到真相》，《中国青年报》2016年5月20日）

（四）让社区图书室热起来

社区图书室是居民身边的图书室，离家近，看书、借阅图书都很方便，且内部服务灵活，本应该受到居民热捧。然而，记者近日走访发现，福州许多社区图书室非常冷清，有时一整天看不到一个读者，大好的图书资源就浪费在被遗忘的角落，非常可惜。

所谓社区图书室热不起来是相对而言，报道中说，福州市中心比较大的图书馆，读者非常多，有时甚至人满为患。如此看来，想读书、爱读书的人并不少，那么，如何能够让社区图书室热起来呢？

【主持提示】

社区图书室要针对社区的特点搞好服务工作，图书室主要面向什么样的人群开放、需要哪一类图书等，都需要进行详尽的调查，以便在准备图书的过程中有所侧重。

当然，增强服务性还有很多工作可以做。比如很多学生是图书室的常客,这是再好不过的事情。可遗憾的是,图书室开放时间与学生上课时间重合,等学生放学前来图书室,往往是乘兴而来、败兴而归。那么,能否适当地延长时间,给孩子们提供更多的方便?再比如,图书室由于条件所限,不可能购买大量书籍,而且相当一部分书籍依托于企业或民间捐赠,那么,图书室能否和一些大的图书馆建立合作关系,读者需要阅读某一类书籍可以进行登记,由大图书馆进行书籍调拨,满足社区群众的需求?这样做在增强服务的同时,又可以缓解大型图书馆的拥挤程度。而且,不妨结合社区的特点,搞一些丰富多彩的活动,让社区群众以书籍为纽带进行交流,增加社区群众之间的联系。

图书室也可以拓展功能,成为学习知识、汲取营养的综合性场所,不仅能借阅图书,还可以请社区内的知名人物做讲座,从人文、地理、历史到生活百科,充分发挥图书室的作用,让图书室成为社区群众文化活动的重要场所。

(素材来源:赵欧仁《让社区图书室热起来》,《北京晨报》2016年5月27日)

第六章

文体节目模拟主持

　　文体节目模拟主持,应该既有形式多样的节目样态,又有符合节目内容的具体语言表现形式。本章着重讲解文娱和体育节目中的评述类节目的模拟主持。文体节目的形式很多,且多是各种主持技能的综合运用和体现,在把握了一般规律之后,需要根据具体内容和要求进行具体处理。此外,文体节目中的带有评述内容的节目主持较难把握,在人才选拔和培养以及主持人比赛当中都是重要的考查项目。本章会阐释文体节目的形式特点和实践要领,而重点放在文体节目的评述主持上。

一、文娱节目的形式特点及实践要领

(一) 节目形式特点

1.形式多种多样

文艺娱乐活动的形式多种多样,文娱节目的样式更是花样繁多。文娱节目可以根据类型、节目样态分类,也可以根据时间长短分类,还可以根据场地分类。

2.特色定位鲜明

文娱的每种形式都有自己的特点,文娱节目的不同种类也都各具特色,但是每种文娱节目都必须定位准确、特色鲜明,以满足受众不同的审美追求和期待。

3.品位层次分明

文娱来源于生活,生活是多姿多彩的,生活中的百姓也是层次多样的。这种千差万别就对文娱形式和节目内容提出了不同的受众需求。有些是群众文娱活动,有些是专业文娱形式;有些是通俗文娱形式,有些是高雅文娱形式;有些是演播文娱形式,有些是互动文娱形式。

(二) 具体实践要领

1.节目主持生动形象

主持人在文娱节目进程中处于主导地位。串联节目的主持人,有的时候是一人,有的时候是两人或多人;有的时候节目现场没有观众,有的时候节目现场有嘉宾或少量现场观众。主持人在这种类型的节目当中要做到生动形象地进行表达,把握好节目的进程和气氛,给人以美好的视听享受。这类节目主要有音乐类节目、时尚类节目和各种文艺资讯等。

2.晚会主持庄重大方

晚会形式的节目在文娱节目当中占有重要地位。晚会主要以主持人串联所有单个节目的形式进行,所以主持人在整台晚会当中显得极为重要。晚会主持人要庄重大方,压得住台,还要调动现场气氛,最重要的是晚会主持人把控着整台晚会的节目进程。尽管晚会有众多工作人员,最终呈现出来的还是主持人和节目。在晚会中,主持人就像一根红线,把整台晚会的每个节目和环节串联起来,契合这个场景的主持人应该是端庄大方的。

3.综艺主持才艺双全

综艺节目的内涵越来越丰富,原本主要指多种文艺形式汇总在一起表演的样式,现在也包括娱乐性节目和各种互动游戏类节目。主持人不但串联和掌控节目,还要在节目中进行表演,有时候唱歌,有时候表演,有时候和嘉宾、观众一起参与游戏、竞赛……主持人不仅有很好的语言表达能力,还要才思敏捷、才艺双全。

二、体育节目的形式特点及实践要领

(一) 节目形式特点

1.多种形式兼而有之

体育节目包括体育新闻消息、体育赛事解说、体育评论等形式,还有互动型和参与型等形式,可以说形式多样,各种受众喜闻乐见的节目形式兼而有之。

2.各具特色定位准确

与其他节目类型一样,体育节目的每种形式都有自己的特点,并且各具特色。无论信息类还是解说类,或是评论类体育节目,都必须定位准确,除了服从内容要求,还要兼顾受众需求。

3.立足体育大众传播

体育节目立足各类体育运动和体育赛事。体育节目既要体现体育精神,也要具有传播价值。多种因素相辅相成是做好体育节目的关键所在。

(二) 具体实践要领

1.体育播报生动准确

体育播报主要应用在体育新闻消息类节目当中,此类节目与所有新闻消息类节目在语言表达上具有共性,主持人起主导和串联的作用,既可以单播,也可以对播。在体育新闻消息类节目播报当中,我们力求做到及时准确、节奏明快、语气恰切、态度公正,既要生动准确地播报体育信息,还要把握好节目的进程。

2.体育解说清晰明了

体育解说主要是对体育赛事的现场解说,要求我们对赛况做详尽的描述,并适当进行分析和评论。在体育解说中,有时需要完全用有声语言对赛况进行形象的描述,有时只需要适当地对关键场面和细节加以说明。体育解说详尽与否取决于节目定位、节目特色和受众需求等几个方面。

3.体育评论客观公正

体育评论是对体育赛况、体育现象或体育事件的深入分析及客观点评,体育评论节目主持人既要有一定的语言表达技巧,还要有体育专业知识,更要有洞察力、思辨力。

第一节　文娱点评

　　文娱包括文化和娱乐两部分内容,文娱点评既不同于文娱信息播报和文艺节目串联,也不同于文艺晚会主持,更不同于综艺娱乐节目主持,而是对文娱名人、文娱现象进行比较深入的思考和剖析,从理性角度对文娱名人、文娱现象等进行符合主流价值观的点评,从而引导受众认识和了解文娱现象的本质。

一、示例分析

> 例:《人世间》,一次中国式现代化的文化解密

　　壬寅年正月,老百姓阖家团圆的日子里增加了一个新内容——看电视剧《人世间》。这部改编自梁晓声"茅盾文学奖"获奖同名小说,李路执导并担任总制片人,王海鸰、王大鸥编剧,雷佳音、辛柏青、宋佳、殷桃等实力派演员参演的现实题材作品在央视一套和爱奇艺播出后,获得了收视和口碑双赢。作品以居住在东北某省会城市一户周姓人家的生活为脉络,多角度、多方位、多层次地描写50年来老百姓所经历的跌宕起伏的人生,以及中国社会所发生的翻天覆地的变化。强大的主创阵容,过硬的艺术质量,深刻的主题立意,使这部作品迅速出圈,关注度和好评一浪高过一浪。截至目前,该剧平均收视率1.55%,单集最高收视率1.98%,爱奇艺站内热度破9500+,话题累计阅读量超100亿,豆瓣评分8.1分。迪士尼已预购《人世间》的海外发行权,该剧不久将在海外播出。

　　(素材来源:李蕾、牛梦笛《电视剧〈人世间〉:人民史诗的艺术书写》,《光明日报》2022年2月27日)

【模拟主持】

您好，观众朋友，欢迎收看《影视快评》。

春节期间，一部名为《人世间》的现实题材电视剧播出，引发了观众的强烈共鸣。该剧以中国北方城市平民社区"光字片"周家三兄妹的生活轨迹为脉络，深层次临摹了近50年的中国社会图景，用家庭变迁的生活横截面，映射出我国改革开放的历史舞台。

> 拟好节目名称，直接引入节目主题

"家是国的家，国是家的国"。千百年来，中国人的民族魂与家国梦，都是浓烈而炽热的。在这部剧里，近50年的重大历史事件依次得到穿插展现，从知青岁月、改革开放再到香港回归、申奥成功，国家发展的宏大主题与个体触感实现了交相呼应。皑皑白雪下的东北森林铁路，梯田环绕下的贵州青翠山区，这些祖国的大好美景也在镜头下缓缓呈现。身为国人的家国情怀与自豪感于无声处生发。

改革开放是决定当代中国命运的关键一招。置身这一浪潮的，不仅有干部、工人，也有企业家与知识分子等社会各阶层。他们曾困顿与迟疑，但都在这场亿万人民的共同事业里，重新找寻到自身的发展坐标，锐意改革，投身建设，依靠自身的坚守，获得了自我价值与社会价值的双重实现。

> 就节目所确定的主题入手，分析此剧火热的原因

唯改革者进，唯改革者强。剧中的周家大哥周秉义不论身处低谷还是高位，从未忘记自己的初心。在改革之初，他以"一点一点试"开风气之先；在新时代，他作为一方领导干部，全身心扑在

扶贫开发、城市建设与经济发展上。而剧中一些工厂的涅槃重生、国企改革思潮和实践的碰撞，更增添了这部剧的思想厚度。

与此同时，此剧对准改革中的工人阶层和普通大众，展开了一幅以东北地区为基轴、以点带面的国家时代变迁全图景：它直面曾经的改革阵痛，既展现了南方改革开放刮来的新风，也描绘了东北地区的转型之难。于些许冷调中，又露出满满亮色：不仅有家庭温情的滋润，更有干部敢担当的坚韧，同时也有产业转型的样板。时代巨变里，不变的是中国人性格中最纯良柔软的部分，正是它为我国的硬实力跃迁擦上了明亮而温暖的底色。

"身体可以疲惫、生病甚至受伤，但精神绝不可以颓唐"，剧中周秉义的这一人生格言，也是中华民族一百多年来历经危难而不倒、仁人志士前赴后继而不辍的真实写照。正如该剧所浓缩展现的，我们的民族在苦难中铸就辉煌，在转折中开创新局，在探索中收获成功，未来在建设社会主义现代化强国的新征程中，也必将迎来更加光辉灿烂的明天。

【结束模拟主持】好，感谢收看今天的《影视快评》，再会！

（素材来源：暖山《〈人世间〉，一次中国式现代化的文化解密》，人民网2022年2月7日）

二、练习提示

(一) 文艺不能单纯娱乐化

近年来,我们的文艺事业在各个方面都有了很大发展,包括满足不同层次的精神需要,以及文化服务的扩大与广大受众的参与。与此同时,有一种现象令人担忧,就是好作品淹没在平庸、苍白、空心、浅薄以及炒作、消费化、单纯娱乐化的作品当中。

【思路提示】

1.根据素材内容,可以设定为文艺评论类节目,拟好开始语和结束语,直接引入话题。

2.围绕总的态度和观点,客观理性地加以分析,批判当下文艺创作娱乐化倾向的本质和原因。

3.最后进行简短而有力的总结,重申观点。

【内容提示】

1.文学艺术有娱乐消费的功能,但它们更是一个时代一个民族的精神品质、精神瑰宝、精神能量的表现。我们应该有鲜明的、权威的、富有公信力的评论,这种评论能入情入理、立意高远、令人信服:它们应该告诉世人哪些文学作品是真正优秀的乃至杰出的。卖得最多的一定是好的吗?不一定。我们要有一套理论与价值标准,要有对真正好作品的体贴与把握、热情与信心,要取法乎上,攀登精神生活的高峰,不能任由那些准广告式、炒作式与跟风套话式的所谓评论大行其道。同时,还要告诉受众,有些作品其实不是最好的,却是可以包容的;与此同时,评论家有权利也有义务指出:这些作品是有着相当令人遗憾的方面的,是可以讨论的,是可以提出与中国这样一个文明古国水准更加相称的要求与期待的。

  2.传播在文艺推广方面的作用非常大,媒体不能带低俗这个头。现在传媒上有些说法是在跟着那些风格轻佻低下的"娱记"的风向走,接受了很多境外涌入的使严肃的文艺工作者相当反感的说法。尤其是电视节目里,许多都是计划好了的,到了某个地方,要让参与者和观众流泪。如果感情变成了兜售手段,怎么可能还有真诚的文艺呢?怎么可能还有真诚的眼泪呢?有的演员在舞台上向观众要掌声,甚至以掌声能带来好运将观众的军,未免有失文艺的尊严与风度。我们的文艺不能浸泡在营销计谋、人云亦云与装腔作势的浑水里,传媒不能成为娱乐市场的附庸,不要与娱乐市场合谋,而要有一个正大光明、高尚庄重、对文学艺术与历史负责的态度,我们的传媒要呼唤经典、呼唤真正的好的文艺作品。

  3.现在外国人办一个奖,口气大、规格高、人气旺。法国的龚古尔奖、英国的布克奖、西班牙的塞万提斯奖,还有诺贝尔奖等,这些评奖活动都有极高的规格。于是就有一些朋友、同行,把作品的评价寄托在国际奖项上,令人深思。党的十八大报告提出:"建立国家荣誉制度,形成激发人才创造活力、具有国际竞争力的人才制度优势。"我们的文艺需要有国家主体的高端评奖,也要在条件成熟时举办世界性的至少是华文作品的评奖,形成我们自己在文艺方面的评价体系与全球影响力。说到底,这方面的推进有助于显现我们的理论自信与文化自信,有助于激发广大文艺工作者提高志向境界,引导广大文艺工作者创作出更多无愧于时代的优秀作品。

  (素材来源:王蒙《文艺不能单纯娱乐化》,《人民日报》2016年5月11日)

(二) 传统文化止于独行盛于大众

当众人被"我有一壶酒，足以慰风尘"撩拨起续诗的兴致时，有人却嗤之以鼻："参加接龙的很多人对诗的用韵一窍不通，折射出大众对真正传统文化的外行。在任何时代，真正的诗人都是寂寞的，诗歌都是小众的"，使不少网友"诗情酒兴渐阑珊"。

【思路提示】

1.根据素材设定一档文化热点类节目，拟好开始语和结束语，从素材入手直接引入话题。

2.先对命题当中的弊端进行分析和批判，进而通过一些例证提供充分的论据，说明传统文化"盛于大众"。

3.最后进行概括总结，呼吁号召该怎么做，同时与开头呼应，形成一个完整的话题。

【内容提示】

1.这一观点体现出当今一些人在传统文化的传承中存在的一大弊病：总是端着架子，否认群众基础，摆出一副盛气凌人的高姿态，充分显示其狭隘性。而这，也恰恰是他们相对落寞的原因之一。传统文化的发扬，当有"大足以容众"之胸怀，有"海纳百川"之气度，而不能在自我设限中孤芳自赏。

2.那些文采斐然的诗歌流传至今，固然是古代文人墨客的智慧结晶，但我们不能只看到绚烂夺目的金字塔尖，忽略历史中已被风化埋葬的金字塔底的大量作品。从某种角度看，那些在历史长河中淘洗沉淀的平庸之作，何尝不体现了诗歌所拥有的广泛群众基础？事实上，当吟诗作赋成为普通人的生活方式，而不是文人特定的炫耀手段时，文化创作才能具有活力，涌现佳作。

从《诗经》中的不少作品采自民间，到白居易写诗但求"老妪能解"，再到"凡有井水饮处，皆能歌柳词"，诗词的兴盛从来不是小众的，而是在让普通百姓怡情养性中根植了其勃发的生命，正所谓"可以兴，可以观，可以群，可以怨"。那些传世的佳作，恰恰是文人贤士从普通百姓中汲取养料，佐以自己的才华而挥就的。诗歌有阳春白雪，也有下里巴人，诗歌从来不排斥普通百姓对它的唱和吟咏与逸兴遣怀。

作为"戏曲之母"，昆曲经历时代的变迁而一度奄奄一息。戏曲工作者们意识到，昆曲从家喻户晓走向没落，不是因为昆曲名家的离世，而是因为昆曲在大众市场中找不到一席之地而渐失群众基础。于是他们开始引入歌剧、交响乐等流行元素，打造青春版《牡丹亭》，吸引更多受众，而不再曲高和寡。当昆曲再次走进人们视野时，也走进了新的时代舞台，台下仍是一群不懂得"良辰美景""似水流年"的痴情戏迷，台上是大师在演绎传统的精髓。这时我们懂得，没有一个文化可以将自己封闭起来，没有一个文化有资本筛选受众群体，多一分包容，多一分谦逊，才能换来更长久的生命和更精彩的未来。

3.以精英品位为借口故步自封，最终只会日薄西山，上演一群圣贤大师在文化的墓碑旁落寞吊唁的悲剧。唯有敞开胸襟，接受不同文化水平的智慧，才能促成文化繁荣进步。时代需要包容，传统文化亦需包容。无论何时何地，传统文化止于独行，而盛于大众。

(素材来源：徐嘉翼《传统文化止于独行盛于大众》，《人民日报》2016年6月15日)

(三) 也说明星真人秀

从明星带孩子到明星旅游，从明星跳水到明星做饭，从明星"假拍拖"到明星下乡当儿媳妇……诸如此类的真人秀节目，在各级电视荧屏上可谓大行其道。明星还够不够用不知道，但争议确实一直存在。比如，知名导演冯小刚最近就批评一些真人秀节目毫无营养，"傻不愣登跑来跑去的"。因为执导某档真人秀的宣传片，冯小刚此说虽有为其站台嫌疑，不过从大多数跟帖网民感同身受的"点赞"来看，日渐泛滥的明星真人秀节目所暴露的问题，倒真值得思考。

【思路提示】

1. 根据素材定位为传媒聚焦类节目，拟好开始语和结束语，直接引入话题。

2. 从节目本身以及受众感受等不同角度来探讨当前电视真人秀节目所存在的问题以及其根本原因。

3. 最后对电视真人秀突出的问题如何进行诊断和治理提出意见和建议。

【内容提示】

1. 首先要承认，真人秀这种节目形式，的确丰富了观众的选择。与部分网友观点一样，我倒不觉得真人秀一定要有什么特别的"营养"，看看明星或者普通人在特定情境下的反应，从消遣娱乐的角度来说也未尝不可。问题在于，一些节目为了所谓传播效果，对节目进程进行了过分干预，使本该"真"的东西"失真"，让观众有被"愚弄"的感觉。比如前两年某档明星带孩子的节目，为了对孩子进行责任心考查而设计了"神奇的鸡蛋"测验，但呈现出来的却是大人们用欺骗和演技去捉弄孩子，效果适得其反，招致各方批评。至于另一些节目中嘉宾为了博眼球而运用夸张的表演或滚滚"雷语"，或者台上牵手转身台下就"变脸"，则已不仅仅是台前幕后"失真"的问题，实际就是为了炒作而过度娱乐化。

2. 之所以出现"失真"，归根结底是因为很多真人秀节目的创新不足，把宝全都押在了嘉宾的卖力表演上。创新不足的第一个表现是节目之间相互模仿。看到别的电视台制作了明星带娃,自己就跟着搞一个;甚至听说别的电视台在制作明星跳水,自己也加紧推一个,然后在同一时间推出,搞收视率PK。在这种恶性竞争下,节目的制作水准可想而知。创新不足的第二个表现是,虽然真人秀节目花样繁多,但很多节目的版权是引进的,不是原创的。殊不知,创意才是节目的生命力。

3.在市场经济条件下,竞争可以激发不同参与主体的创造力,但部分明星真人秀节目陷入"高度模仿"的怪圈,其暴露的是制作方在娱乐至上理念指导下急功近利的心态。去年,国家新闻出版广电总局发出《关于加强真人秀节目管理的通知》,要求调控电视真人秀节目,"坚决抵制过度娱乐化和低俗化"。这不妨理解为对粗制滥造者的一种提醒:有诚意的制作,观众自然看得到,好的节目才能维系长久。

(素材来源:子长《也说明星真人秀》,《南方日报》2016年6月15日)

三、训练题库

(一) 根治盗版"顽疾" 让网络文学健康发展

有机构调查显示:中国网络文学市场2020年因盗版造成的损失高达60多亿,部分APP、搜索引擎和应用市场成为网络文学盗版侵权的"三座大山"。侵权盗版行为已经严重影响网络文学的健康发展,加大打击盗版的力度,斩断盗版利益链势在必行。

随着互联网行业的飞速发展,中国网络文学发展势头良好。有数据显示,2021年网络文学市场规模进一步提升到268.1亿元。网络文学创作者在内容创作上精心雕琢的意愿更强,各种题材如百花齐放,有的优秀作品走出国门,读者遍布100多个国家。网络文学的蓬勃发展,带来更多投资者在产品制作和平台上加大投入,形成正向循环。以网络文学为代表的文化产品逐步摆脱模仿抄袭、粗制滥造等标签,精品力作不断涌现,为文化产业从高原迈向高峰提供了新思路。同时,在弘扬中国传统文化、反映现实生活、提升文化软实力等方面起到重要推动作用。

然而,存在已久的盗版侵权行为随之横行,严重地干扰了我国网络文学的健康发展,在侵害了原创者权益的同时,有悖于"原创至上"的创作精神,尤其打击原创者的积极性。长此以往,将影响中国网络文学发展来之不易的成绩。

我们要看到,部分APP、搜索引擎和应用市场已成为网络文学盗版泛滥的"重灾区"。首先,文字作品网络盗版的技术门槛更低,在技术上容易被破解。相比于影视剧、游戏等,文字作品形态简单,容易复制,盗版平台通过文字、图片识别技术等,就可以很快盗取海量原创内容。其次,网络文学盗版业已经形成了庞大的产业链。搭建盗版平台不仅成本低,而且从网站设计运营、内容导入,到广告联盟的利益获取、搜索引擎的流量分发,整个网络文学盗版市场已形成某种产业化和规模化之势。此外,有的网络盗版平台服务器架设在国外,或者采取IP跳转技术,让监管陷入疲于奔命的状态,作者在维权时也很难找到侵权的主体。这些现实问题都给打击网络盗版,维护知识产权带来巨大的难题。

因此,严打盗版侵权,既是对作者、读者们殷切期待的回应,也是国家鼓励创新、促进发展的必由之路。

有力地保护版权,必须对侵权盗版行为加大惩处力度。一方面,要针对盗版平台实施精准打击,杜绝盗版网站的生存空间。另一方面,还要明确搜索引擎、浏览器等网络服务商的审查义务,压实平台主体责任,斩断盗版利益链。此外,也要加大盗版的惩罚和判赔力度,让盗版无利可图,才能切实攻克网络盗版屡禁不止的"顽疾"。

保护版权、保护创新,事关中国网络文学事业的发展。不用担心被抄袭剽窃,创作者才能安心创作;不用担心斥巨资购买的作品被盗播，网络文学平台才能安心运营。只有在各方的共同努力下，中国网络文学事业才能健康发展，才能不断为提升我国文化软实力建设提供助力。

(素材来源：暖山《根治盗版"顽疾" 让网络文学健康发展》，人民网2022年3月9日)

【主持提示】

1. 根据素材内容，可设定为一档文学评论类节目，拟好开始语和结束语，并直接由素材内容引入话题。

2. 从网络文学盗版泛滥的现象来透析其本质，根治盗版"顽疾"，用了"顽"一词，其批评色彩显而易见，重点在于分析现象所表现出的当前网络文学创作的浮躁和唯利是图。

3. 归纳总结，积极倡导良性的文化创作思路，有力保护版权。

4. 在模拟主持有声语言的表达上，要注意拿捏好态度和语气，恰当地使用体态语来辅助完成模拟主持。

(二) 对网络流行语不妨多些"咬文嚼字"

《咬文嚼字》杂志日前推出2021年十大流行语，"百年未有之大变局""小康""赶考""双减""碳达峰，碳中和""野性消费""破防""鸡娃""躺平""元宇宙"等被选入。与此同时，"YYDS""绝绝子"等多个高频网络语汇却落选。该杂志负责人表示，反对的不是网络公众多元创造和情感抒发，而是词汇上令人费解的"字母叠加"和过度娱乐化，破坏汉语言文本的纯洁性。

年终岁末，正是各大流行语、流行词榜单出炉季。尽管评选标准不一，公众见仁见智，但不得不说，一份流行语榜单，远不止工具性符号本身，更含潜在的价值判断。对相关流行语的筛选，绝不可以仅凭

"算法",拿来即可。

网络流行语之所以为网友喜闻乐见,就在于其反映语言流变,并由此管窥时代特征和精神风貌。从今年入选的流行语来看,"百年未有之大变局"排名第一,"小康""赶考"紧跟其后,三者有机关联,揭示重大命题;"双减"与"鸡娃"相互对应,鸡娃等"内卷"现象人皆痛之,改革顺乎民意,"躺平"看似消极,但联系现实语境,却也常反映"不甘躺平""不愿躺平"的公众心迹。而从既往评选出来的一些流行语来看,诸如佛系、凡尔赛、巨婴、内卷、饭圈、996等,或诙谐、或庄重、或反讽、或引喻,或传递关切、或表达期待、或鞭挞现象……都精准描摹公众情感,捕捉时代关切,至今生命力盎然,保持高频"出圈"率。

汉语之美,美在字词,美在音韵,美在构造,美在典故。一部《史记》,"善序事理,辩而不华,质而不俚",书中的成语也是层出不穷。以此反观当下一些网络流行语,生搬硬套、罗列叠字等,违反基本汉语构词原则不说,光从字义看就让人一头雾水,真可谓"网络上很热络、圈外人皆茫然"。

对网络流行语评选坚持有所选有所不选,体现规范语言使用上的"包容审慎",作为一家办刊久远以"纠错"为特色的纯语言类杂志,面对网络语汇快速更新迭代,《咬文嚼字》并非不加甄别、照单全收,这体现出正确的价值追求、传播导向:一方面,他们看到网络公众情感表达和期待向往,尊重对网络流行语汇的创新精神;另一方面,他们牢记自身所肩负的规范汉语言文本使用的职责。

少一些哗众取宠,多一些理性建设;少一些任性为之、戾气宣泄,多一些规范优雅、隽永耐久。每一位网络公众都要做汉语言文本的"咬文嚼字"者,做网络文明用语的倡导者、实践者。

(素材来源:涂建敏《对网络流行语不妨多些"咬文嚼字"》,《杭州日报》2021年12月12日)

【主持提示】

1.根据素材提供的内容，可以定位为文化现象分析一类的节目，拟好开始语和结束语，恰切地引入话题。

2.从"网络流行语"现象分析当前网络文化对人们社会生活的影响，紧密联系自己亲身经历和听闻的一些实例，条理清楚地分析这一特殊文化现象。

3.适度分析后的概括总结尤为重要。一方面，既看到网络公众情感表达和期待向往；另一方面，也要牢记自身所肩负的规范汉语言文本使用的职责。

4.在此话题的模拟主持中，主持人要拿捏好语言的态度和基调，同时辅以恰当的体态语。

(三) 反对唯流量论，正当其时！

9月2日，国家广电总局发布《关于进一步加强文艺节目及其人员管理的通知》，明确指出要坚持讲品位讲格调讲责任、抵制低俗庸俗媚俗，不断推出优秀作品，满足人民群众精神文化需要。同时，就从严整治艺人违法失德、"饭圈"乱象等问题，提出更加具体的要求，其中再次提到要坚决反对唯流量论。

何为流量？流量是艺人获得的关注度。关注的人越多，流量越高。简单来说，流量是衡量一个艺人红不红的最直观的指标。在互联网盛行之前，一个艺人要想成为明星，靠的是德艺双馨的口碑，靠的是专业敬业洁身自好，靠的是奉献一个个经典作品。而在大数据时代的资本加持下，流量的高低可以通过砸资源、买热搜来控制，一个顶流明星的诞生只需要短短数月。他们自恃顶流，却没有拿得出手的作品和业务能力，靠着立人设、造噱头来博关注、抢番位，对社会风气也产生了极为不利的影响。

资本造星，追求的是利益的变现，为的是从粉丝兜里"套"出大把的银子。以青少年为主的"饭圈"在"流量为王"的畸形引导下,对顶流明星狂热地追捧,却对其薄弱得让人无法直视的专业素养视而不见。为了自家偶像的顶流身份,变着法地花钱投票、打榜、助力。

事实上,顶流明星强大的捞金能力背后,是资本对流量的控制和对"饭圈"的操纵,并借"粉丝经济"花式割"韭菜"。更让人恐惧的是,粉丝间绝对排他的情绪从"饭圈"弥漫到网络,再逐渐充斥到现实生活中。

国家监管部门明确了坚决反对唯流量论的要求,一并取缔了偶像养成类和明星子女真人秀等节目,同时严禁设置投票、打榜等环节,堵住变相花钱投票的路,为的就是荡清网络空间,清朗社会风气,使青少年能够树立正确积极的三观。

德为先,艺为本。从艺人员需谨记,有勇气、有担当、有理想、有内涵的人,无论在哪个时代都会成为偶像。唯流量论只能造一时之"星",他们划过天空之后,什么也不会留下。

(素材来源:史雅乔《反对唯流量论,正当其时!》,人民网2021年9月3日)

【主持提示】

1.依据素材内容,可以设定一档影视聚焦或者娱乐点评之类的节目,拟好开始语和结束语,直接引入话题。

2.针对流量艺人应该有哪些约束与要求,进行深入的讨论。

3.最后呼吁号召该怎么做,可以与开头呼应,构成一个完整的话题。

(四)传统技艺如何摆脱生存困境

近期,已故导演吴天明的遗作《百鸟朝凤》,先是因为"制片人下跪求排片量"而引起舆论热议,现在终于靠电影自身质量赢得了口碑。

影片的最后一个镜头,是徒弟游天鸣一个人在师父焦三爷墓前,孤独地吹奏着《百鸟朝凤》这支唢呐匠心中最神圣的曲子。坐在影厅里的笔者,听着苍凉悲鸣的唢呐声,久久不忍起身。

《百鸟朝凤》以唢呐匠游天鸣的成长为故事主线。他历经千辛,排除万难,经历了师父焦三爷的重重考验,凭借无比坚韧的毅力、不知疲倦的练习以及对唢呐匠德行的坚守,最终继承了师父的衣钵,却无法挽回唢呐日渐被人遗忘的衰败之势。

影片提出了一个宏阔的命题,那就是,传统技艺在面对外部世界的冲击时,该如何予以回应,如何既能保持自己的传统、又能与外部世界和谐共存?

面对金钱的诱惑,焦三爷坚决不肯为德行低下之人演奏《百鸟朝凤》,坚守唢呐匠朴素的内心追求和这种追求背后朴素的社会伦理。焦三爷认为,即使面对市场经济大浪的冲击,有些规矩也是不能破的,给再多的钱也不能破。然而,悖论也在此,恰恰由于对传统的执着与坚守,反而加速了传统的消亡。

经过几十年的高速发展,许多人们曾经熟悉的传统技艺遭遇生存困境,诸如唢呐这样的传统技艺被日渐边缘化。

一曲《百鸟朝凤》,背后是乡土中国的文化与艺术。今天,如何使传统技艺在回应现代挑战中涅槃,如何对传统文化进行挖掘、传承这一命题已非常迫切地摆在了我们面前,这是对文化保护机制的考验,也是对每一位中国人的考验。

(素材来源:翁一《传统技艺如何摆脱生存困境》,《光明日报》2016年5月19日)

【主持提示】

1.根据素材,可以设定一档影视文化或者影视聚焦类的栏目,拟好开始语和结束语,从现象入手直接引入话题。

2.从素材所引发的思考,带来了这个话题的一系列问题,同时从文化以及传统的角度进行深入剖析,进一步结合当下来探讨传统技艺的生存问题。

3.最后概括总结,与开头呼应,简短结束。

(五) 让变相偷逃税的演员无路可走

演员片酬合同有新要求了!

日前,中国广播电视社会组织联合会、中国网络视听节目服务协会发布了《演员聘用合同示范文本(试行)》(以下简称《示范文本》),对演员酬金形式做出规定。演员片酬等劳务收入,不得使用现金方式支付,不得以股权、房产、珠宝、字画、收藏品等变相支付报酬形式隐匿收入,演员片酬等劳务合同须以本人名义采取书面形式签订,不得为税后收入合同……相关规定一经发布,引发广泛关注。

一段时间以来,演员"天价片酬"饱受诟病,既严重挤压制作成本,影响作品质量,又助推虚浮之风,有损社会公平正义。为此,相关部门出台"限薪令",引导行业良性发展。但由于在执行上缺少细化标准,从阴阳合同、代签合同,到现金交易、送车送房,再到公私混杂、搭车署名,在演员及相关经纪公司的"操作"下,"限薪令"落实受阻。"1.6亿片酬、日薪达208万"等事件挑战行业底线,更刺痛公众神经。让"限薪令"落实到位,配套举措必须尽快落地。

此次,《示范文本》针对现金收入、变相支付等现象作出要求,尤其对可能存在偷税逃税风险的情形做出规定,正是为了堵住牟取非法收入的漏洞,以行业监督约束演艺人员行为。相关规定明确详细,针对性强。这也说明:个别演员牟取畸高收入的招数早已人尽皆知。"问题艺人"一意孤行无异于玩火自焚,必然逃不过监管法眼。

值得一提的是,《示范文本》让收入留痕,避免演员通过隐蔽资金来源实现"洗钱",有助于督促演员积极纳税。演员群体必须认识到,纳税光荣,偷逃税不仅可耻,更触犯法律。此前有演员因偷逃税被处以高额罚款。纳税不仅是演员的操守,更是公民的义务。演员收入得益于庞大观众群体的支持,演员享受了社会的红利,必须主动纳税回报社会。

　　《示范文本》出台后,落实"限薪令"仍需各方携手努力。相关行业协会应与广电、税务等部门形成监管合力,同时执法机关及时亮剑出击、违法必究,才能形成有效震慑。正如一些网友所说,不遵守《示范文本》规定的行为,如何处罚?给明星送房、送车、送珠宝等行为,如何监管?以拍卖演员用品、出版演艺书籍为幌子收取高额拍卖金、稿费,如何处理?有待行业规定不断跟上变化,监管举措不断落地落实,真正让铤而走险的演员无路可走。

　　戏里可出格,戏外需有德。近年来,一些劣迹艺人遭到行业抵制和社会唾弃,为自己的行为付出了代价。这也再次敲响警钟:演员是公民,没有法外之权,必须履行公民应尽的义务,不要有以身试法的侥幸;演员是公众人物,一言一行要受到公众监督,演员必须以更严格的标准要求自己。

　　演艺人员将遵纪守法作为一种自觉,将崇德尚艺作为一种追求,用艺德立身,用作品说话,才能在造福人民与自身发展中获得双赢。

　　(素材来源:郑因《让变相偷逃税的演员无路可走》,人民网2022年5月9日)

【主持提示】

　　1.根据素材,可以设定一档文化聚焦或者文化视点节目,拟好开始语和结束语,便可以直接引入话题。

　　2.阐释此话题所涉及的概念和名词,同时对话题本身进行深入剖析,以理服人。

　　3.最后进行理性总结,言简意赅地阐述观点,积极呼吁号召。

第二节 体育评论

体育评论是对体育现象的深入剖析和辩证思考,通过对体育赛事、体育明星、体育热点的理性评析,引导受众透过现象看到本质,同时让体育迷们从中得到启示。

一、示例分析

例一:除了"校园一小时",还须落实"体育家庭作业"

确保学生在校每天进行一小时体育锻炼,确保每位学生至少掌握2项体育运动技能,确保专职体育教师配优配强……为增强学生体质,鄞州区特别制订了"中小学体育工作三年行动计划",并特别规定:不能保证学生"校园体育一小时"的学校,将对校长实行行政问责。

(素材来源:《宁波日报》2016年5月23日)

【模拟主持】

您好,观众朋友,欢迎收看今天的《体育关注》。

不能保证学生"校园体育一小时"的学校,将对校长实行行政问责,鄞州区的这一规定不可谓不严,该区领导对体育的重视程度也可见一斑。不过,笔者以为,要切实增强学生体质,光靠"校园一小时"远远不够,还须落实好"体育家庭作业"。

> 设定好节目名称,拟好开始语,直接引入话题

> 从话题主旨出发，进行理性深入的分析，注意条理和逻辑，注重以理服人

"体育家庭作业"好比语文课后有语文家庭作业，数学课后有数学家庭作业一样，这一概念并非最近才冒出来的，之前早有中小学校在"切实保证中小学生每天一小时校园体育活动"的同时，同步向学生布置"体育家庭作业"，并倡导家长"陪练"。遗憾的是，一方面不少学校在实施过程中缺乏"刚性"；另一方面有些学生及家长在落实过程中不太重视，致使"体育家庭作业"或流于形式，或名存实亡。这样一来，单靠"校园一小时"一条腿走路的体育训练肯定难达效果，当然也谈不上学生体质健康水平的明显改善了。

可见，必要的"体育家庭作业"是少不了的。本月上旬，国务院出台的《关于强化学校体育促进学生身心健康全面发展的意见》明确提出：应鼓励学生积极参加校外全民健身运动，中小学校要合理安排家庭"体育作业"，形成覆盖校内外的学生课外体育锻炼体系。

依我来看，完成"体育家庭作业"的过程，是家长与孩子相互陪伴、相互鼓励的过程，好处多多。

首先，通过"体育家庭作业"，学生身体得到锻炼，体质得以增强，同时劳逸结合，促进文化课学习。在这个过程中，平时很少运动的家长，通过陪练，也得到了锻炼。更重要的是，"体育家庭作业"，不仅是一种身体锻炼，更是一种意志锻炼。长此以往，对学生身心成长无疑有着积极意义。

另外，陪孩子锻炼的过程，也是一个亲子交流的过程，家长可以借此机会与孩子进行沟通和互动，增进与孩子的感情交流。

> 我认为,在实行"校园体育一小时"的同时,各中小学校应建立一个科学的、完善的"体育家庭作业"体系,积极争取广大家长的配合,有针对性地布置一些适合孩子的"体育家庭作业"。如此,学生的运动技能、运动习惯以及体质均能得到有效保证。
>
> 好,感谢收看今天的《体育关注》,稍后请看《今日赛事回顾》。
>
> (素材来源:朱志莹《除了"校园一小时",还须落实"体育家庭作业"》,人民网2016年5月24日)

<small>最后总结呼吁,结束模拟主持</small>

例二:"翊鸣"惊人,创造历史

"新时代是追梦者的时代,也是广大青少年成就梦想的时代。希望你们心系祖国,志存高远,脚踏实地,在奋斗中创造精彩人生,为祖国和人民贡献青春和力量。"前不久,习近平总书记给中国单板滑雪运动员苏翊鸣回信,向他和中国冰雪健儿取得优异成绩表示祝贺,并提出殷切期望。

十年磨一剑。2012年,8岁的苏翊鸣经常随父母练习滑雪,仍处在"玩"的阶段;2022年,还差3天年满18周岁的苏翊鸣力压一众顶尖选手,勇夺北京冬奥会男子单板滑雪大跳台项目冠军。这背后,意味着年复一年的刻苦训练,每天拼尽全力学习新动作,努力克服心理上的紧张、恐惧。北京冬奥会上,苏翊鸣等00后运动员顽强拼搏、朝气蓬勃,从一个侧面印证着:新时代的新一代成长起来了。

(素材来源:习骅《新时代造就新青年》,人民网2022年3月18日)

| 设定节目名称，拟好开始语，直接进入模拟主持的话题 | **【模拟主持】**
您好，观众朋友，欢迎收看今天的《体坛人物》。今天我们来关注一下"天才小将"苏翊鸣。
2月7日，北京冬奥会单板滑雪坡面障碍技巧决赛，首次参加冬奥会的17岁中国小将苏翊鸣一鸣惊人，在高手如林的决赛赛场，凭借自己第二跳的出色发挥，以88.70分为中国代表团再添一枚银牌。这是中国体育代表团北京冬奥会首枚雪上项目奖牌，也是我国单板滑雪历史上首枚男子项目奖牌，实现了雪上项目重大突破！|

| 客观讲述苏翊鸣的惊人成绩 | 坡面障碍技巧作为单板滑雪项目中的技巧类竞技，要求选手在一系列坡面障碍中连续完成花式动作，是一项极具观赏性的雪上极限运动。尽管是场上年纪最小的选手，苏翊鸣"滑龄"已有13年，4岁开始接触滑雪，天赋颇佳。2018年进入国家集训队后，苏翊鸣不断刷新中国男子单板滑雪的各项纪录，可谓身经百战，实力不容小觑。
事实上，苏翊鸣在6日进行的资格赛上表现就十分亮眼，他接连在跳台区完成反角1440、内转1260和内转1620三个高难度动作，展现了精湛的单板滑雪技术。两轮角逐后，苏翊鸣以资格赛第一名的成绩强势晋级。
7日的决赛，面对两届冬奥奖牌得主加拿大选手马克·麦克莫里斯和世界排名第一的美国选手雷蒙德·杰拉德，苏翊鸣不惧强手、敢打敢拼，宛若驭风少年，在决赛第二轮中完成了超高难度的五周转体1800度，惊艳全场，获得88.70的高分，并跃居积分榜第二，最终创造历史。|

自古英雄出少年。中国青年运动员们以追求卓越的精神和敢打敢拼的意志，在冬奥赛场上展现了不俗的实力，生动诠释了奥林匹克精神。

"尽我自己最大的努力去为国争光"，苏翊鸣说出了"00后"运动员们的心声。冬奥舞台上，中国的小将们在这场家门口的冰雪盛会上演绎着年轻人的活力与担当。

今天的《体坛人物》就到这里，再会！

（素材来源：史雅乔《"翊鸣"惊人，创造历史》，人民网2022年2月7日）

> 简短总结，结束模拟主持

二、练习提示

（一）北京冬奥把"你我他"汇聚成"我们"

"我觉得体育可以团结所有人，不分国籍，我们所有的人在这里，就是希望不断地去拓展人类的极限。""体育一定是用来团结人类的，而不是分化我们的。"——首秀夺金、创造历史的中国"00"后小将谷爱凌，在赛后接受采访时，一番回答十分动人。

【思路提示】

1. 根据素材，可以设定一档体育文化交流类节目，拟定好开始语和结束语，直接进入话题。

2. 从素材提供的信息，找到最主要的关键词进行阐释和讨论。

3. 最后概括总结，力求言简意赅，与开头呼应。

【内容提示】

诚如斯言。自古以来，奥林匹克运动承载着人类对和平、团结、进步的美好追求。"世界需要一届成功的冬奥会，向世人发出明确信息，即任何国家、民族、宗教的人民都可以超越分歧，实现团结与合作。"这符合奥林匹克的初心，也是当前国际社会的普遍心声。

世界百年未有之大变局加速演进，新冠肺炎疫情反复延宕，在这样的背景之下，2022北京冬奥会如期举办，实属不易，更值得珍惜。"邀约者"兑现庄严承诺，"受邀者"纷纷如约而至，齐聚奥运五环旗下，一起向未来。这一场"冰雪之约"有如一场命运与共、携手同行的团结交响，在北京冬奥会的舞台激情奏响。

冬奥开幕式上，从晶莹剔透的五环破冰而出，寓意奥运"破冰"、团结向前，到24名运动员滑过冰面，让奥林匹克格言"更快、更高、更强——更团结"跃然而出；从19首世界名曲同中国大好河山的交相辉映，到橄榄枝和中国结意象融为一体的"大雪花"火炬台……各个环节的精心设置，都在指向一个共同的主题——人类命运共同体。北京冬奥盛会把无数个"你我他"汇聚成了"我们"，架起了不同国家和地区运动员和人民联系、沟通的桥梁，凝聚全世界人民建设美好世界的共同追求和最大共识，绘出世界最大同心圆。

开幕至今，在北京、延庆、张家口三个赛区，90多个国家和地区的近3000名冬奥健儿，带着对共同梦想的追求、共同价值的认同、共同规则的尊重，一展风采、拼搏争先。他们中有的超越自我、挑战极限，有的不畏强手、拼到最后，有的精诚合作、勠力同心。更动人的是，他们中的很多人，不仅为自己和队友的成功而欣喜，更为对手的出色表现而鼓掌称赞，甚至在自己夺冠后仍跪地安慰失误痛哭的其他选手。这是何等胸怀、何种格局？无论是精彩的赛事还是温馨的画面，都向我们说明，即使竞争最激烈的对手,也能够在五环旗下和平共处、彼此尊重,共享体育运动带来的激情、欢乐与友谊。

竞技体育之所以精彩,不仅在于其激烈而残酷的竞争,更在于运动员对规则的尊重和他们相互之间的尊重。对于所有观赛者来说也是一样,文明观赛事、理智对输赢才是观赛应有的面貌。观赛者应为精彩的比赛喝彩、为拼搏的运动员加油,同时尊重每位运动员、裁判和其他观众。我们可以充满激情,但决不失去理智;我们可以狂热兴奋,但决不失掉风度。相互尊重、相互理解、相互包容,才能发出"一起向未来"的呼声。体育无国界,竞技体育的魅力,正是在于其传递激情和梦想、展示勇气和力量,更在于其弘扬奋斗和团结的精神。体育语言和奥林匹克精神全球共通,我们想要的绝不是隔阂,而是团结、文明和欢乐。

志合者,不以山海为远。期待来自全球的冬奥健儿们在北京冬奥会的舞台上继续绽放光彩,也期待北京冬奥盛会为推动构建人类命运共同体注入强劲动力!

(素材来源:燕陆《北京冬奥把"你我他"汇聚成"我们"》,人民网2022年2月9日)

(二) 欧洲杯上的"中国制造"新气象

在世界级体育赛事中,"中国制造"从默默无闻为他人作嫁衣,到积极主动的品牌输出、海外营销,这一转变有突出的典型意义,值得肯定。

据新华网报道,2016法国欧洲杯已经开打,在精彩的足球比赛之外,很多球迷在球场上发现了中国品牌的身影:欧洲杯56年来首个中国赞助商海信的品牌广告,在法兰西大球场上呈现。其实,近年来,每一次世界顶级赛事都与"中国制造"关系密切。

【思路提示】

1.根据素材设定一档体育文化类评论节目,拟好开始语和结束语。

2.此话题涉及时间的线索和脉络,可以按照这个逻辑进行对比。

3.最后重申主要观点:从企业和体育的共性来看,唯有"实力"才是关键。

【内容提要】

"中国制造"走遍全球,在体育赛事中也不会缺席。但长期以来,"中国制造"在世界级大赛中的角色并不"高大上",大多处于利益链的末端。比如南非世界杯上的"呜呜祖拉",绝大多数在中国生产,但中国厂家仅能赚取几毛钱的加工利润。"呜呜祖拉"固然不能作为"中国制造"在国际体育赛事中的缩影,摆脱这一不利局面,升级"中国制造"势在必行。

近几年来,中国企业在大型赛事中的角色有了可喜的变化。中国英利在2010年和2014年两次成为世界杯合作伙伴,赛场边大大的汉字广告牌吸睛无数;除了海信借欧洲杯"刷屏"外,今年3月万达宣布成为国际足联首个中国顶级赞助商,与可口可乐、阿迪达斯等世界巨头"平起平坐"……毫无疑问,中国企业的"曝光率"更高了,地位也更有"分量"了。说到参与赛事筹备、举办,涉及的中国元素就更多了。在2014年巴西世界杯上,从地铁列车到X光安检机,乃至建设场馆的重型机械,都离不开中国企业。正是这些一点一滴的变化,拼接出了"中国制造"的新形象和新气象。

这一转变,一方面说明了中国企业自身实力的不断提升。要在顶级体育赛事中"冒个泡",门槛其实相当高。万达、海信、英利、三一重工等,都是各自行业内的领军企业,也是"中国制造"的佼佼者:英利曾是全球最大的光伏企业,三一重工等中国企业在巴西占据了七成以上的机械市场。不仅如此,赞助商还需掏出大笔费用。据业内人士估算,英利此前赞助南非世界杯,前后至少花费5亿元人民币,而万达成为国际足联顶级赞助商,也被认为是国际足联历史上最大的一笔合约,高达数亿美元。可见,能够亮相世界级赛场,本身就说明一些中国企业已具备了参与全球竞争的经济实力。

另一方面,中国品牌闪耀世界赛场还得益于中国企业海外营销意识的提升。企业规模扩大到一定程度,必然要向海外市场扩张。如果说以前"走出去"的主要是衬衫、袜子、打火机等低端工业品,那么现在的"走出去"不仅科技含量大大提升(如高铁技术、通信设备等),更体现了中国企业主动布局海外的态度转变。比如英利虽一度陷入亏损,但依然肯定赞助世界杯"物超所值":赞助当年净营收剧增七成;进入国家从9个增长为60个;在德国一次针对中国品牌的市场调查中,英利的品牌知名度仅次于联想和华为。今年海信亮相欧洲杯,跟随电视转播走进全球220多个国家、近70亿人次收看。从一些媒体报道来看,赛事刚刚开始不久,这个中国"新面孔"就已经给很多外国球迷留下了深刻的印象。

当然,中国企业"走出去"有很多路径可选,借力世界级体育赛事只是其中之一。是否选择这一手段,跟企业自身性质、战略部署有很大关系。然而,在世界级体育赛事中,"中国制造"从默默无闻为他人作嫁衣,到积极主动的品牌输出、海外营销,这一转变具有突出的典型意义,值得肯定。中国企业参与赛事的方式、程度、心态等细节上的小变化,正折射出"中国制造"升级、中国企业成长的大变化。归根结底,"中国制造"提升自身形象之路,和体育比赛是一个道理——唯有靠实力说话,才能赢得更多尊重。

(素材来源:张涨《欧洲杯上的"中国制造"新气象》,《广州日报》2016年6月14日)

(三) 生命里的向往, 徐梦桃四届冬奥终圆梦

在2022年2月14日晚间结束的自由式滑雪女子空中技巧决赛中,中国选手徐梦桃最终轮一跳定胜负,以108.61的高分一举夺金,为中国代表团拿下本届冬奥会的第五金,追平了我国在2010年温哥华冬奥会创下的单届冬奥夺金纪录。

(素材来源:人民网2022年2月14日)

【思路提示】

1. 根据素材设定一档体育人物节目,拟好开始语和结束语,直接进入话题。

2. 人物话题最重要的是弄清楚为什么要选取这个人物?具体有哪些事情是受众想知道又具有一定新闻价值的?把这些内容阐述清楚,就完成了大半。

3. 最后在结尾将"奇迹"与"奋斗"联系起来,鼓励人们勇敢追梦,坚持心之所向,这也是奥林匹克精神的重要体现。

【内容提示】

徐梦桃是目前中国自由式滑雪空中技巧女队的领军人物,事实上,她是"半路出家",从体操转型练习自由式滑雪空中技巧,此前她连滑雪都不会。为了能站在北京冬奥会的赛场上,曾经双腿前韧带都断了的徐梦桃逼着自己恢复,流了无数的汗水。

作为冬奥会"四朝元老",徐梦桃曾参加温哥华、索契和平昌三届冬奥会,并在2014年索契冬奥会上获得银牌。2021年,老将徐梦桃以26个世界杯分站赛冠军创造了纪录,可对她来说,在北京,收获一枚奥运金牌,是"生命里的向往"。2月10日晚间,徐梦桃携队友齐广璞、贾宗洋为中国队摘得自由式滑雪空中技巧混合

团体银牌,离她的"向往"又近了一步。

2月14日晚间,由于天气原因,自由式滑雪女子空中技巧资格赛和决赛同一天进行,这就意味着参赛选手几乎没有时间恢复体力,这是竞技体育的角逐,也是对运动员们意志力的考验。

经过资格赛的稳定发挥,徐梦桃和队友孔凡钰晋级决赛。在决赛第二轮时,孔凡钰发挥失误,无缘奖牌。徐梦桃顶住压力,选择了目前自由式滑雪女子空中技巧的最高难度,以难度系数为4.293的三周台动作向奖牌发起冲击。

滑行、俯冲、腾空、翻转,她像一只从容的雪燕,在雪场迎风飞翔,空中姿态舒展轻盈。随着徐梦桃稳住身体落地,我们再次听到了熟悉的呐喊声……

所有的奇迹都是奋斗出来的结果。四届奥运征程,16年的坚守,徐梦桃以31岁"高龄"在家门口圆梦,取得了这个领域的最高荣誉。这就是坚持与热爱,这就是奥林匹克带给人们的精神财富,这就是奋斗不息,追梦不止。

(素材来源:史雅乔《生命里的向往,徐梦桃四届冬奥终圆梦》,人民网2022年2月14日)

三、训练题库

(一) 关注运动员成长的另一面

让运动员接受通识教育,认识大千世界,把他们塑造成更完善的人,这是运动员在赛场拼搏之外成长的另一面。

"自我控制中的辩证法""境界:行到水穷处,坐看云起时""自我成长:通往成功的阶梯""如何运用好社交媒体"……

这些五花八门、涉猎广泛的课程,听讲者是正在备战2016年里约奥运会的众多国家队运动员、教练员。听这些课是忙里偷闲吗?和争金夺银有什么关系?

　　这要看怎么理解运动员的培养和成长这件事。和金牌相比,这件事的价值同样不能忽视。

　　又到奥运年,中国健儿又将踏上征程。他们走到全球瞩目的奥运舞台的中央,承受着关注与评判,创造着荣耀与辉煌,也承担着常人难以感受到的挑战和压力。他们的世界里,固然有对金牌的强烈渴望,但换个角度看,他们也是普普通通的年轻人,面对信息爆炸、快速变化的生活,他们的喜怒哀乐、情感情绪,与同龄人相比也并无二致。他们需要得到激励与鞭策,也需要得到鼓舞和安慰。他们的精神世界,并不只有金牌这一种价值。

　　以往运动员在相对封闭的环境下成长。苦练固然有佳绩回报,但从个人成长的角度看,他们走下赛场,面临人生转型时,也常因见识的局限和能力的单一感到手足无措、茫然无奈。运动员接受教育、退役保障等话题,时常由一些个案而掀起波澜,引发争议。

　　这些看似与金牌没有直接关系的课程,对培养一个精神和身体同样饱满强健的运动员有着润物无声的作用。这些课程既有意志锤炼、心理调适等内容,也包括文明礼仪、媒介素养、法律常识、传统文化、沟通技巧等。这种培养,正体现了"以运动员为中心"的人文理念,让他们接受通识教育,认识大千世界,把他们塑造成更完善的人,这是运动员在赛场拼搏之外成长的另一面。

　　以人为本,育人为先。这种变化,是体育改革中不容忽视的重要一环。人们期待走上领奖台的中国健儿挥洒豪情,绽放笑容,同样期待他们登上这座荣誉殿堂之后,能在更广阔的人生中找到自己的方向,创造更多可能。他们的身上,也折射出时代的进步与光彩。

　　(素材来源:薛原《关注运动员成长的另一面》,《人民日报》2016年5月27日)

【主持提示】

1.从素材所提供的内容上来看,可以设定一档和大赛相关的专题节目,也可以设定一档体育界热点节目,拟好开始语和结束语,直接切入话题。

2.运动员成长一直都是业界和媒体所关注的热点,以往为国摘金夺银的很多选手退役后的去向成为大家关注的焦点。虽说是老调重弹,但是依然是一个绕不开的话题,因此如何条分缕析地阐述清楚,以理服人,就显得尤为重要。

3.结尾一定要言简意赅,依然可以是呼吁号召或者是美好的希冀。

(二)"象棋大餐"当眼光向下

象棋的"根"在民间,如果拘囿于竞技,意味着放弃了一片广阔天地。

最近,一条"史上最牛象棋大餐怎么吃"的H5推广片在微信朋友圈流传。除了别致的古风、诙谐的内容,更喊出霸气口号"神州何处不象棋"。这来自一项颇具创意的赛事——2016"中国体育彩票"全国象棋业余棋王赛。

纵观棋界,主打"棋王"的草根赛事并不鲜见,但如此深入乡村的,本次棋王赛堪称翘楚。从"市—省—全国"三级参与平台到覆盖不同年龄段的细分组别,从下延技术等级标准到"棋王"称号地域化授予,"零门槛"的概念实现了最大化。

象棋从不缺少群众基础,无论是街头巷尾的对弈大军,还是腾讯、联众等棋牌网站的棋迷群体,"两亿人会下象棋"的估算并不夸张。但长久以来,竞技比赛与群众参与的割裂,致使本应最接地气的象棋出现了一个断层。大量象棋爱好者散落在民间,基层象棋组织活力不足,人气难以聚拢,直接影响象棋市场的盘活。

棋类运动比拼的是脑力,充满挑战的赛事更能激发爱好者的热情。本次象棋业余棋王赛刚刚启动,仅江苏一省就有100个县参与。这足以说明,群众以往不是没有参与需求,只不过缺乏好的渠道和平台。

备受瞩目的协会实体化改革,从举办业余棋王赛过程中找到了新的抓手。此前,棋类项目推行的会员制一度遇冷,能不能提供消费者满意的产品或服务是其中关键。中国象棋协会从中看到了爱好者需求的转变,将加强培训、认证、注册、赛事等公共服务,以此作为吸引更多象棋人口的重要手段。

象棋的"根"在民间,这几乎已成棋界共识。一个非奥项目只拘囿于竞技,意味着放弃了一片广阔天地。并不是只有"高大上"的赛事才能夺人眼球、吸引资本,走进乡野、社区的象棋赛事,在全民健身上升为国家战略的背景下,比以往更有活力。正如一位棋手所言,如果全国2800多个县、4万多个乡镇都动员起来,古老的象棋必将焕发新的生机和活力。

(素材来源:郑轶《"象棋大餐"当眼光向下》,《人民日报》,2016年5月5日)

【主持提示】

1. 根据素材内容,可以设定一档棋牌类体育节目,也可以设定一档非奥项目类的体育节目,拟定好开始语和结束语,直接切入话题。

2. 多层次多角度地阐述主流观点,以点带面,由浅入深,将象棋这项传统体育竞技项目如何扎根群众,从不同层面进行剖析。

3. 结尾概括总结,言简意赅,重申观点。

(三)朱婷留洋 破冰之行

作为首位当打之年就得以"走出去"的女排国手,朱婷将开启她体育人生新的一页,这对中国体育同样是一个新的开始。

"留洋",从最初的郎平、巫丹,到孙玥、殷茵,再到冯坤、杨昊、至近年的王一梅、魏秋月，几代女排名将"走出去"，但都不能算是成功。广大球迷所能了解到的，或是她们难以融入球队的苦恼，或是她们遭遇欠薪而引发的风波。

不同于前辈在职业生涯后期才被"安慰式"地放行，朱婷正沿着一条不同的道路"走出去"，或许能为球迷带来新的期待。日前，土耳其瓦基弗银行女排正式宣布，签约这位不满22岁的天才主攻、世界杯MVP（最有价值球员）。

朱婷的新东家是国内球迷并不陌生的顶尖豪门，2013年世俱杯正是这支球队淘汰了中国联赛冠军恒大女排并最终夺冠，日前还第九次登顶土耳其女排联赛，并夺得欧洲女排冠军联赛亚军。在意大利女排甲级联赛和俄罗斯女排超级联赛遭遇赞助商撤资或降薪的背景下，土超联赛资金雄厚，备受大牌球星青睐。2012年奥运会MVP、韩国国手金延璟已续约费内巴切女排，新赛季将与朱婷隔网对垒。

据悉，朱婷此次成行，颇费了一番周折。瓦基弗银行队早在2013年就"相中"朱婷，但由于种种原因未能签约；今年，通过国家队主帅郎平的努力，河南女排和国家体育总局排管中心终于同意放人。

朱婷的幸运，在于她在最好的年纪时能够经受更大的锤炼，更在于多重因素的叠加最终促成她的转会。俱乐部和地方队能搁置成绩考量，甘心放走核心主力，需要莫大的胸怀；若非功勋教练牵线搭桥，在国家队、俱乐部、全运会和国内联赛多重压力下，恐怕球员个人很难打破层层障碍，最终顺利成行。

当下看来，朱婷的留洋还难以复制，但大环境已渐有变化。近年来，人们对人才流动有了更丰富的理解，对金牌至上的观念深入反思，中国竞技体育正迎来深层次的改革。作为首位当打之年就得以"走出去"的女排国手，朱婷将开启她体育人生新的一页，这对中国体育同样是一个新的开始。

(素材来源：程聚新《朱婷留洋 破冰之行》，《人民日报》2016年5月11日)

【主持提示】

1. 根据素材内容，可以设定一档体育人物专题节目，拟好开始语和结束语，直接入题。

2. 人物话题除了列举诸多公之于众的信息，更要挖掘既客观又新鲜的内容，同时还要夹叙夹议，让内容更充实。

3. 结尾部分言简意赅。不是概括总结，就是定性定论；不是呼吁号召，就是美好希冀。

(四) 非奥精神

更快、更高、更强似乎更符合我们这个时代的特点：快节奏的生活、高密度的生存空间、强度更大的劳动。因此以"三更"为代表的奥运精神似乎更值得追求，代价似乎也理所应当更大。

运动为了什么？生活为了什么？和奥运精神相比，以体育大会为代表的非奥运项目的比赛更注重另外一种非常简单的东西：愉悦。你可以说它是一种"非奥精神"，与奥运精神挑战人类极限不同，这是一种在竞技中以寻求快乐为目的的精神。一场跳伞比赛竟然吸引了上万的当地群众观看，小小的赛场被围得里三层外三层，孙子把爷爷叫上，一家几代人一起参与、体验，这是奥运会上看不到的。

想一想现代生活最缺的是什么？不是宽大的住所，而是在住所中可以自由支配的闲余；不是一杯清茶，而是消耗一杯清茶慢悠悠的闲暇。体育同样，不是拼死的竞争，而是从体育中获得的健康愉悦的生活方式。

我们绝大多数人不是运动员，然而地球上没有一个人不需要运动。一场奥运会的百米飞人大战可以通过实况转播吸引几十亿观众，却很少有人因观看这10来秒的转播决定去夺得百米世界冠军。在体育大会的赛场外，常常会有人因被航模、海模吸引而去尝试、去体验，从而改变其一生的生活方式。体育潜移默化地改变了有些人的人生轨迹。

作为非奥项目竞赛，人们毫不避讳"水平不高"这样的字眼。正是"低门槛"才吸引了更多的人、影响着更多的人，最终演变成今天"老百姓的节日"。

奥运精神已经深入人心，不妨尝试一下非奥精神：让体育脱下竞技的外衣，让愉悦成为运动的主题。

(素材来源：林春峰《非奥精神》，《天津日报》2010年5月20日)

【主持提示】

1.从题目来看，可以设定一档体育评论类节目，讨论体育理念的话题，拟好开始语和结束语，从解题开始直接引入话题。

2.先解释什么是非奥精神：与奥运精神挑战人类极限不同，这是一种在竞技中以寻求快乐为目的的精神。

3.围绕非奥精神所代表的大众体育运动，寻找与全民健身运动理念的契合点，谈谈我国发展全民健身运动这个话题。

4.体育观念的话题要言之有理、言之有物，不能只是说理，还要列举一些具有代表性的例子，同时辅以恰当的体态语。

(五) 好手多了，也有"烦恼"

里约奥运会渐近，体坛常态多被赋予新的意义。

世界排名第一、第一主力、1号种子，大体同义，指的是某一项目以往成绩最好的队伍或选手。他们注定在大赛之前最具造势热点，在大赛之中最能影响局势，在大赛之后围绕其表现和名次的议论余音袅袅。听戏听的是角儿，看球看的是星儿，绝没错！

同样是最好，来路和心态的区别大得很。过往的辉煌可能是其重要的资本，1号种子常常由此产生。也有的是身经百战，靠积累形成排名优势，不但表明其实力雄厚，还可见其状态正佳，足球、网球等项目的情况皆在此类。

　　明明是世界排名第一的选手,却不在参赛名单之中,或干的不是1号选手的活儿。中国乒乓球队将1号选手从单打名单中拿下,已经不是头一回,这次轮到了世界排名第一的刘诗雯。中国羽毛球队最让人放心的男单选手仍是林丹,几度大赛掉了链子的谌龙还是世界排名第一,这里的"学问"让人费尽心思。

　　我国传统强项之所以有优势,正在于其庞大的尖子群体,好手众多。谁上谁不上?这足以让教练很难从幸福的"烦恼"中解脱。中国女排被普遍看好,但主教练郎平为敲定位置人选,还在反复斟酌。田径、游泳等大项,让有实力有特点的重点选手担当哪几个小项的重任更为有利?这也需仔细权衡,并非以历史成绩就能简单决断。

　　随着各项分组抽签逐一展开,老套路的预测越来越多。日前有分析说中国女排又落"死亡之组",这很奇怪。中国队是去年女排世界杯冠军,照理说谁跟中国队同组,才是最不幸的。小组赛六中取四晋级,对中国女排来说,这也能算道坎儿?

　　看热闹,当然希望奥运会成为名副其实的最高水平竞技;比输赢,当然希望扬长避短,代价小而收获大。二者能否兼顾兼得,这样的好事只能拭目以待,怕是可遇不可求。

（素材来源:汪大昭《好手多了,也有"烦恼"》,《人民日报》2016年5月24日）

【主持提示】

　　1.根据素材内容,可以设定一档备战奥运专题,或者是体育热点和焦点之类的体育栏目,拟好开始语和结束语,直接切入话题。

　　2.围绕素材的标题,为什么好手多了,反而会有烦恼呢?由此展开深入的阐释和剖析。对于具体项目细节以及专业知识的陈述,需要我们有对体育专业常识的积累。

　　3.最后言简意赅地结尾,重申观点,与前呼应。

后 记

我常问学生,到底是愿意要一筐筐鸡蛋,还是宁愿要一只能下蛋的母鸡?回答各不相同,但是更多的人还是愿意要能够下蛋的母鸡,原因不言而喻。毕竟再多的鸡蛋总有吃完的一天,而拥有一只能够下蛋的母鸡,尽管也不能保证永远,却至少能够拥有比一筐筐多得多的鸡蛋。

对于各种技能的学习和训练也是如此。举一反三、融会贯通这样的成语古已有之,早已成为学习方法的金科玉律。在语言表达的学习过程中,何尝不需要举一反三、融会贯通?学习语文如此、学习数学如此、学习外语如此……学习各门学科均如此,学习语言表达又怎能不如此?

举一反三、融会贯通,说明对世间万物的了解和掌握具有一定的规律性。人的时间和精力都是有限的,只有掌握了规律性的东西,才能在浩瀚的知识海洋里徜徉,否则只能精疲力竭或者望洋兴叹。一般中蕴涵着特殊,特殊又是一般的独特表现。掌握了规律性的东西,才能够比照出什么是特殊性的东西,而探究特殊性必然是以规律性为基础。

语言表达的学习和训练必然遵循着这一规律,我们排斥八股文,讲求百花齐放,但是不能否认有些特定的表达方式确有其相对稳定的模式,就如同现实生活中词汇可以不断地增删,而语法总是相对稳定的道理一样。尤其是一些基础的表达方式因为符合某种特定文化背景下人们的接受习惯而被广泛接受。正因为如此,在语言表达中针对不同的客观内容和主观理解,找到最契合的表述方式才是关键所在。真实、真情、真感才是语言表达的出发点,具体表达样式只是表现手段而已。

在口头评述和模拟主持的学习和训练当中,我们要掌握一定的规律,这个规律体现在逻辑思辨、谋篇布局、语言组织。说得具体一点儿,在口头评述和模拟主持中,针对某一话题或者素材一定会有多个角度和观点,但是必须要找到合适的最符合大众舆论导向的一个角度和观点进行阐述,这恐怕是此类训练的重点和难点。评述的角度和观点确定了之后,具体用怎样的表达方式来呈现也就有据可循了。

总而言之,语言表达并不难,口头评述和模拟主持并不难,只要能够把握规律,举一反三、融会贯通。希望读者朋友朝着自己的目标脚踏实地、循序渐进,刻苦勤奋固然重要,动脑多思难能可贵。

成书过程依然坎坷和艰辛。春夏之交正是高校最繁忙的时节,教学如火如荼,毕业生论文评阅和答辩如期而至,其他教学和科研任务挤占了所有课余时间,繁星点点的夜空再次陪伴我完成此次书稿。所以,我要感谢今年夏天的夜晚。

完成初稿,整个7月份的小学期实践,我又带队从北京奔赴成都,和出版社编辑的交流也只能是远程的了。回京后,我又对书稿进行了反复斟酌和修改,对内容进行了多次调整和增删,希望能为读者呈现一本更高质量并且更加实用的教材。

当然,我更要感谢本书的编辑。从策划到立项,从写作到成书,中国传媒大学出版社的编辑赵欣付出了辛勤的劳动。与编辑赵欣在此之前已有过两部书稿的合作,除了她对本人的信任和支持让我感激不尽,更让我敬佩的是她对播音主持艺术出版物的热情和认真。

书中部分资料援引自网络,未能逐一探明原始出处,在此谨对原作者和媒体表示歉意,并对您的理解和支持表示诚挚的感谢。

本书不揣浅薄,错误和缺点在所难免,真诚期待读者和专家学者的批评指正,我将不胜感激!

拙作付梓之际,再次祝愿读者学习进步、梦想成真!

仲梓源

2010年12月于北京